聖經通識叢書

加拉太書、帖撒羅尼迦前後書析讀

情理之間持信道

張達民、郭漢成、黃錫木 著

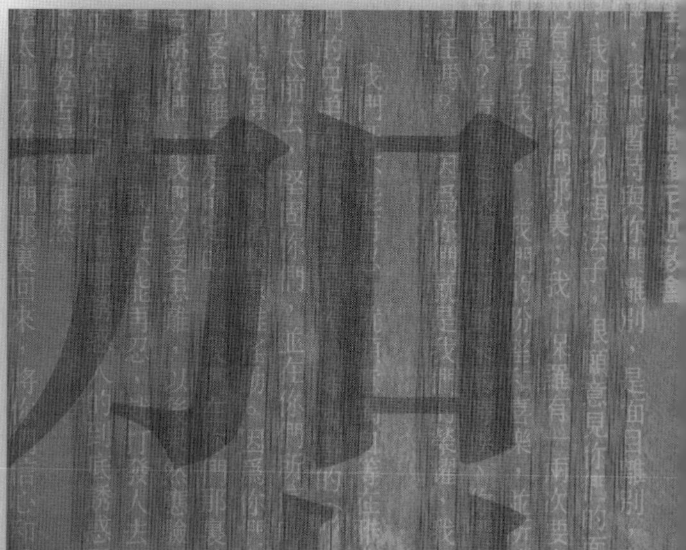

▼

聖經通識叢書

情理之間持信道

加拉太書、帖撒羅尼迦前後書析讀

Rediscovering the Bible
Book of Galatians and 1-2 Thessalonians

作者
加拉太書——
郭漢成 Kok, Ezra H.S. 、黃錫木 Wong, Simon S.M.
帖撒羅尼迦前後書——
張達民 Cheung, Alex T.M. 、黃錫木 Wong, Simon S.M.

系列編委
張達民、張略、孫寶玲、黃錫木

審閱
黃鳳賢、羅慧琪、李慧儀

執行編輯
羅慧琪

內文設計
莫可雅

封面設計
胡立強

■

出版 / 發行
基道出版社
香港沙田火炭坳背灣街 26 號富騰工業中心 1011 室
LOGOS PUBLISHERS
Unit 1011, Fo Tan Ind. Centre, 26 Au Pui Wan St., Shatin, Hong Kong
電話：(852) 2687-0331 傳真：(852) 2687-0281
網址：http://www.logos.com.hk

承印
雅聯印刷有限公司

●

7/2003 初版
Cat. No. LP148B
ISBN-10: 962-457-235-6
ISBN-13: 978-962-457-235-3

刷次	12	11	10	9	8	7	6	5	4	3
年份	2022	2021	2020	2019	2018	2017	2016	2015	2014	2013

聖經書卷析讀

「聖經書卷析讀」是「聖經通識叢書」的進深課程，以本叢書之「聖經書卷要領」為基礎，進深分析每本聖經書卷的內容和信息。傳統註釋書縱使包含豐富的釋經資料，但其可讀性非常低，只能作參考之用。「聖經書卷析讀」各冊的內容既反映個別學者嚴謹的學術研究，又務求深入淺出地解釋每卷書的每一段經文；此外，各書依然保留本叢書的特色：活潑和生動。

為更配合內文的討論，避免花不必要的篇幅討論翻譯等問題，這叢書所引用的聖經譯文全取自《現代中文譯本修訂版》（聯合聖經公會，1995；以下簡稱《現修》）。《現修》的翻譯不一定比教會傳統採用的《和合本》更好，然而，相對於《和合本》而言，《現修》的確是用普羅大眾較易明白的現代漢語寫成，而且大致上能夠頗為準確地表達經文的意思。不過，在《現修》與其他主要譯本有顯著出入的地方，本書都會有特別註明，並內文中常附有《和合本》或其他譯本的經文，以作比較。此外，在處理一些關鍵性的經文翻譯時，我們都會扼要地討論原文的意思，讓讀者無論使用甚麼譯本，都能對經文有準確的理解。

「聖經書卷析讀」的讀者若能先閱讀有關書卷的「聖經書卷要領」，以及《聖經鳥瞰——基礎篇》和《聖經鳥瞰——進深篇》，自然更能循序進入「聖經書卷析讀」較深入的討論；當然，本課程各冊亦可獨立使用，供資深信徒作研經材料。簡言之，「聖經書卷析讀」的對象是信主已有一段日子，對聖經有基本認識的基督徒，適合主日學和查經班使用。

「聖經通識叢書」的特色是要兼顧學術研究的精確和執著，與教會信徒的生活實踐，因此，每冊所討論的內容務求達到學術上的嚴謹，又以平易、通達的詞句表達。我們的目的，是要建立一個真正能夠反映聖經學術研究的普及聖經文化，讓信徒和教會可以享受歷代教會先賢和當今學者努力鑽研的成果，更勇敢地面對聖經研究在21世紀學術上的新發現和新理論，從而培養對追求聖經真理的認真和熱誠，並能在真理的基礎上對自己的信仰有更深層和謙卑的反省。

從不敢面對新的真理的懦弱，
從滿足於對真理一知半解的懶惰，
從自以為通曉一切真理的驕傲，
噢，真理之主，拯救我們！

——古代禱文

序言

本書是加拉太書和帖撒羅尼迦前後書的析讀用書。這兩卷書都是保羅13封書信中較早期的作品，其中帖撒羅尼迦前後書更可能是最早期的保羅書信。雖然兩卷書信的寫作背景和風格很不相同，但都同樣流露出保羅對兩地教會的情義。

在建立帖撒羅尼迦教會不久後，保羅便被迫倉卒離開帖城，他心裏因而相當不安。本來，從提摩太口中得悉這所初生教會能在短短的日子裏成長起來，保羅應該感到快慰，誰不知這只增加他的虧欠、內疚之情。大概基於這種虧欠感，保羅在信中即使處理到帖城信徒的問題，他的態度還是溫柔的，他耐心勸勉他們，「像母親乳養兒女一般」(帖前二7)。相對之下，保羅在加拉太書就顯得嚴苛得多，不留情面，就如他在書中一開始就這樣說：「我很驚奇，你們竟然這麼輕易地離棄了藉基督的恩典選召你們的上帝，而去隨從另一種福音！」(加一6)與帖城教會不同，加拉太教會已成立了一段時日，但他們還是如此輕易地接受了那些猶太主義分子所傳的「另一種福音」，保羅因此而失望和氣憤是可以理解的。

聽教的、受教的孩子，父母固然喜愛，但經常逆意而行的浪子，父母豈不更掛念嗎？——「我的孩子們，我再一次像母親為你們忍受生產的痛苦，直到基督的特性在你們的生命中成形。」(加四19)

從歷史角度而言，這兩卷書都讓我們多了解初代教會的處境。加拉太書讓我們更理解初代教會如何脫離猶太教的框架，而帖撒羅尼迦書信則讓我們感受到初代教會信徒的末世心態。

閱讀書信就好像在聽別人講電話一樣，所聽到的只是其中一方的一面之辭。有關引起這對話的因由，除了從單方面說話中的字裏行間推敲外，就只能透過認識談話雙方過去交往的歷史來重構。本書的3位作者在剖析這兩封書信時，仔細分析其中每節每字，既重構這個對話的背景，更把保羅在書中的信息，深入淺出地表達出來。

多謝基道出版社的編輯同工竭力地按照既定的計劃工作，使這書能如期出版，我們都為此感到十分欣慰。特別值得一提的是加拉太書部分，原稿是由郭漢成博士撰寫的(亦出版為「聖經導論叢書」中的《加拉太書導論》)，但為使內容更適切本叢書的讀者，筆者加以修訂和編排，並由黃鳳賢姊妹整理和編輯，使文字表達更加流暢。

黃錫木(代筆)

2003年3月16日

錄

第三篇　帖撒羅尼迦後書

附錄

專欄目錄

第一篇

加拉太書

第一章

加拉太書導論

- 寫作背景
- 收信人及寫作日期
- 本書的解釋進路
- 參考註釋書

加拉太書被譽為基督徒自由的宣言和憲章，尤其在16世紀宗教改革運動中，這卷書更扮演了極其重要的角色。馬丁路德宣稱：「加拉太書是我的書信，我的愛妻」。藉著加拉太書，他喚醒信徒離開一個倚靠行為的救贖論，重新回到基督的恩典中。

本書可謂是保羅書信中最富辯論性的書信。若讀者不明白這封書信的背景，閱讀起來，必定有種摸不著頭腦的感覺，既不體諒保羅為何如此憤慨，亦不明白問題的所在。要好像馬丁路德那樣欣賞加拉太書，我們就必須深入了解這書的寫作背景，本章的第一節正要就這方面加以探討，不單透過加拉太書本身字裏行間的描述，更參照其他新約書信，把保羅和加拉太教會(以及那些敵對保羅的人)的關係仔細地重構起來。雖然保羅作為加拉太書的作者是不爭的共識，但對於這書的收信人及寫作日期(參本書第一篇1.2.)，卻是保羅書信中最備受爭論的一卷。至於本書對加拉太書的剖析方法，則可參1.3.「本書的解釋進路」一節。

加拉太書與羅馬書的關係

加拉太書和羅馬書可謂是保羅書信裏最重要的作品，是了解保羅神學思想的鑰匙。它們的寫作日期大概相差不遠(參下文討論)，有很多相同的主題，如全世界都在罪的權勢下、行割禮和律法不能使人稱義、基督徒像亞伯拉罕一樣是因信稱義、信徒與基督的聯合、上帝兒女的名分、在聖靈裏生活的重要、聖靈和肉體的爭戰、以及使律法成全的愛等等。然而，兩封書信的寫作背景和修辭卻大不相同。加拉太書是保羅在情急氣憤中寫給他親手所建立的教會的，措辭極其率直和激烈，而羅馬書卻是保羅心平氣和地寫給與他素未謀面的教會的，措辭是他所有書信裏最有禮貌和客氣的一卷。

1.1. 寫作背景

加拉太書的讀者原本是信奉異教的外邦人(四8)。保羅因為患病的緣故而在偶然的情況下向他們傳道，他們卻很熱誠地接待保羅(四13～15)，以信心領受了福音，並經歷到聖靈的大能(三1～5)。保羅對他們的表現非常滿意(五7)，**並曾經再探望他們(四13)**。然而，不久之後，加拉太教會卻陷入了前所未有的危機中。

保羅在四章13節提到「初次」，似乎表示他不只一次與加拉太人會面。

雖然哥林多教會的問題曾經令保羅嘔心瀝血，但其嚴重性始終並未關係到教會的生死存亡，而加拉太教會卻已是危在旦夕。在**保羅的書信**中，只有加拉太書略去了信首的感恩部分。保羅單刀直入地指責加拉太人那麼輕易就離棄了基督的福音(一6～7)，他質問他們：「無知的加拉太人哪！誰又迷惑了你們呢？」(三1)，他強烈並重複地咒詛一切傳另一種福音的人(一8～9)，甚至嘲諷他們：「我倒希望那些擾亂你們的人自己去閹割」(五12)！究竟是甚麼令保羅如此怒火中燒呢？

對保羅書信整體性的介紹(特別有關書信的格式)，參本叢書《使徒行傳與保羅書信要領》第四章「保羅書信總覽」。

還記得嗎？保羅曾與猶太主義者就外邦信徒應否受割禮的問題發生過激烈的爭論，並因而引發了耶路撒冷大公會議的舉行(徒十五章)。初代信徒都是猶太人，在他們的觀念裏，猶太民族是亞伯拉罕的子孫，是上帝的選民，所以外邦人要承受上帝對亞伯拉罕的應許，成為上帝選民的一分子，就必須接受割禮── 上帝與亞伯拉罕立約的記號，並遵守一切猶太的傳統。然而，使徒行傳讓我們看見，上帝藉著一連串奇妙的帶領── 特別是保羅在外邦人中傳道的成果──清楚表明外邦人因著耶穌在十架上所成就的救贖恩典，已得蒙上帝的接納，他們無須先成為猶太人，才可以成為基督徒。

在耶路撒冷的會議(參下文的討論)中，經過一番激烈的辯論後，使徒們和教會領袖都肯定了保羅對救恩的理解和他向外邦人傳福音的合法性，從此，福音得以從猶太律法體系中釋放出來。照理，保羅應該可以無後顧之憂地繼續他的宣教工作。

可是，根深蒂固的成見絕非一次會議便可清除淨盡。在會議辯論中落敗(或沒有參與會議)的一些猶太裔信徒，在往後的日子往往不顧大會的協議，或是陽奉陰違，在各處教會中仍繼續重申他們的主張，堅持行割禮和守律法的必要性。

初代教會經過不少時間的反省、調整和掙扎，才漸漸明白上帝救贖外邦人的心意和方法。這些猶太主義信徒未能立時認同保羅的見解，本來是情有可原的。他們的心態，可能就像未歸信基督前逼迫教會的保羅一樣，覺得自己祖宗的傳統受到嚴重的威脅，因而要奮起衞道，熱心地宣揚猶太律法。然而，使保羅憤怒的是，這些人罔顧耶城大會的協定，為求目的，不擇手段，趁保羅不在時卑鄙地乘虛而入。

他們向加拉太教會宣講自己另一套的福音，說單憑信靠基督耶穌仍不足以得救，若要得以完全，必須接受割禮和守猶太教的律法。這些人更無所不用其極地破壞保羅的名譽，為要徹底地摧毀他的福音工作。他們大概會這樣說：「保羅根本不是一個真正的使徒，也從來未有從主耶穌直接領受信息。他所傳的福音只不過是從耶路撒冷教會領袖學來的二手資料，但他後來卻成了一個叛徒，將福音歪曲了，甚至膽敢與使徒彼得對抗。這傢伙為了博取外邦人的歡迎，竟然將上帝在(舊約)聖經中的要求降低，傳揚一個打了折扣、廉價和殘缺的福音！」

猶太主義者這樣做，不但全盤否定了上帝對保羅作為外邦人使徒的呼召和任命，更嚴重地歪曲了福音的真理，影響了福音的恩典本質。

如果主耶穌在十字架上為人類所作的一切還不足夠，如果上帝的恩典還要加上人的作為，基督的死就是徒然，恩典也不再是恩典了。

不幸的是，這樣錯誤的教導竟獲得加拉太信徒的普遍認同。他們開始恪守猶太教的「日子、月份、節期、年份」(四10)，並對保羅產生了敵意(四16)。如果他們進一步接受割禮為得救的條件，則整個福音就被征服在摩西律法之下，保羅以前在他們當中的工作就全都落空了(四11，五2)。他們正瀕臨離棄基督、從恩典中墜落的邊緣。面對如此險境，保羅要力挽狂瀾，搶救教會，就自然來不及客氣了。

1.2. 收信人及寫作日期

加拉太書的收信對象向來是一個極富爭議性的問題。「加拉太」這詞可以理解為一個行政省分或一個地理區域，而這不同的理解亦分別促成了「南加拉太理論」和「北加拉太理論」。這問題的重要性並不在於它對加拉太書的解釋造成甚麼影響，而是會左右到這書的寫作日期的界定，特別是：保羅寫加拉太書究竟是在耶城會議之前或之後呢？這問題的答案，間接影響到我們了解加拉太書二章1至10節(保羅與耶城教會領袖的接洽)與使徒行傳十五章(耶路撒冷大公會議)的關係；在某程度上，如果兩椿記載是指同一件事，我們便能夠在解釋使徒行傳十五章和加拉太書二章時互為補充。

按「南加拉太理論」，「加拉太」指羅馬加拉太省分的南部城鎮(包括以哥念、路司得、特庇)。保羅在第一次宣教旅程時在那處建立了教會(徒十四章；約公元47年)。因此，加拉太書是寫於第一次宣教旅程之後，寫作日期可以是公元48至56年間的任何時間。(參附錄地圖：「保羅第一、二次宣教旅程」；另參《實用聖經地圖集》，圖61)

按「北加拉太理論」，「加拉太」則指地理上，小亞細亞（今日的土耳其）中部以北的加拉太古國（源自高盧）。根據使徒行傳十六章6節所載，保羅在第二次宣教旅程期間，似乎在那裏建立了教會（參附錄地圖：「保羅第一、二次宣教旅程」和「加拉太地區圖」；另參《實用聖經地圖集》，圖62），並在第三次宣教旅程中再度探訪他們（十八23；約公元53年）。按這理論，加拉太書是寫於第三次宣教旅程開始之後，寫作日期可以是在公元53至56年間，但一定是在耶路撒冷會議（發生於約公元49年）之後。

從本質上而言，南、北加拉太理論其實只為加拉太書的寫作日期設定上下限，並沒有指定具體的寫作年份。然而，兩個理論相比之下，南加拉太理論推斷的寫作日期較有彈性（公元48～56年間）；因此，持南加拉太理論的學者對這書的寫作日期的看法，分別有偏於初期或偏於後期的立場，而偏於後期的立場，在年份上就與持北加拉太理論的立場相當接近了。

1.2.1. 南加拉太理論對加拉太書寫作日期的看法

很多贊同南加拉太理論的福音派學者認為，加拉太書可能是保羅書信中最早的一卷書，寫於耶城會議（約公元49年）之前。按此，加拉太書二章就不可能是耶城會議的描述（因為還沒有發生），而是有關保羅和巴拿巴在較早前將安提阿的捐款送到耶路撒冷時的情形（參徒十一27～30；約公元45/46年）。綜觀這派學者所持的論點，最普遍的有3點：

❶ 保羅在加拉太書二章的論辯中並沒有提及耶城會議：根據耶路撒冷會議的裁決，外邦基督徒無須遵守摩西律法；這也是加拉太書的主題。學者們認為（或假設），倘若保羅在耶路撒冷會議後才寫成加拉太書，他應當會以這個裁決作為辯論的依據。他既沒有如

此做，正表示這封信寫於耶城會議之前，而那時保羅只訪問過加拉太南部；

2. 彼得在安提阿那種搖擺不定的立場：按使徒行傳十五章的記載，彼得在耶路撒冷會議上，強烈支持保羅(和巴拿巴)的立場，認為外邦人應該脫離摩西律法的束縛；但從加拉太書二章11至13節所見，彼得的立場卻顯得搖擺不定。學者們認為(或假設)，倘若彼得經歷過耶城會議，他不可能有如此的表現，因此，這兩樁事的次序應該是：先發生加拉太書二章11節記載的事情，然後才是使徒行傳十五章的耶城會議。

3. 如果加拉太書二章真是耶城會議的描述，那麼使徒行傳和加拉太書有關保羅到訪耶城的記載便有矛盾：保羅在加拉太書一章18至20節發誓說除彼得和雅各外，他沒有見過其他的使徒，這顯然與他曾送捐款到耶城的記載不符(徒十一27～30)。

不過，不是所有持「南加拉太理論」的學者都贊同以上3點；他們其中也有不少人認為，加拉太書二章與使徒行傳十五章所記載的是同一件事，即耶城會議。對於以上3點，他們、以至持「北加拉太理論」的學者可有這樣的解釋：

1. 保羅在加拉太書二章清楚指出耶城領袖認可他向外邦人傳福音，且沒有迫使提多接受割禮，這些都與耶城會議的裁決相符。所以若說保羅沒有提及耶城會議的決定，實是言過其實的，只不過保羅的表達方法和重點不同，且沒有提到禁戒的部分而已。保羅之所以沒有強調耶城會議的裁決，大概是不想把事情訴諸耶城教會的權威，因為保羅在加拉太書首兩章的重點，正是要證明他所傳的福音是出於耶穌基督親自的啟示，並不是出於人(一11～12)。

❷ 彼得之所以在耶城會議後仍表現得搖擺不定，只反映彼得對因信稱義整個觀念尚未如保羅那般清楚。雖然在原則上，彼得也明白和支持外邦人得救全賴接受主耶穌基督，但在實踐上，應該如何處理猶太人傳統文化與外邦信徒的關係，彼得似乎未及深思熟慮。況且，耶城會議亦沒有直接針對外邦人與猶太人一起用膳交誼的問題提出具體指引。彼得最初在安提阿的開放做法，不一定完全出自他對福音的基本信念，所以在面臨壓力下，他便較容易妥協。

❸ 保羅的目的是要堅持自己使徒身分的獨立，特別要強調的是，他所傳的福音不是從耶城使徒學來的二手資料，所以他要向加拉太人交代的，不是他到了耶路撒冷多少次，而是他跟耶城使徒有多少接觸。保羅的著眼點根本不是「地」而是「人」，他要強調自己與使徒們的接觸是極其有限的(蒙召3年後才與彼得和雅各相聚了15天；14年後才再與他們洽談)，好證明他所傳的福音絕不是二手資料。如果使徒行傳十一章30節那次的到訪並沒有與耶城使徒洽談，他根本無必要常常提及，正如他也沒有提及蒙召前曾在耶城生活了一段頗長的日子一樣。

此外，加拉太書四章13節似乎顯示保羅寫信前曾最少兩度向加拉太人傳福音，而根據使徒行傳的記載，保羅是在耶城會議之後才第二次探訪南加拉太的教會(徒十六1)。因此，若說加拉太書在耶城會議之前寫成，似乎更難與使徒行傳所展示的保羅宣教行程吻合。基於如此種種的原因(參下文)，有不少持南加拉太理論的學者認為加拉太書是寫於耶城會議之後，約公元50年代初期或中期。

1.2.2. 3段經文的關係

閱讀至此，讀者可理解到在加拉太書的寫作日期上，南或北加拉太理論的立場其實相差不遠，最重要的反而是：究竟加拉太書二章1至10節所記載的事，是等同於使徒行傳十一章27至30節的捐款事件，還是使徒行傳十五章的耶城會議呢？

使徒行傳十一章27至30節的描述很簡單，與加拉太書二章1至10節自然沒有甚麼衝突；若要把這兩個記載看為同一件事，原則上是可以的，但根據我們現在所有的歷史資料，兩者在年期上並不吻合①。此外，使徒行傳十一章27至30節只提到巴拿巴和保羅把捐款帶給教會的長老們，根本沒有提及保羅與耶城使徒的接觸，也沒有論及提多和割禮的爭執。再者，我們不要忘記，在第一次宣教旅程開始時，保羅的名望和地位還不及巴拿巴，因此，在這宣教旅程之前的這次運送捐款的事上，我們很難想像，耶路撒冷領袖何以在那時就肯定保羅作外邦人使徒的地位(二9)，甚至有與彼得分庭抗禮之勢？(二7～8)

至於使徒行傳十五章有關耶城會議的記載，與加拉太書二章1至10節在表達上確有差異。事實上，有關割禮這一類的爭論，很可能在不同的場合發生過好幾次，因此，也有學者指出兩處記載並非同一件事。然而，無論就地點、人物、事件和事發年期來說，兩處的記載都極其相近，若兩者不是指同一件事，那麼它們發生的時間充其量亦不過相差兩三年而已。在短短兩三年內，相同的人物在相同的地點重演如此相類事件的可能性究竟有多高？因此，雖然兩個記載在表達上有些差異，但早期教會傳統和現代大部分學者都認為它們是指同一件事；這亦是本書的立場。

1.2.3. 使徒諭令

有關使徒諭令的詳細內容和意義，參張達民和黃錫木合著的《風起雲湧的初代教會——使徒行傳析讀》，頁123至124。

學者之所以懷疑使徒行傳十五章的歷史真確性，或否認這記載等同加拉太書二章1至10節，主要是因為保羅在加拉太書中不單沒有提到耶城會議所公布的「**使徒諭令**」(Apostolic Decree)，更聲明耶城領袖「並沒有給我甚麼新的指示」(二6)，這豈不與他在使徒行傳中所接受的4項禁戒(徒十五20、29)明顯有抵觸嗎？

因著這點衝突，有些學者就推斷那4項禁戒只是耶路撒冷領袖一廂情願的「指示」，而保羅自己卻不以為然，亦不放在心上。若此言屬實，我們則無從解釋保羅在他的其他書信中，為何卻又常常警告外邦信徒不要犯姦淫和拜偶像。所以，我們認為，這些禁戒的確不是當時會議的「新」協定，而是反映保羅自己及早期教會一貫對外邦信徒的道德期望。因此，加拉太書中的「沒有新的指示」，並不是指「沒有那些禁戒」，而是指「使徒認同保羅之見」，並不要求外邦人受割禮。保羅在加拉太書只提「不要求外邦人受割禮」的決定，卻不提那些禁戒，是因為後者與他在加拉太書二章的論證無關，提出來只會模糊了他的論點。但值得留意的是，當保羅在加拉太書一至四章表明了外邦人因信稱義(故不需受割禮)的大原則後，到第五章則談論外邦信徒應有的生活表現，其中的教導明顯與那些禁戒相應，他明確地指出淫亂和拜偶像的人，一定不能成為上帝國的子民(五19～21)。保羅在哥林多前書也有同樣的警告(林前六9～10)。

綜合以上的討論，再加上加拉太書的主題和用字與羅馬書及哥林多書信都有不少相同的地方，但與帖撒羅尼迦書信(兩封保羅的早期書信)卻沒有多少共通點，因此，我們認為加拉太書的成書年期不會太早，大概應是公元50年代中期的作品，即與哥林多書信和羅馬書同期，但當然，我們也不排除其他寫作日期的可能性。

加拉太書的寫作日期，在某程度上影響到我們如何理解保羅與耶城教會領袖的關係，且觸及一些較敏感的歷史問題，所以不純是學者的一個數字遊戲。可幸的是，保羅在此書信中的基本論點是清楚的，即使不能重構完全確定的歷史背景，也無礙其理論的闡發。

1.3. 本書的解釋進路

與羅馬書一樣，加拉太書可謂是保羅書信裏較重要的作品，是了解保羅神學思想的鑰匙，因此，歷代以來，這卷書可謂是最吸引聖經學者註釋的書卷。

加拉太書既以辯論為主，能了解保羅的**修辭**表達就來得非常重要。因此，從古希臘和羅馬修辭學來分析加拉太書就成了自60年代以來研究這書的一大趨勢。這種方法往往依據古希羅的**修辭學大師**所編寫的修辭手冊，並採用他們的修辭架構來講解這方面的技巧，因此，自然沿用了許多希臘語或拉丁語的專門術語。

所謂「修辭」，其實就是指游説策略，是指説話者的表達技巧。

例如早期的亞里斯多德（Aristotle，公元前384～322年）和後期的昆蒂里亞（Quintilian，公元35～95年）。

美國學者貝茲（H.D. Betz）研究加拉太書的成就可謂最為出色。

貝茲把加拉太書的主要內容（即除信首的一1～5和信末的六11～18外）分為5大部分：

A.「引言」*exordium*（一6～11）：這引言的目的是要導出全篇講章的方向，亦以此引起讀者的注意；

B.「陳述」*narratio*（一12～二14）：作者以歷史事件陳述其主旨，包括他領受上帝（而非世人）啟示的經過、他在耶路撒冷的遭遇和在安提阿發生的事；

C.「主張」*propositio*（二15～21）：作者向讀者提出他的見解，但他並非單以命令的方式來陳述，而是有條理地陳明他的立場和理由，讓讀者隨之步向作者的結論；
D.「證據」*probatio*（三1～四31）：這部分的目的是要建立作者個人的可信性和論點的完整性；
E.「勸勉」*exhortatio*（五1～六10）。

本書的加拉太書分析，一方面不會忽略保羅修辭技巧的探討，另一方面也會嘗試結合多元化的進路，包括文學修辭、社會文化、猶太宗教、以及神學思想等等，冀能透過不同的角度來閱讀保羅的思路。此外，本書亦著重從教牧的角度多作反省，務使讀者體會加拉太書對今天信徒生活的適切性。

接下來的部分是全書6章的內容分析，包括主要的段落思路、神學重點和游說策略。以下的大綱只是概括地列出加拉太書的大段落，以便讀者掌握；至於對個別段落的仔細分析，則可參閱以下每章的分析：

A. 一1～12	引言：開場白（一1～5）和主題（一6～12）
B. 一13～二21	敍述：保羅對所領受的身分權柄提出自辯
C. 三1～四31	重申：兩個循環的論證
D. 五1～六10	勸告
E. 六11～18	結論／書信結尾

1.4. 參考註釋書

一般參考書

周聯華著。《加拉太書‧以弗所書》。香港：基督教文藝出版社，1979。

張達民、黃錫木合著。《使徒行傳與保羅書信要領》。香港：基道出版社，2003。（即將出版）

張達民、黃錫木合著。《風起雲湧的初代教會——使徒行傳析讀》。香港：基道出版社，2002。

學術性參考書

李保羅著。《加拉太書結構式研經注釋》。香港：天道書樓，1997。

馮蔭坤著。《真理與自由：加拉太書注釋》。香港：證主出版社，1982；增訂版，1987。

郭漢成著。《加拉太書導論》。香港：基道出版社，2003。

Betz, H.D. *Galatians.* Hermeneia. Philadelphia, PA: Fortress, 1979.

Barrett, C.K. *The Epistle to the Romans.* Black's New Testament Commentary; 2nd edition. London: A & C Black, 1991.

Kok, Ezra H.S. (郭漢成). "The Truth of the Gospel: A Study in Galatians 2. 15～21." Jian Dao Dissertation Series 7. Hong Kong: Alliance Bible Seminary, 2000.

Longenecker, R.N. *Galatians.* Word Bible Commentary. Dallas, TX: Word, 1990.

釋經短註

① 聖經年期的鑒定牽涉到很多歷史資料(包括聖經經文)的比較及衡量，藉著考據各事件的時序及時距，從而判斷事件的前因後果或相互關係，這是一門相當複雜和專門的學問。對研究保羅生平的學者來說，年期的鑒定更是不可或缺的。聖經年代學的代表作是J. Finegan：*Handbook of Biblical Chronology* (Rev. ed.; Peabody: Hendrickson, 1998)；其中有關保羅年期的討論見於頁390至402。

第二章

引言

（一1至12）

- 開場白
- 主題：基督福音以外無「福音」
- 結語

經文

1 1我是使徒保羅。我作使徒不是由於人的選召，也不是受人的委
派，而是耶穌基督和那使他從死裏復活的父上帝指派的。2我和
跟我一起的信徒們寫信給加拉太的各教會。

3願我們的父上帝和主耶穌基督賜恩典、平安給你們！

4基督為了要救我們脫離這邪惡的時代，遵照我們父上帝的旨意，
為我們的罪獻上了自己。5願榮耀歸於上帝，世世無窮！阿們。

惟一的福音

6我很驚奇，你們竟然這麼輕易地離棄了藉基督的①恩典選召你
們的上帝，而去隨從另一種福音！7其實，並沒有另一種福音。我
這樣說，因為有人前來騷擾你們，想要改變基督的福音。8其實，
任何一個人，即使是我們，或是天上來的天使，要是向你們宣傳另
一種福音，跟我們以前所傳給你們的不同，他應受詛咒！9我們已
經說過了，現在我再說：無論誰，要是向你們宣傳另一種福音，跟
你們從前所領受的不同，他應受詛咒！

10我這樣說是要贏得人的稱讚嗎？不是！是要上帝的嘉許！難道
我想討人喜歡嗎？如果我仍然想討人喜歡，我就不是基督的僕人了。

保羅怎樣成為使徒

11弟兄姊妹們，我要你們知道，我所傳的福音不是人想出來的。
12我沒有從任何人接受這福音，也沒有向任何人求教過，而是耶穌
基督親自向我啟示的。

---

① 有些古卷沒有「基督的」三字。

本章實際上包括兩個關係緊密的段落：開場白和全書的主題。

對保羅書信的體裁和格式的討論，參本叢書之《使徒行傳與保羅書信要領》第四章中「書信的格式」。

但凡書信的開場白，原為交代寫信和受信雙方，並表達一般的問安，但在這書，保羅卻特意在問候語中一方面先確立威信，強調自己的使徒身分，好回應那些「猶太主義者」的挑戰；另方面，更不尋常地插入帶濃厚基督論的語句，闡明福音的核心內容。根據這源自上帝的「使徒身分」和「福音核心」，保羅進一步斷定他向來所傳的福音是惟一源自上帝的，並以此斷然否決「另一種福音」存在的可能性；由此就將全書的主題揭示出來。

A.開場白（一1～5）
- a.作者（1節）
- b.合著者（2節上）
- c.收信者（2節下）
- d.問安（3節）
- e.本書目的（4節）
- f.頌讚（5節）

B.主題：基督福音以外無「福音」（一6～12）
- a.驚奇和責備：加拉太信徒偏離基督的福音（6～7節）
- b.雙重詛咒：傳假福音者（8～9節）
- c.反駁質問：保羅的做人原則（10節）
- d.主題聲明：所傳的福音源自基督（11～12節）

2.1. 開場白（一1～5）

對很多人來說，「開場白」是沒有甚麼意義的，只是書信格式裏其中一條例行項目而已，因此，不少人都會很快地跳過開場白的幾節。然而，本書的開場白與其他的不同，保羅藉這幾節經文為下文激動的討論埋下了伏線。

一般書信的開場白都會指明作者和讀者，且包括問安語。加拉太書的作者表明自己是「使徒保羅」(1節上)，收信者是「加拉太的各教會①」(2節下)，而保羅的問安語則經常添上基督教的色彩：「願我們的父上帝和主耶穌基督賜恩典、平安給你們！」(3節)；而其中的「恩惠」和「平安」②亦保存了希臘人和猶太人的問安傳統。

然而，加拉太書的開場白至少有兩處不尋常的地方有別於保羅的其他書信，這些變化正代表著保羅在本書所要強調的兩個重點：

1. 保羅特別闡明他的使徒身分：「我作使徒不是由於人的選召，也不是受人的委派，而是耶穌基督和那使他從死裏復活的父上帝指派的」(1節下)；
2. 基督論的插句：「基督為了要救我們脫離這邪惡的時代，遵照我們父上帝的旨意，為我們的罪③獻上了自己。」(4節)再加上一章1節下提到父上帝使耶穌基督「從死裏復活」。

雖然保羅不是主耶穌在世時所選召的十二使徒之一(太十2～4；可三14～19)，但他在大馬士革遇見復活的主這經歷，可證明他特別蒙上帝的呼召，要把福音帶到外邦人當中(徒九1～19)，所以保羅在他的書信中經常自稱為「使徒」(參羅一1；林前一1；林後一1；西一1；弗一1)。然而，只有在這裏，保羅特別闡明他是怎麼樣的使徒。

「使徒」的意思就是「被差遣者」，他是差遣者授權的代表，帶著所賦予他的權柄去執行任務，正如一個國家的大使一樣。而新約聖經裏的使徒所領受的權柄和任務，當然是宣告耶穌基督的福音，包

留意文中「不是……而是……」的加強作用(一1；參一11～12)。

括主耶穌的受死、復活和對新生命的應許(參徒二14～36；林前十五3～7)。保羅在**一章1節**強調他的使徒身分乃是直接根源於耶穌基督和父上帝，跟人完全沒有關係。我們不期然會問：保羅為何如此強調這點？他又為何帶著如此強烈的防衛性口吻呢？

確實的，一個人的身世不時影響別人對他／她的看法，你可有這方面的經歷呢？

保羅起初出道時是受安提阿教會差遣的(徒十三1～3)，因此，可能有人低貶保羅，説他只是「安提阿教會的使徒」，不能與主耶穌親自選召的使徒等量齊觀；所以，保羅經常強調他是「**耶穌基督的使徒**」，直接從上帝領受權柄。尤其是本書作為對那些「猶太主義者」的駁斥，保羅就更特意在書首確立他使徒身分的威信，好作為全書議論的基礎。關於這一點，保羅在一章11節至二章14節將繼續加以推展。

至於保羅在書信開首所插入的基督論語句，可謂對福音的核心內容作了總結性的闡述。其實，這些觀念本身原沒有甚麼特別，保羅在**其他書信**中亦經常提及；只是在書信的開場白就帶出神學意味如此濃厚的觀念，確實是不尋常的。保羅認為，基督的受難和復活固然是實實在在的歷史事件，但對於上帝救贖計劃的成敗而言，這些事件都是相當關鍵的，所以從救恩歷史(見下文專欄「救恩歷史」)的角度來看，這些事件都必須予以強調。

類此的話常見於保羅書信中(參二20；羅四25，五8、15～19，八3；林後五21；多二14；另參太二十六28；彼前二24)。

保羅在這裏要説的是：那充滿「**邪惡**」、「**罪**」和「**死**」的舊時代已經過去，而基督的來臨和他在十字架上的死，已經帶來一個嶄新的時代(參六14～15；羅十二2；林前七31，十11)，那是按上帝的應許所成就的。對保羅而言，罪**不僅是酌情量刑的壞行為**而已，基本上，罪的存在正表明人類活在被奴役的

如一個小孩做錯事，被父母罰不准看電視一天。

狀況中(四8～11)，受「邪惡時代」的奴役。因此，耶穌基督的受死和復活正要粉碎這個勢力，這是「新時代」來臨的記號，是上帝主權介入並扭轉人類歷史，使人脫離罪惡捆綁的明證。

在新約時代裏，上帝子民的身分和信仰在某程度上是延續著舊約的(如獨一上帝的信念)，但同時卻又是**新的開始**。保羅在加拉太書正要強調，有些舊時代的觀念和傳統已經不能適用於新時代的教會團體了，例如以色列民受割禮的記號就已經被聖靈所取代了。

根據羅馬書十二章1節至十五章13節的記載，可見保羅如何重新界定新子民的生活樣式，而加拉太書五、六章亦發揮了同樣的主題。

救恩歷史

「救恩歷史」這名稱特別指從基督教信仰角度來看人類歷史，認為某連串歷史事件得以發生在人間，乃是基於上帝的主導，目的是要拯救人類。由於聖經所展示的歷史都以上帝的拯救為中心，在很大程度上，「救恩歷史」也就是聖經中所展示的歷史。

按此，「救恩歷史」中的事件並非人類歷史上的一般性事件，而是在上帝救贖計劃中富有意義的事件。這種救恩歷史的觀念源自猶太教；按這觀念，世界的歷史可分為「舊時代／現今世代」(This World/Age)和「新時代／將來世代」(The World/Age to Come)兩個階段。「舊時代」充滿罪惡和死亡，而「新時代」則是一個「公義的世代」(賽六十章，六十五17～25)，有聖靈的臨在和平安。猶太人相信，彌賽亞的來臨是劃分這兩個時代的關鍵時刻；對他們來說，這當然還未實現，但從基督教會的角度而言，基督就是彌賽亞。因此，耶穌基督的降生標示著上帝賜福和審判的日子已臨到，救恩歷史也就進入另一階段了(參六15；林前十五23)。

當彌賽亞耶穌基督降世時，這預言盼望的「那一日」就開始實現在人間，只是還沒有完全臨到而已。教會也就在這個救恩新時代中，等待上帝末世性大日子的來臨，特別是以主耶穌基督的再來為記號。當那一日，上帝會將救恩歷史推至高峯：罪惡將被除滅；上帝的平安、公義和慈愛得以完全彰顯。由此看來，新約時代的末世觀往往帶著「已然和未然」(Already, but not yet)的張力。

2.2. 主題：基督福音以外無「福音」(一6～12)

(參羅一7～8；林前一2～9；帖前一1～10；帖後一1～10等)

在開場白(1～5節)結束之後，保羅隨即進入辯辭的引言部分(6～12節)。按**保羅寫信的慣例**，他通常會在問安語後為收信者向上帝獻上感謝，且會對收信者加上一些描述。但在加拉太書裏，這些都省略了；在保羅書信中，加拉太書是惟一一封保羅沒有為讀者感恩的書信。姑勿論保羅是否真的難以找到值得為加拉太信徒感恩的地方，我們在這裏感受到的是保羅異常急切的心情。因著意識到加拉太教會所面臨的危機，保羅既急且憤，不單省略了慣常的「感恩語」，取而代之的是他言辭激烈的直斥。

從這個激辯的引言，可以看出保羅與受信人之間在信仰上存在嚴重的分歧，致使保羅寫成這封「愛之愈深、責之愈切」的書信。很明顯，一些對福音持不同見解的「基督徒」進入了加拉太的教會，他們堅稱遵守摩西律法(或至少領受割禮)的重要性；甚至可能有些教師或傳道人故意對保羅作人身攻擊。面對這惡意的攻擊，保羅沒有怯懼，不但勇敢地自辯，更勇敢地斷言那些人所傳的不是福音，他自己傳的才是；如此狹隘和自負的觀點，聽上去都會惹人反感，任何明白剛愎自用的危險的基督徒都有點恐懼！

你可有遇過一些基督徒，他們對福音、信仰的理解有如保羅那樣執著和自信？你能否接納他們呢？

不過，在我們企圖批評保羅的狹隘自負之前，需要記得：保羅在開場白中已特別申明他的使徒身分(1節)，且又刻意插入基督論的語句(4節)，對福音的核心內容作了總結性的闡述。保羅就憑著這從天上來的身分權柄，加上以基督耶穌為核心的福音，以致他敢斷言：在他原先所傳的這福音以外，「**並沒有另一種福音**」(7節)。

2.2.1. 驚奇和責備：加拉太信徒偏離基督的福音(6～7節)

略去感恩的話後，保羅直截了當地以「驚奇」(6節上)——一個表達震驚、失望和憤怒的字眼——開始，並立即以激烈的言辭說明他的看法。

首先令保羅憤慨的是，加拉太信徒竟然「**這麼輕易**」便**背棄**原先所信的「基督的福音」④，去隨從「另一種」的虛假福音(6～7節)。他們既離棄那藉基督恩典選召他們的上帝⑤，又隨從另一種福音；不單背叛了身為基督徒的恩召，更向一個歪曲了的福音投誠。那是一個改變了的福音，是那些「前來騷擾」⑥他們的人所傳的。保羅在這裏所針對的並不是傳福音的方法，而是福音的根基。

離開真道的事情是難免會發生的，當每次發生時，都確實令人心痛。但令保羅驚奇的是發生得「這麼輕易地」。這個本來表達速度的副詞，在這段經文裏反映了信徒不成熟的態度，輕易地離棄了真福音，亦輕易地接受了假福音。

《和合本》譯作「這麼快」也是可以的，只是在意思上，保羅所強調的不純是速度的問題，而是那種「不加思索」和「隨便」的態度。

「離棄……隨從」等字眼是逃兵背叛和政治叛變的用語。

要建立一個人的信仰需要很長的時間，但要把這人的信仰拆毀、歪曲，就非常容易，你認為原因為何？

2.2.2. 雙重詛咒：傳假福音者(8～9節)

加拉太信徒的問題不單是他們對自身信仰的理解不足，又或信心軟弱，而且還有外來的因素：「有人前來騷擾你們」(7節)。可能因為保羅憤怒極了，所以對這些人不屑一提，只說他們是前來騷擾人的；這個用語也見於五章10及12節，幾乎成為這些人的專稱。儘管這些人與二章4節所提及的那些「假裝信徒」的人不是同一夥人，但同樣是敵對保羅的人。

這些騷擾者公然反對保羅的福音，在外邦中四處尋訪教會，傳講猶太律法傳統的重要(即「遵行摩西的法律」)，煽動外邦信徒接受割禮，過猶太化生活。保羅強調他「以前所傳給你們的」(8節；林前二1～5)和加拉太教會「從前所領受的」(9節，三1～2；林前十五1～11)才是真正的福音；因此，無論任何人——即使是來自保羅那裏的人或是天上來的天使——所傳的與此有別，都是**「應受詛咒」**(8～9節)的，「是跟基督切斷了關係，自絕於上帝的恩典。」(五4)

「應受詛咒」(意思是「上帝禁止」)並非指革除他的會籍，而是把他交付上帝，讓他被上帝審判和毀滅(羅九3；林前十二3，十六22)。

保羅之所以如此肯定他以前傳給加拉太信徒(亦即加拉太信徒從前所領受的)才是真正的福音，因為那是耶穌基督親自向他啟示的(12節)；這明顯是指保羅在大馬士革路上蒙召的事。只有這個才是「福」音，其他的都是「禍」音。留意保羅如何對他昔日所領受的福音予以**絕對化**，甚至到一個地步，倘若是「我們」(即保羅的同伴或保羅自己)後來所傳的與先前的有所不同，後來的都是錯的；倘若是「天上來的天使」所傳的與這個有所不同，天上來的天使都是錯的。

我們不要以為保羅自負，這只是反映他對上帝昔日在大馬士革路上向他所啟示的滿有把握。

保羅不是說，他的地位要比「天上來的天使」還要高；保羅乃是說：正因為他非常肯定他所傳的福音是他從天上所領受的，天上來的使者所傳的必然與他所傳的一致，否則，必然是那使者的錯！

天上來的使者都會有錯(參林後十一14～15)？事實上，今天有些異端教派的確聲稱有天使向他們的領袖傳話，你可知道有哪些呢？

2.2.3. 反駁質問：保羅的做人原則(10節)

加拉太信徒輕易地離棄了基督的福音固然令保羅憤慨，但更令他氣結的是，加拉太教會中竟流傳著一些誣蔑他動機和懷疑他人格的謠言。

他們大可以指控保羅只為討好外邦人的歡心，才免他們受割禮。保羅在此以兩個反問來作回應：「我這樣說是要贏得人的稱讚嗎？」、「難道我想討人喜歡嗎？」(10節)並重申其作為基督僕人的原則：但求上帝的嘉許。他堅決否認任何在此以外的動機(另參五11；比較帖前二4；林後五11)。

大概我們每一個人都曾經給人家講閒話，無論所做的事如何正直無愧，也可能遭人非議，因為各人的見解難免會有分歧。保羅當然也明白這道理，所以他在其他書信中也多次勉勵信徒要給那些持不同觀點的人留有餘地，甚至予以遷就(羅十四1～十五3；另參林前十23～十一1)。然而，保羅在這裏對那些毀謗他的人卻沒有顯出這份寬容，因為這裏所爭論的問題涉及福音的核心，其嚴重性遠超過該吃甚麼、不該吃甚麼的問題；保羅看到這些紛爭不單針對他而已，更根本危及福音的本身。

今天我們的問題可能是，我們的教會生活太過重視「以和為貴」，以致我們在不知不覺間出賣了福音來換取合一。所以在必要時，我們還是要學習保羅那種因尊重福音而來的硬朗。

既然有人企圖藉著攻擊保羅的人格而動搖福音的根基，保羅必定誓死抗辯。保羅聲稱自己不是存心要得人的稱讚，卻只要忠心作「基督的僕人」(10節下；參羅一1；腓一1)。「討人喜歡」和作「基督的僕人」成了兩件互不相容的事(參弗六6；西三22～24)。

2.2.4. 主題聲明：所傳的福音源自基督(11～12節)

在一輪炮轟之後，保羅似乎冷靜下來說：

弟兄姊妹們，我要你們知道，我所傳的福音不是人想出來的。我

沒有從任何人接受這福音，也沒有向任何人求教過，而是耶穌基督親自向我啟示的。(11～12節)

這番話可算是這書的題旨：保羅所傳的福音是直接來自耶穌基督的，因此，必然是對的。

在第一章的結構裏，這兩節是相當獨立的；既可以連接一章6至10節，成為「主題」的一部分，也可以作為一章13節以後的引句。基本上，這兩節的功用是承先啟後的。根據希臘的修辭學傳統，保羅在一章11節引用了「自我顯示的格式」(self-disclosure formula)，即以「我要你們知道」來引介出主要的論題；這句話帶有「鄭重聲明」的意思，引進這書辯論的主幹。

在此，保羅提出加拉太書中一個主要的課題，就是保羅所傳揚的福音的來源。保羅再次引用「不是……而是……」的格式來強調(參1節)。他先用反面的強調，指出他素來所傳的福音與任何人絕無關係：「不是人想出來的。我沒有從任何人接受這福音，也沒有向任何人求教過」(11節下～12節上)，然後就正面地宣稱他所傳的福音是「耶穌基督親自向我啟示的」(12節下；參帖前二13)。文中的「不是……」可能就是那些騷擾者對保羅的毀謗，說他沒有甚麼了不起，不過是隸屬耶城教會而已；但保羅卻說他所傳的福音是**耶穌基督親自啟示他的**⑦，也就是指他在往大馬士革路上的經歷。

「耶穌基督親自向我啟示的」這句話亦可理解為：上帝啟示耶穌基督給保羅；兩者的分別不大。

保羅確信他所傳的福音是耶穌基督親自向他啟示的；你又憑甚麼確信福音呢？

所謂「啟示」，意味上帝對宇宙萬物的旨意和計劃原是隱藏的，但如今卻在基督裏揭露出來(參羅一17，十六25～26；林前二10；弗三3、5)。在保羅的用語中，「啟示」特別表示從天上而來、權威性的顯明(參二2；林前十四6、26；林後十二1、

7)，且通常含有末世性的意念，如提到基督的來臨、救恩的完成、以及末日的審判等(羅二5，八19；林前一7；帖後一6～10)。

2.3. 結語

在這段引言部分(一1～12)，保羅顯然很強調「福音」一詞⑧。對保羅來說，福音只有一個，就是他昔日從上帝所領受、且向來所傳的那個。其他講解若與這個不同，就應當被詛咒！這是保羅非常強調的重點。所以當加拉太信徒這麼輕易就離棄上帝而轉向了**「另一種福音」**時，保羅就按捺不住心中的震驚和惱怒。他震驚(也許帶有一點的失望)是因為他們的信心那麼容易被搖動，惱怒是因為他的使徒身分和福音的核心本質竟然被質疑和歪曲了。因此，保羅要嚴厲地責備那些把基督福音篡改了的**「騷擾者」**。

從保羅的角度來看，其「使徒身分」和「福音核心」同是來自上帝，與任何世人都沒有關係，**「也沒有向任何人求教過」**(一12)，所以接下來在一章13節至二章14節，他就以「自傳式敍述」來順次鋪陳自己的悔改、蒙召和傳道的見證，一方面引證耶穌基督親自向他的啟示，另方面亦從而申明他對基督福音的理解。

保羅的意思不是要完全自創一格，脱離當時教會已有的傳統。從哥林多前書十一章23至25節及十五章3至7節看來，保羅亦常強調他所傳授的是他向主領受而來的，與教會傳統可謂一脈相傳。

今天我們對基督信仰(特別在救恩方面)的了解，深受保羅的影響。倘若今天有人敢說，他對福音的理解是由上帝直接啟示而來，並不受教於人，我們反而會認為他是傳另一種福音。保羅在加拉太書所表達的信息，為後世基督教信仰奠定了基礎；他在這方面的宣稱，在上帝的救恩歷史上可謂是獨一無二的了。

釋經短註

① 「教會」(希：*ekklēsia*)一詞在古代的用法一般是指政治性或商業性的社團；在舊約聖經的希臘文譯本(即《七十士譯本》)裏，這詞則用來指上帝子民的團體(如申二十三1～2；士二十2；代上二十八8；彌二5)，承接這用法，在新約聖經中，這字引申指基督教運動的團體。

② 雖然有些人可能會在這兩個詞語之間加上因果關係，例如「恩惠而有平安的果效」，但原文並沒有這樣的意思。

③ 這裏用的「罪」是複數詞，指「罪惡的行為」，與保羅慣用來指「人的罪性」的單數詞不同(參羅七7～25)。以「罪」指「罪惡的行為」可能反映一個早期基督教的傳統，認為基督為了人類的罪惡行為而死(另參林前十五3)。

④ 「福音」這觀念是源自舊約的(參賽四十9，四十二7，五十二7，六十一1)。當保羅論及「福音」的時候，重點是上帝在基督裏所成就的救贖事工，那是有關耶穌基督的死和復活。在保羅書信中，有時簡單稱之為「福音」(羅十16，十一28；林前四15，九14、18)；有時稱為「上帝的福音」(羅一1～3，十五16；林後十一7；帖前二2、8～9；參提前一11)，說明上帝是福音的根源；有時稱為「基督的福音」(羅十五19；林前九12；林後二12，四4，九13，十14；腓一27；帖前三2；參帖後一8)或「他兒子的福音」(羅一9)，強調基督為福音的內容。另外，保羅也有稱之為「我(所傳)的福音」(羅二16，十六25)或「我們的福音」(林後四3)。

⑤ 通常「恩召者」都是指上帝(參一15；羅八30，九24；林前一9，七17；帖前二12，五24)。此外，留意有些古代抄本並沒有「基督」一詞；但這對文意並沒有影響。

⑥ 路加在使徒行傳十五章24節亦用了同一個短語(《現修》譯為「徬徨困惑」，這短語的希臘文其實與「騷擾」相同)，使徒行傳十五章1節這樣介紹這班人：「有些人從猶太來到安提阿，開始教導信徒們說：『除非你們遵照摩西的法律接受割禮，你們不能得救。』」

⑦ 「耶穌基督親自向我啟示的」(一12)這句話的原文並不十分清楚，原句可理解為：(a)從基督那裏來的啟示；或(b)有關於耶穌基督的啟示。雖然按下文一章15至16節的描寫，這句話應該指後者，即耶穌基督乃是上帝啟示的內容，也就是整個福音的中心，但不少譯本(如《現修》和《新譯本》)或學者卻採用前者的理解。表面上，兩者的意思有顯著的分別，但在一章12節裏，這兩者的解釋其實分別不大，因為(a)的理解雖強調啟示者是基督，但啟示的內容亦明顯是「基督」本身，這理解直接反映保羅的大馬士革的經驗；然而最終使這啟示發生的，是三一的上帝。至於(b)的理解，則強調啟示者是三一的上帝，而啟示的內容是耶穌基督；然而在保羅的大馬士革經驗中，顯現的畢竟是耶穌基督自己。

⑧ 在本段引言部分(一1～12)的原文裏，「福音」一字有3次以名詞出現(一6、7、11；另參二2、5、7、14)，另有2次以動詞出現(一8 [2次]；另參一16，四13)。

溫習問題

1. 與保羅的其他書信相比，加拉太書的開場白(一1～5)至少有兩處不尋常的地方，試指出並加以解釋。
2. 「使徒」一詞的意思是「受差遣者」。根據一章1節，保羅受誰的差遣？他又不肯受誰的差遣？為甚麼他那麼強調這個差別？
3. 何謂「救恩歷史」？猶太教徒與基督徒(以保羅為例)對這觀念有何不同？
4. 根據一章6至7節的記載，促使保羅寫這封信的原因是甚麼？加拉太教會發生了甚麼事？為甚麼保羅對此感到震驚？
5. 甚麼是「另一種福音」？(一6～9)
6. 保羅強調即使日後有天上的使者傳福音給他們，若所傳有別於他以前所傳的，那福音都是假的；保羅憑甚麼如此說？
7. 你認為保羅為甚麼如此嚴厲地批評那些傳講另一種福音的人？(一8～9)
8. 保羅在一章11至12節的申明(「我……不是……，我沒有……，也沒有……，而是……」)有何意義呢？

第三章

敘述：保羅對所領受的身分權柄提出自辯（一13至二21）

- 保羅認識主耶穌基督前：迫害教會
- 保羅與主相遇：蒙召傳揚福音
- 信主後首次上耶城會見彼得
- 然後在敘利亞和基利家一帶傳揚真道
- 14年後再上耶城：向教會領袖報告外邦人的福音事工
- 在安提阿同桌聚餐和衝突
- 保羅的「辯辭」

經文

1 13我從前信奉猶太教時的行事為人，你們都很清楚。我不留情地
迫害上帝的教會，極力摧殘它。14在同輩猶太人中，我比別人更
積極地遵行猶太教規，更熱心遵奉祖宗的傳統教訓。

15但是，由於上帝的恩典，在我出生以前，他已經揀選了我，召
我來事奉他。16當他決定向我啟示他的兒子，使我在外邦人當中宣
揚有關基督的福音時，我並沒有向任何人求教，17也沒有上耶路撒
冷去見那些比我先作使徒的人，卻立刻到阿拉伯去，然後返回大馬
士革。18過了三年，我才上耶路撒冷去會見彼得，跟他住了十五天。
19除了主的兄弟雅各，我沒有見過其他的使徒。

20我說的都是實話；上帝知道，我不撒謊。

21後來，我到了敍利亞和基利家境內各地。22那時，猶太省各教
會的基督徒都還不認識我。23他們只聽見別人說：「那從前迫害我們
的人，現在卻在傳揚他過去所要摧毀的信仰！」24因此，他們為了我
的緣故頌讚上帝。

保羅和其他使徒

2 1十四年後，我跟巴拿巴回到耶路撒冷去，並帶着提多同行。
2我上耶路撒冷去是遵照主的啟示；在私下會見那些領袖的時候，
我向他們說明我在外邦人中所傳的福音。我不願意我過去或目前的
工作落空。3跟我同去的提多，雖然是希臘人，也沒有被迫接受割
禮。4但有些人假裝信徒，偷偷地加入教會，要他接受割禮；這些
人像偵探似的混進來，要偵察我們因信基督耶穌而享有的自由，為
的是想奴役我們。5可是，為了要替你們保存福音的真理，我們對
這班人毫不讓步。

6但是，那些被認為有名望的領袖(他們地位高低，我不在乎，
因為上帝是不以外表來判斷人的)，我是說，那些有名望的人並沒
有給我甚麼新的指示。7相反地，他們看出上帝把傳福音給外邦人

的任務交給了我，正像他把傳福音給猶太人的任務交給彼得一樣。
[8]因為，上帝以他的大能使我成為外邦人的使徒，正像他使彼得成
為猶太人的使徒一樣。[9]雅各、彼得、約翰，這三位有名望的教會
柱石，既然知道上帝把這特別的使命交給我，就跟巴拿巴和我握
手；既然成為同工，我們就同意：巴拿巴跟我應該到外邦人中工
作，而他們在猶太人中工作。[10]他們只要求我們記得猶太人中窮人
的需要；這件事正是我一向努力在做的。

保羅在安提阿責備彼得

[11]以後，彼得到安提阿來；因為他有明顯的錯誤，我就公開指責
他。[12]原來，在雅各所派來的人沒有到達以前，彼得跟外邦的信徒
一起吃飯。可是那些人一到，他就退縮，不敢再一起吃飯，因為怕
那些主張外邦人必須接受割禮的人。[13]其他的猶太信徒也跟着彼得，
像沒有原則的人一樣；連巴拿巴也受了他們的影響。[14]我一看出他
們不遵循福音真理，就當眾對彼得說：「你是猶太人，而你的生活
卻像外邦人，不像猶太人。這樣，你怎麼可以勉強外邦人過猶太化
的生活呢？」

猶太人和外邦人都因信得救

[15]不錯，我們這些人生下來就是猶太人，不是外邦罪人。[16]然而，
我們知道，一個人得以跟上帝有合宜的關係是藉着信耶穌基督，而
不是靠遵行摩西的法律。我們也信了基督耶穌，為要因信基督而得
以跟上帝有合宜的關係，不是靠遵行法律。因為沒有人能夠靠遵行
法律而得以跟上帝有合宜的關係。[17]這樣，如果我們這些尋求因信
基督得以跟上帝有合宜關係的人還跟外邦人一樣，都是罪人，這不
等於說基督在支持罪嗎？絕對不是！[18]因為，如果我重新建造自己
所拆毀的，就是證明我破壞法律。[19]就法律來說，我已經死了，是
被法律處死的，為要使我能為上帝而活。我已經跟基督一同被釘在
十字架上，[20]這樣，現在活着的不再是我自己，而是基督在我生命

裏活着。我現在活着，是藉着信上帝的兒子而活；他愛我，為我捨
命。[21]我不拒絕上帝的恩典。如果人得以跟上帝有合宜的關係是藉
着法律，那麼，基督不是白死了嗎？

從一章13節至二章21節，保羅詳細而有系統地逐步為他所傳的福音和他的使徒身分提出辯護；兩者是一體的兩面。保羅建立自己的使徒身分，正要作為他所傳福音的權威基礎，如果他的為人不可靠，他所傳的福音也不會可靠；而敵對他的人也許正要藉著抨擊保羅的使徒身分和權柄來削弱他所傳福音的可靠性。因此，保羅在這一大段的經文裏，藉著「自傳式敍述」來否定敵對者的指控①；這些人大有可能就是那些騷擾加拉太信徒的猶太人。

保羅的自述是清楚而流暢的，但並非只是一些不經意的分享，而是以這自述作為自辯的手段，申明他的使徒身分和所傳的福音都是來自上帝而不是世人。因此，我們必須特別留意文中一些標記和線索，可以幫助我們了解保羅辯論的進程：

1. 時間標記：原來希臘文有一個連接詞「以後」出現了3次；《現修》有不同的翻譯：一章18節「過了……」、21節「後來」和二章1節「……後」。
2. 地點標記：阿拉伯（一17）、大馬士革（一17）、耶路撒冷（一18）、敍利亞和基利家（一21）、耶路撒冷（二1）、安提阿（二11）。
3. 事件標記：保羅信主前作為猶太教法利賽主義者的生活行為（一13～14）；信主蒙召後的生活和事工（一15～17）；上耶城與使徒彼得和雅各相見（一18～19）；在敍利亞和基利家一帶傳揚真道（一21）；再上耶城私下會見教會領袖（就外邦信徒受割禮的問題參與耶城會議），説明他在外邦人中所傳的福音和他從上帝所領受的任務（二1～10；徒十五章）；在安提阿責備彼得不與外邦人同桌聚餐（二11～14）和保羅的「辯辭」（二15～21）。

若把這些線索串連起來，我們大概可分成7個段落如下：

A. 保羅認識主耶穌基督前：迫害教會(一13～14)

B. 保羅與主相遇：蒙召傳揚福音(一15～17)

C. 信主後首次上耶城會見彼得(一18～20)

D. 然後在敍利亞和基利家一帶傳揚真道(一21～24)

E. 14年後再上耶城：向教會領袖報告外邦人的福音事工(或所謂「耶城會議」；二1～10)

F. 在安提阿同桌聚餐和衝突(二11～14)

G. 保羅的「辯辭」(二15～21)

這7個段落緊密相連，所議論的信息可歸納為3點：

1. 保羅坦言他悔改歸主前後的轉變，並申明從上帝所領受的使命(一13～17)；他在人面前誠實的見證，正顯明其誠信的人格。
2. 保羅尤其強調他跟使徒彼得和猶太基督徒領袖的關係，並得到他們的信任和肯定(一18～二10)。
3. 保羅進一步擺明立場，顯示他與彼得的關係不只是平等而已，在「福音真理」的大前提下，他更可直斥對方的錯失，表明他的獨立性(二11～21)。

在此保羅要申明的是：他使徒的身分是獨立的，且直接由上帝而來；他所傳揚的福音，亦來自上帝有關耶穌基督的啟示，從來沒有人質疑過；他持守福音真理的態度是誠信的，且始終如一。故此，加拉太的信徒當然應該聽從他。

3.1. 保羅認識主耶穌基督前：迫害教會（一13～14）

保羅先從他的得救見證開始。保羅提出他認識耶穌基督前後的強烈對比：在大馬士革與復活主相遇前，就是在他「從前信奉猶太教時」（13節）②，他是基督教會的逼迫者（13～14節），及至與復活主相遇後，他立刻成為基督福音的傳揚者（15～17節）。這對於我們了解他生命劇變的來龍去脈有很大的幫助。

從宗教上的熱心演變成狂熱，在今天的宗教世界和過去的人類歷史中，隨處可見。缺乏理性基礎的宗教只會是瘋狂，沒有真理的宗教只會淪為私欲的實踐。

根據使徒行傳二十二章3節的記載（參徒五34～39），他受教於猶太拉比希列的得意弟子迦瑪列的門下。他也自認為是優秀的學生，通曉猶太律法和傳統，且非常熱心遵守，甚至可謂是**狂熱分子**（參徒二十六4～5；腓三6）。在這裏（13～14節），保羅不單指出他早期的行事為人，更強調他為了祖宗的遺傳極力逼迫殘害上帝的教會③。

約於公元1世紀初，猶太教出現了兩位相當有分量的拉比，分別是希列（Hillel）和煞買（Shammai）。後期的拉比文獻記載很多有關律例上的討論，很多都可以追溯至這兩位拉比的教導。然而，希列和煞買在很多方面的立場都有很大的出入，而以他們為代表的希列派和煞買派就代表著新約時期猶太教兩個互相對立的學派。一般而言，在處理一些具爭議性的問題上，希列派所採取的態度都較溫和和寬鬆，而煞買派則較嚴謹。

用基督教的術語，「十字架」就成為保羅的「絆腳石」；甚麼曾經成為你信主的絆腳石呢？

保羅沒有具體地解釋他迫害基督教會的原因，只概括地說他向來比人「更熱心遵奉祖宗的傳統教訓」④。然而，從我們對猶太教的認識，宣稱被釘十架的耶穌就是基督（即彌賽亞）就等同一種褻瀆，是猶太人絕不能接受的（參下文專欄「為何保羅要迫害教會？」）。此外，為了保全以色列人的純潔和優越性，免受外邦宗教文化的沾染，保羅也要竭力捍衛猶太教的傳統。因此，對於「離經叛道」的基督教會，他當然誓要迫害。

為何保羅要迫害教會？

保羅迫害基督教會的原因和背景可有兩方面，即神學上對基督身分的界定，以及宗教社會文化上對以色列人身分的界定。

從神學方面來說，傳統猶太人一向認為，一個被釘十架的彌賽亞，不僅有違他們所期待的彌賽亞形像（無論是民族性抑或政治性），甚至可謂是一種侮辱，是一種不能理解的荒唐之說（參三13；太二十七42；路二十四20～21；約十二34）。按照律法所說，一個被掛在木頭上的人是被上帝詛咒的（參申二十一22～23）；但彌賽亞卻是一個特別蒙上帝恩寵的人⑤，因此，宣稱被釘的耶穌是基督（彌賽亞），無疑與猶太教的彌賽亞觀產生嚴重的矛盾。按此，耶穌之死之所以一度成為保羅的絆腳石，不是因為「死」本身，而是因為處死的方式；死在十字架上成為猶太人的絆腳石（參林前一18～25）。

至於宗教社會文化方面，按照保羅嚴格的法利賽主義的標準和思想而言，任何危害到猶太人的身分特徵和傳統的主張都是無法忍受的。為了保存猶太宗教社會的純潔，保羅顯然無法容忍一些如司提反及「講希臘話的猶太人」所主張的「出位」和開明的路線（見徒六～八章）。他們那種比較開放地與外人交往的做法，對保守而激進的保羅來說，只會造成猶太人身分特徵的模糊和妥協。因此，保羅態度強硬，立意迫害基督徒，鏟除教會（參徒八3，九1～6，二十二4～5，二十六9～11）；他好像成了保衛傳統的民族鬥士一般。然而，他的生命並沒有停在這裏。接下來，他描寫那180度的轉變。他生命如此巨大的扭轉，只有上帝恩典的介入，才能解釋。

3.2. 保羅與主相遇：蒙召傳揚福音（一15～17）

當保羅正在用他過去在猶太教中的驕人成就來證明他對猶太教的忠心時，15節突然為這種並非出於福音的敬虔畫上一個句號：「但是，由於上帝的恩典，……」；這個改變無疑使接後的幾節（15～17節）與之前的13、14節構成強烈的對比。這種急轉式的改變確實令人意外。在結構上，我們不單留意到連接詞「但是」⑥所帶來的對比，更留意到**主語的改變**：

保羅的話豈不説出我們每個人的悔改經歷嗎？從前是「我」作主的，並以「我」的成就矜誇，但如今一切都是出於「上帝」了。

由以「保羅」為主語（13～14節）：

> 我從前……我不留情地迫害……極力摧殘它……我比別人……更熱心遵奉祖宗的傳統教訓。

原文亦可作「將他兒子藉著我啟示出來」，意思是以保羅作為向外邦傳福音的工具。

轉成以「上帝」作主語（15～16節）：

> 他已經揀選了我……召我……他決定**向我啟示**他的兒子……使我在外邦人當中……。

雖然這裏並沒有清楚説明保羅的信主經過，但使徒行傳卻清楚記載這發生在上大馬士革路上的事（徒九1～19），這事大約發生於公元34至36年之間。

在保羅的思想中，「大馬士革路上的事件」標記著他生命的一個轉捩點：他從一個逼迫基督徒和教會的人變成一個傳揚基督福音的人。從那刻起，保羅認識到自己是「基督耶穌的僕人」，是上帝所選召、特派傳祂福音的使徒（羅一1；參林前九1～2，十五8～9）。特別留意保羅在一章15至16節上把與主相遇的經驗集中在蒙召為使徒上，且強調這選召早在他出生以前已由上帝決定下來，如同先知以賽亞和耶利米的經驗一樣，甚至同被指示作外邦萬國的先知（參

賽四十九1；耶一5）。

保羅刻意如此表達他的蒙召經驗，一方面既説明上帝對他個人的呼召，同時也表示他的事奉是與以賽亞和耶利米先知一脈相承的，甚至比他們更進一步而達至頂峯，將上帝拯救外邦人的旨意明確地宣告出來：「我已經指定你們作外邦人的光，要你們把拯救帶到天涯海角。」（徒十三47）

「……我出生以前，上主已經選召我；我未出母胎，他已指名呼喚我。」（賽四十九1）

「在我賜生命給你以前，我已經選召了你；你還沒有出生，我就指定你作萬國的先知。」（耶一5）

其次，大馬士革路上的經歷是上帝對保羅的「啟示」（16節上）。這詞含有「向領受者揭示出來，使他們明白和了解之前所隱藏的事」的意思。保羅從向他顯現的基督獲得內在的、屬靈的領會，這極可能指他在遇見復活的基督後和接受水禮前那3天的體會，他肉眼的看見和心中的領會同是上帝對他啟示的一部分。在此亮光中，保羅醒悟到拿撒勒人耶穌就是猶太人歷代以來所盼望的彌賽亞，這可從保羅其他書信中看到：

雖然我們大多不敢引用這些經文來形容上帝對自己的呼召，但我們仍得承認，祂的呼召無疑是祂在永恆中的安排。

> 基督是無罪的，可是為了我們，上帝讓他擔負我們的罪，使我們藉着他得以跟上帝有合宜的關係。（林後五21）
>
> 上帝差遣自己的兒子，使他有了跟我們人相同的罪性，為要宣判人性裏面的罪，把罪除去。上帝這樣做是要使法律的正當要求實現在我們這些不服從本性、只順服聖靈的人身上。（羅八3～4）

耶穌基督的來臨已經引進救恩的新時代，詛咒過去，聖靈降臨（三23～25，四4～7）：

> 舊的已經過去，新的已經來臨。（林後五17）
> 基督已經為我們承擔詛咒，藉此救贖我們脱離了法律的詛咒；因為聖經上説：「凡被掛在木頭上的人都受上帝詛咒。」基督這樣做的目的是要使外邦人藉着基督耶穌獲得上帝應許給亞伯拉

罕的福澤；這樣，我們能藉着信而領受上帝所應許的聖靈。(加三13～14)

由此可見，保羅的基本價值觀產生徹底的轉變(參腓三7～11)：

- 從以律法為主變成以基督為中心
- 從誇耀自己的義變成誇耀上帝在基督裏的義
- 從迫害者變成甘心樂意為主受苦的僕人

(羅一5，十一13，十五15～16；帖前二16；西一24～29；弗三8；提前二7；提後四17；參徒九15，二十二14～15，二十六17～18)

一般基督徒的經驗是先信主，後蒙召，但在保羅身上，這兩件事卻同時發生，你有否認識有同樣經歷的弟兄姊妹呢？有甚麼原因促使他們有這種劇烈的改變呢？

保羅提出，上帝將祂兒子向他啟示的目的是「**使我在外邦人當中宣揚有關基督的福音**」(16節上)。換言之，保羅歸信基督和蒙召為使徒可謂同時發生，這並非保羅一廂情願的衝動，而是上帝的安排。他蒙召專責向外邦人傳講福音，成為「**外邦人的使徒**」。這專門向外邦人宣教的神聖使命，對於保羅投身外邦人福音事工的心志、自我身分的認定、以及重新詮釋猶太律法(妥拉)的角度都有相當深遠的影響。

保羅對妥拉的理解，特別是有關亞伯拉罕的事迹和外邦信徒應否接受割禮的問題上，顯然跟他的猶太敵對者有很大的差別。然而，保羅並沒有違背聖經的律法傳統，他只是從基督的角度來重新界定「遵行律法」的意義，這亦成為他強調外邦信徒不必遵守猶太割禮的基礎。參本篇3.5.2.專欄「割禮與外邦人」。

這段經文的另一重要信息是保羅蒙召後的即時反應(16節下～17節)：他蒙上帝啟示呼召後，並沒有與任何「屬血氣的人」(《和合本》)商量，也沒有上耶城去見那些比他先作使徒的人，反而「**立刻到阿拉伯去**」⑦，然後再回到大馬士革。這兩個的「**沒有**」顯示保羅要強調的是，他沒有和任何勢力或組織(如耶城教會)扯上關係。這一點在加拉太書中非常重要，保羅更藉此與一章12節的聲言呼應：「我……是耶穌基督親自向我啟示的。」

另一方面，保羅提及他去了**阿拉伯**3年（約為公元36～38年），那麼，保羅在阿拉伯幹甚麼呢？

當時的阿拉伯乃是約旦河東，大馬士革以南附近的拿巴提王國（Nabatean Kingdom）。

傳統認為，保羅獨自到阿拉伯曠野一個安靜的地方靜思默想，祈禱讀經，獲得更多的啟示。保羅——就如很多知識分子——在大馬士革事件後，很可能會有一段反省的日子。但是，一章17節的副詞「立刻」卻明顯把他「到阿拉伯去」與16節「在外邦人當中宣揚有關基督的福音」連起來，因此，按上下文理看來，保羅在那裏一帶隨即開展宣教事工，以致後來在猶太地區的基督徒都風聞他傳道的消息（21～24節；參徒九19～22）⑧。因此，我們可以肯定地說，保羅必然已經開始傳道事工，在猶太人的會堂裏宣揚耶穌是基督／彌賽亞，與此同時，他也不斷親近上帝，重讀聖經（妥拉），以耶穌基督為上帝所恩膏的中心重新整理信仰的觀點。

為甚麼強調認識耶穌為基督後，就「立刻」開始傳道事工？保羅強調其突然的轉變全是上帝的恩典作為。既是出於上帝，他就無須上耶城請示使徒們，倒立刻具備宣揚基督福音的資格。這顯示他使徒的身分和福音的內容都是在「大馬士革事件」與主相遇時同時領受的，並不需要依賴任何人的肯定或差遣。

保羅的外邦宣教使命之即時性與基督顯現的直接關係也可以從使徒行傳裏3處的報道得到證實和肯定（徒九15，二十二15，二十六16～18）。我們可以總結說，對保羅而言，他對外邦宣教的信念是從上帝啟示那刻開始萌生，這信念源自上帝將祂兒子耶穌基督向保羅顯現的那一剎那；而保羅的外邦宣教工作也就是對上帝啟示的一個直接而立刻落實的結果，保羅自此就認定他所領受的「特殊」使命是為著「外邦人」的。

學者對保羅蒙召的看法

雖然保羅在文中已經交代清楚，上帝在大馬士革路上的介入（基督的顯現）是他認定向外邦宣教的開始，然而，由於保羅是在事情發生後多年才在加拉太書中憶述這件舊事，因此，有些學者企圖用另一個角度來解釋這段經文；情況就有如我們也可能會把多年來的信仰體驗讀入我們決志信主的那一刻一樣。

有些學者認為大馬士革路上的顯現對保羅的主要衝擊是在基督論方面，即耶穌的身分就是彌賽亞——那被釘十字架的耶穌就是那期待已久、真真正正的彌賽亞，並且透過這個基督論的事實帶來救恩的意義⑨。但是，這基督論的轉變（即「基督的受死」和「基督的被釘」）如何引發保羅向外邦宣教的信念？經文交代得並不清楚，或者說，解釋得並不是很足夠。

大概正由於這個原因，有些學者就對這個觀點加以改進，認為保羅對外邦人的宣教信念是基於他的救恩經驗，而這救恩是由基督的顯現轉化而成的。在保羅回轉之前，他認為救恩是有可能藉著律法得到的，所以，為了律法，他大發熱心（腓三6）。他嚴厲地逼迫那些相信救恩是藉著耶穌基督而來的早期基督徒，尤其是那些說希臘語的猶太基督徒（「說希臘話的猶太人」；徒六1）。然而，在大馬士革路上，基督的顯現卻說服了他。就救恩歷史來看，決定性的轉變只有一個：基督是律法的「總結」（參羅十4）。既然現在救恩是藉著基督而來，不是藉著律法，那麼這福音必須公開給全人類，而不是單給猶太人而已⑩。

最近，有些學者甚至認為，保羅對外邦人的宣教使命並不是因大馬士革的經歷而來，而是保羅在猶太人當中宣教失敗的結果。例如有英國學者指出：「保羅在最初的宣教階段，都是只向猶太人傳福音（徒十三46～47；林前九20～21；加五11），及後因為保羅（以及其他人）遇到猶太人的抗拒，他們才轉向外邦人傳福音了」⑪。

又或說，保羅是在後來才完全明白他向外邦人的宣教使命，如保羅在哥林多後書十二章2至4節記載他經歷過一次特殊的天啟異象，就在這個過程中他領受了作為基督使徒的身分，可能也包括向外邦宣教的特殊使命⑫。不過，根據保羅對他在大馬士革路上與主相遇的描述，他是立即知道蒙召的目的是向外邦宣教的：當上帝把祂兒子向他顯現時，「使我在外邦人當中宣揚有關基督的福音」（一16下）。因此，若要證明保羅的外邦宣教使命是後來才領受的，學者就必須對一章16節下保羅的親口見證作出很多的辯解。

3.3. 信主後首次上耶城會見彼得（一18～20）

在本章開首，當討論整個自傳敍述的結構時，已經提過在原文裏「以後」這連接詞共出現了3次（一18、21，二1）。這3個標記構成了3個歷史敍述的段落，均在保羅「大馬士革事件」之後發生的。

對於加拉太書的讀者而言，這3個歷史敍述的段落正好構成了一個連續性的報告，特別是有關保羅拜訪耶城的事。保羅儘可能把有關的爭論事件陳明出來，從而澄清敵對者的指控。基本上，敵對者的指控是：保羅的使徒身分其實是依賴並授權於耶城教會的。於是，保羅必須先指出他第一次以基督徒身分拜訪耶城的事（18～20節）、及後回到敍利亞和基利家的情況（21～24節）、以及他為外邦信徒是否要接受割禮的爭論而再上耶城的經過（二1～10）。

保羅在此首先表明自己與耶城使徒們和猶太省基督教會的真正關係：他們彼此曾有接觸，但卻不是從屬的關係。保羅在此的敍述相當詳細，因為這種獨立的關係一旦奠定了，保羅亦可以證明，他所傳講的外邦人得自由的福音亦不隸屬耶城教會，而他的使徒身分亦不比耶城領袖低微。

首先保羅指明，他信主後到訪耶城的時間是「過了三年」（18節上）；這大概是**從他歸信和蒙召的時候算起**。保羅在此要強調的是，在他還沒有上耶城之前，他那基於基督啟示而向外邦人傳道的事業早已建立了一段時間；也就是說，保羅對福音那種具爭議性的理解和使徒身分，與耶城教會和那些比他先做使徒的人並沒有任何關係。再者，他這次上耶城訪問的目的只是為拜會磯法，即彼得⑬，而且時間

因為這裏的「過了三年」和一章17節上「沒有上耶路撒冷」是相應的，所以計算「三年」的起點應該是他與主相遇的時候。這「三年」可能只是約數，實質指兩年多的時間（若然是首

尾計算，則只有兩年)。因此，保羅上耶城的這年大概是公元38年。

《和合本》和《新譯本》均譯作「見」，這譯詞明顯忽略了原來的含意。

耶穌去世不久，他的兄弟雅各(可六3)已經成為耶城教會的領袖之一(徒十五13，二十一18)。

只有15天而已(18節下)。

文中「**會見**」(參《呂振中》)一詞是指一種目的性的拜訪；保羅會見彼得，顯然要就一些事諮詢他。雖然文中並沒有交代這次會談的內容，但大概與歷史耶穌的生平事迹有關，例如耶穌在地上的工作、受難、復活和顯現等。因為對於主耶穌在世生活的事迹，彼得可謂是相當可靠而具代表性的見證人。

保羅進一步強調這次拜訪純屬「私人性質」，不是官方式的，因此，他說：「除了主的**兄弟雅各**，我沒有見過其他的使徒。」讀到這裏，那些敵對保羅的人可能會說：「看！保羅不也是要請示這些教會柱石嗎？」事實畢竟是事實，保羅雖不能否認，但他只是基於對那些「教會柱石」的尊重，才作這次的私人拜訪。並且，他只住了「十五天」，這並不足以使他成為彼得(或雅各)的門徒。為要加倍強調他所言屬實，保羅甚至起誓說：「我說的都是實話；上帝知道，我不撒謊。」

每一個人讀到這裏都不期然會問：「有必要如此鄭重聲明嗎？」當然不一定需要，然而，這卻表露保羅對其權柄的來源相當執著，因為這點直接影響他所傳福音的可靠性。透過強調他使徒身分的獨立性(並不依賴或附屬耶城教會的領袖)，保羅表明其身分和權威並不下於彼得。他的重點是：他完全沒有接受耶城使徒的指導。這一切都是真實的，絕無謊言(20節；對照帖前二5；林後一23，十一31)。

3.4. 然後在敍利亞和基利家一帶傳揚真道(一21～24)

承接之前到訪耶城一事，保羅繼續憶述他在敍利亞和基利家一帶傳福音的工作。保羅強調在這段日子裏，猶太省各教會的基督徒並不十分認識他，只聽聞他悔改信主；既然不為人所認識，他自然不是猶太省教會的一分子。

在耶城與彼得會面之後，保羅繼續其宣教事工。在這段日子，他先到了敍利亞和基利家一帶(21節)，及後因為遇到猶太人的謀害，信徒們便將保羅送往大數(徒九29～30)。雖然經文沒有詳細說明這段日子持續多久，但按使徒行傳的記載(參徒九29～31)，這有好幾年的時間。在這幾年裏，他就在大數和基利家地區實踐他的宣教抱負；同時，亦是相當重要的一點，他與故鄉的人同住，好解釋他過去幾年所經歷的一切。幾年後，因為巴拿巴在安提阿一帶的傳福音工作發展非常迅速(徒十一19～26)，所以特別到大數請保羅來與他一同工作。

安提阿

敍利亞的安提阿(今土耳其安塔基亞)位於耶路撒冷北面485公里(300英里)。公元1世紀的時候，安提阿已成為羅馬帝國的第三大城市，約有50萬居民，其中有不少是猶太人。

由於與耶城距離較遠，安提阿不單止成為信徒在司提反殉難後避難的好地方，亦是擺脫耶城教會(特別是保守派)轄管而實踐大使命的最佳基地。從初代教會的發展來看，安提阿教會確實成為孕育外邦基督徒的搖籃；它更成為保羅和其他傳教士穿越羅馬帝國北部，向外邦人傳教的主要據點。

路加對安提阿教會成立的記載頗為簡單(徒十一19～21)，缺乏細節的描述，因為他的焦點是安提阿的外邦人歸主所帶來的興旺局面。安提阿的第一位信徒(經文並沒有提及)很可能也是一位向來被猶太教所吸引的外邦「虔誠人」，就如哥尼流一樣。毫無疑問，隨著愈來愈多的希臘人悔改歸主，這些地區所建立的「安提阿教會」的發展已到了一個決定性的轉捩點：它已經不是一個純猶太人的組織，而是一個獨立、以外邦人為主的基督徒羣體。

保羅特別提到當時「猶太省各教會的基督徒」對他的印象。即使他們沒有親眼見過他，但因為聽説「那從前迫害我們的人，現在卻在傳揚他過去所要摧毀的信仰！」他們當然是高興的，並且為保羅的緣故頌讚上帝(22～24節)。這一切都説明，保羅是被接納的，他所傳講的福音真理從來沒有被質疑過。文中強調「猶太省各教會的基督徒都還不認識我」，雖然明顯有點誇大(至少耶城教會的人會認識他)，但重點不是有沒有人認識他，而是認識他的人始終有限，保羅既是如此不知名，他大概不可能是任何一間猶太省教會的成員。

雖然我們生命的轉變或沒有保羅那樣驚心動魄，但我們總會在某些方面能見證上帝改變人心的作為，你的生命又在哪方面成為上帝的見證呢？

在耶穌基督的福音中，上帝使保羅的生命有驚人的改變——不是從壞到好的改變，因為保羅本來的生活堪為楷模。這個改變具體地表達了福音無可抗拒的力量，其他的一切，無論是好是壞，或是良善、或是罪惡，在這種力量面前都失去了光彩。

不單是保羅，我們每一個人都被福音的力量完全融化。

正如在15至17節所強調的重點一樣，保羅透過18至24節的經歷，也要表明他從開始就沒有受命於耶城教會的領袖。不論是他的使徒身分、宣教使命、或所傳講的福音，全都不是依賴耶城教會的權威來確立。這就間接支持了他在上文(1、12、15～17節)所作的宣稱：他的使徒身分和所傳講的福音都是直接從耶穌基督的呼召和啟示來的。敵對者編造謠言，説保羅是在耶城的使徒門下受教，如學生在拉比的門下受教一樣。然而保羅卻駁斥説，在他歸信基督的早年傳道事奉中，他根本沒有「拜師學藝」的機會呢！

溫習問題(3.1.～3.4.) 在頁75。

3.5. 14年後再上耶城：向教會領袖報告外邦人的福音事工(或所謂「耶城會議」；二1～10)

二章1至10節和二章11至14節是兩個特殊個案，一個發生在耶城，一個發生在安提阿。兩次都是與外邦信徒有關的爭論；前者關乎割禮，後者是與外邦信徒同桌聚餐的問題。兩次的爭論顯示保羅與彼得的關係也有轉變：由同等的彼此接納(9節)到激烈的爭論和對立(11～14節)。

A. 保羅上耶城：危機(二1～3)
- a. 時間(1節上)：14年後
- b. 人物(1節下)：巴拿巴和保羅
- c. 起因(2節上)：遵照主的啟示上去
- d. 目的(2節下)：說明在外邦人中所傳的福音
- e. 考驗個案(3節)：希臘人提多接受割禮與否

B. 幕後：「假信徒」的攻擊和反應(二4～5)
- a. 假信徒特徵(4節)
- b. 保羅的反應(5節)

C. 幕前：耶城會議的結果(解決方案)(二6～10)
- a. 那些有名望的領袖與保羅無干(6節上)

b.沒有甚麼新的指示(6節下)

c.正面：保羅的福音使命得到認同(7～9節中)

d.宣教事工的分配(9節下)

e.附帶：囑咐保羅記念窮人(10節)

保羅這次訪問耶城的事件佔有非常重要的地位，基本上，這事件已成為重構早期教會歷史編年的根據；而這段經文也是確定加拉太書寫作日期的重要資料來源。因此，新約學者對這段經文都相當重視，且深入研究，更因而衍生不少的討論和分歧的意見。

很可惜，保羅在文中惟一的時間標示是「過了十四年」(1節上)，卻沒有清楚說明這「十四年」是由何時算起，可有兩個可能：

1. 「十四年」是第一次(一18)和第二次到訪耶城相隔的年日；
2. 「十四年」是從保羅歸信主至第二次到訪耶城相隔的年日。換言之，第二次到訪耶城與首次相距約12年。

根據使徒行傳所提供的資料，我們的立場是：加拉太書二章1至10節和使徒行傳十五章所記述的「耶路撒冷會議」是同一件事，約發生於公元49年；按此，文中的「十四年」是指保羅信主14年後，即與首次訪問耶城相隔約12年。

在這個基礎上，我們來討論這段經文所涉及的幾個重要問題：

- 保羅為何強調「我上耶路撒冷去是遵照主的啟示」？(二2上)
- 外邦基督徒提多的出現有何深意？(1、3節)
- 假信徒的行動和保羅的反應對外邦基督徒有甚麼影響？(4～5節)
- 保羅跟耶城教會領袖的分工協議是怎樣的一回事？(6～9節)
- 「記念窮人」的囑咐(10節)，意義何在？

耶路撒冷會議

「耶路撒冷會議」的起因是，一些耶路撒冷保守派的猶太裔信徒（當中還有些是法利賽人，參徒十五5）因見安提阿教會的人數愈來愈多，於是來到外邦信徒中間提醒他們必須受割禮，並遵行摩西律法及相關的猶太人傳統習俗，才能與猶太人一樣，成為上帝的子民。這意味著外邦人必須先成為一個猶太教徒，才可以成為基督徒。從個人層面來看，信了主的外邦人需要遵守的不單單是割禮，還有所有寫在律法書上的規條，以及沒有記在律法書上但卻屬於猶太人口述流傳的律法。

有關「耶路撒冷會議」的討論，參本叢書的《風起雲湧的初代教會——使徒行傳析讀》9.1「耶路撒冷會議（十四27～十五35）」。

3.5.1. 保羅為何強調「我上耶路撒冷去是遵照主的啟示」？（2節上）

保羅強調「遵照主的啟示」，是直接與他寫這段經文的目的有關。他特別強調這點，可能是在回應敵對者的控訴：「保羅曾經『受邀』出席耶城會議，並且私底下順服於教會領袖的指示，可見他也不過是隸屬於耶城教會之下。」故此，保羅需要為他出席耶路撒冷會議的原因作出澄清。

首先，保羅要表明的是，他並不受耶城使徒的管轄，也不是基於他們的召令而出席耶城會議。雖然在實際上，他是受安提阿教會的差派而去請示耶城使徒和長老（徒十五2），但保羅在這裏所強調的卻是「遵照主的啟示」（二2上），他前赴耶城，只因順從上帝的指示。究竟上帝透過怎樣的**異象**或在怎樣的情況下向保羅作出指示，我們不得而知，但可

有關保羅的異象，參本叢書《風起雲湧的初代教會——使徒行傳析讀》10.2中專欄「保羅的異象」。

以肯定的是，若非有從上帝而來的啟示，無論誰也不能使他前赴耶城開會，這是保羅在這裏所要強調的。

其次，他上耶城的目的乃是要向耶城領袖説明他在外邦人中所傳講的是怎樣的一個福音，好取得他們的認同，以致這福音事工不會徒然(2節下)。保羅最不想見到的是，耶城教會與他自己、以至其他外邦教會的關係破裂。文中的「私下」⑭並非表達一種鬼祟曖昧、不可公開的氣氛，而是指一種親切交心的關係。我們對這種「私下」的會面不應有任何「枱底交易」的聯想——不然，保羅的對頭人必定會緊咬這點，加倍攻擊保羅。

3.5.2. 外邦基督徒提多的出現有何深意？(1、3節)

提多是位外邦信徒，他一直都很積極參與保羅的傳道工作，曾在哥林多(林後八6)與保羅同工。

保羅故意帶著外邦信徒**提多**同去(3節)，目的就是要把他當作一個關鍵性的考驗個案，藉此測試耶城信徒的意見。提多的個案可有正反兩面的結果，直接影響保羅的公信力：

- 假如提多被迫接受割禮，不單保羅的整個宣教事工會徹底失敗，這也必然成為敵對者的話柄，説他為討好耶城教會的領袖而叫提多接受割禮；
- 假如提多始終不接受割禮，那就清楚表明，保羅的立場始終如一，而所有外邦信徒也可按此案例，不需要接受割禮了。

倘若你是提多，你在會議中會有何感想？

保羅明言：「跟我同去的提多，雖然是希臘人，也沒有被迫接受割禮。」雖然提多是外邦人，但耶城教會的領袖並沒有強迫提多接受割禮；又或説，即使曾有要求，亦沒有堅持到底。換言之，提多沒有受割禮已經成為一項原則性的決定。

割禮與外邦人

> 選錄自《風起雲湧的初代教會——使徒行傳析讀》第九章專欄「割禮與外邦人」和有關的釋經短註。

割禮是上帝與亞伯拉罕並他子孫立約的記號，亦是歸化以色列的條件之一(參創十七23，三十四14～22)。在舊約歷史裏，在以色列和外邦人的關係上，割禮並非一個爭論性的課題。這可能是因為以色列的鄰邦如埃及、亞捫、摩押、以東等大都奉行割禮，只有非利士人是主要的例外。此外，大部分以色列人的問題似乎不是對外邦人的拒絕，而是太喜歡外邦文化宗教，常常墮入受外邦人同化的險境！因此，律法和先知書的一個主題，就是呼籲以色列保持她的聖潔，不要隨從外邦人。

然而，為何在新約時代，割禮和對外邦人的接納成為了重點的問題呢？要明白這個轉變，我們需要了解兩約之間的歷史發展⑮，特別是那在猶太歷史裏產生了無與倫比影響的馬加比革命。

這革命的興起主要為抗衡當時西流古王安提阿古四世所提倡的希臘化運動(hellenization)。在當時的巴勒斯坦和亞細亞一帶，希臘文化已經非常盛行，而很多猶太人亦深受希臘文化所影響。有些猶太人更在耶路撒冷興建體育館，仿照希臘人一樣赤身露體地競技。因為希臘人認為割禮是自殘肢體，乃蠻夷所為，不少猶太人為免受嘲弄，甚至在生殖器動了「整容」的手術，使別人看不出自己曾受割禮(《馬加比一書》1.15；參林前七18)！因此，不少敬虔的衞道之士(大概就是法利賽人的前身)挺身而出，呼籲猶太人嚴守律法，抗衡希臘文化的影響。

然而，安提阿古四世所推動的希臘化運動，卻要透過消滅猶太人的宗教而徹底同化他們，於是便進行一連串嚴酷的宗教逼迫，特別是針對那些依然緊守割禮的人。但逼迫愈大，反抗愈大，這些逼迫最終只會強化猶太人的凝聚力；在這情況下，行割禮與否已遠遠超出了宗教儀式的範疇，而成為了一個猶太人是否忠於耶和華和忠於民族的試金石。同時，如此的國仇家恨也使一般猶太人對未受割禮的外邦人的態度急轉直下，變得懷疑、拒絕、敵視和不友善。

時移勢易，在馬加比革命所建立的哈斯摩尼阿王朝獨立統治期間，不單未經割禮的猶太男童需要復行割禮，連猶太人所侵略攻佔的以土買的外邦人也被迫奉行割禮(以土買人希律以後能成為猶太王，多少是拜這次強行割禮所賜)。這樣，割禮從被嚴禁變成了被強制執行；從一個被安提阿古四世視為同化猶太人的宗教障礙，變成了一個哈斯摩尼阿王朝同化外邦人的政治工具。雖然在不到100年後，猶太再次亡國，淪為羅馬帝國的一省，但高漲的民族主義已在猶太人心中根深蒂固，而割禮也成了猶太人敬虔的主要標誌和忠心愛國的不二保證。自然地，割禮亦與猶太人的宗教特權和民族優越感有著難分難解的關係。

不幸的是，當猶太人極其注重割禮的行為時，卻往往輕視了割禮的屬靈意義，那就是上帝立約的恩典，使受割禮者得以除掉心裏的污穢，與聖潔的上帝相交。上帝藉著摩西吩咐以色列民要在心裏行割禮（參《新譯本》申十16；《現修》譯作「服從上主」；《和合本》譯作「將心裏的污穢除掉」），並應許「上帝必給你的心和你後裔的心行割禮（參《呂振中》申三十6；《現修》譯作「上帝要打開你們和你們子孫的心門」），好叫你盡心盡性愛耶和華你的上帝」（參《和合本》）。先知耶利米亦強調割禮的屬靈意義，藉此警告以色列人：無論是他們或是外邦人，如果心未受割禮，實在與肉體沒有受割禮無異（耶九25～26）。在羅馬書，保羅更進一步演繹：「誰才算是真猶太人，真受割禮的人呢？並不是在外表上作猶太人、接受過身體上的割禮的。真猶太人是從內心開始的；換句話說，他心裏受了割禮，是上帝的靈的工作。」（羅二28～29）

3.5.3. 假信徒的行動和保羅的反應對外邦基督徒有甚麼影響？（4～5節）

《和合本》譯作「假弟兄」，又可理解為「假信徒」；這名詞可說明保羅對他們「基督徒」身分的質疑。

這裏的「加入教會」不一定指他們受洗加入教會，可能只是說他們參加教會的聚會。

既然沒有勉強提多接受割禮，初步看來，耶城教會對保羅的立場是認同的，然而，保羅卻指出，耶城教會卻受到另一股勢力所影響，即那些「**假裝信徒**」的人（4節），這些人可能因為膽怯，就刻意討好激進的猶太分子和主流的猶太教領袖。

這些「假裝信徒」的人大概與上文所提及的那些「騷擾」（一7）加拉太教會的人同屬一類。這些人「偷偷地**加入教會**」（二4），嘗試推翻耶路撒冷會議的決定，勉強外邦信徒接受割禮。保羅指他們是「偷偷地」⑯加入教會；這詞所表達的那種「鬼鬼祟祟的行徑」正隱含不軌的企圖，可見他們所帶出的是「不正路的教訓」。

保羅深深感覺到，這次會議的結果影響深遠，他極力地辯護，為要叫「福音的真理」存留下來(5節；對應徒十五7～11)。因為他知道，若基督教會接受猶太主義者的割禮主張，外邦信徒必定會被説服接納全盤的猶太文化，形同猶太教的皈依者。長遠來説，基督信仰就會被局限在猶太教內，頂多成為猶太教中的一個派別而已。至於保羅和巴拿巴在外邦人當中的宣教工作更會受到重創。《現修》在此的翻譯頗為生動：「這些人像**偵探**似的混進來，要偵察我們因信基督耶穌而享有的自由，為的是想奴役我們。」(4節)

「偵探」這詞原文有「虎視眈眈」的含意，指這些人一直在等待機會，企圖達到不正當的目的，那就是要把加拉太教會信徒的「自由」奪去，把他們變成「奴隸」。

雖然保羅沒有明確提到當時「教會柱石⑰」(指雅各、彼得及約翰；9節)對於這些假信徒的反應如何，但不難想像，他們很可能會為免猶太教會分裂而儘量妥協，接納「割禮派」的要求，息事寧人。但保羅的態度卻顯得十分堅持，毫不讓步，就連「一刻的工夫」(《和合本》5節)也不放過，結果就達成耶城會議的協議(6～10節)。

在割禮的問題上，保羅為保存「福音的真理」而對那些假信徒「毫不讓步」(5節)，你維護福音的態度又如何？

3.5.4. 保羅跟耶城教會領袖的協議分工是怎樣的一回事？(6～9節)

在幕後是一羣企圖敵擋福音真理的小人(假信徒)，但在幕前卻是與保羅稱兄道弟的教會領袖。不過，對保羅而言，怎麼樣的人他都不在乎，「因為上帝是不以外表來判斷人的」(6節；《和合本》譯作

「上帝不以外貌取人」)。這句話可能只是一句宗教上的常用語，但在這裏卻很有意思。在舊約聖經裏，這番話往往用來形容上帝的屬性，指出無論人的地位如何，在上帝眼中都一視同仁，就算是孤兒寡婦或寄居的外邦人，上帝都必眷顧(申十18；代下十九7)。

大概包括所謂「教會柱石」(二9)和另一些領袖或長老。

保羅特別聲明耶城教會中「**有名望的人**並沒有給我甚麼新的指示」(6節；對照徒十五19～29)，反而認同保羅所傳的福音(即外邦信徒免受割禮)和上帝賜予他的使徒身分：「他們看出上帝把傳福音給外邦人的任務交給了我，正像他把傳福音給猶太人的任務交給彼得一樣。」(7節)這節經文所強調的，並非一般的分工而已，而是彼此認受對方從上帝所領受的不同託付和專責的工作範圍⑱。

福音只有一個，負擔卻可有不同，但對於保羅來說，向外邦人傳福音這負擔並非只屬於他個人的意願，而是實實在在地反映他所理解的福音的本質。意思是：倘若耶穌的福音永遠都只是傳給猶太人，「割禮」和猶太律法等都不會構成問題，但當福音傳到外邦人中間時，福音的本質就遭到測試，而其核心環節就顯露出來。

保羅強調，這個分工不是基於個人的欲望，而是上帝的召命：「上帝以他的大能使我成為外邦人的使徒，正像他使彼得成為猶太人的使徒一樣。」(8節；另參《和合本》：「那感動彼得，叫他為受割禮之人作使徒的，也感動我，叫我為外邦人作使徒。」)這番話可能是保羅借用耶城大會的「官方聲明」。既然雙方在割禮問題上達成共識，又尊重彼此從上帝所領受的召命，大家就作出落實的安排：他們就用右手行相交之禮(參《和合本》9節下)，從此奠定福音工場的分工和教會合一的見證：「巴拿巴跟我應該到外邦人中工作，而他們在猶太人中工作」(9節下)。

這個分工的協定，所表明的重點是保羅和彼得的對等關係，彼此和而不同，互相尊重。特別是3位教會柱石既「看出」(7節)、又「知道」(9節上)上帝賜予保羅的特殊恩賜和使命，讓他在外邦人中宣揚真道。於是就跟保羅和巴拿巴行相交之禮，表示彼此尊重和對等的關係，互相接納為「同工」(9節)，雙方同意在普世的福音事工上攜手合作。由此可見，這協定所表明的是保羅所傳的福音和耶城教會領袖所理解的福音已達到一致的共識，至於保羅的使徒身分與彼得的使徒身分亦完全對等，只是分工專責有別而已。

我們不應該存著一種現代人的「山頭主義」觀念來看這個分工，嚴格地劃分兩者的活動範圍和對象。事實上，在這個分工的大方向裏，雙方的工作不時也會交叉重疊。地中海一帶的外邦城市也有猶太羣體，保羅通常都會先在**猶太會堂宣講福音**，直至他們拒絕，保羅才轉向外邦人傳福音；同樣，彼得等人在耶城開展的宣教事工，也自然包括散居各地的猶太人(參徒十一19～21；雅一1；彼前一1)，而偶爾彼得的足迹也會涉及猶太省以外的地方(林前九5)，例如在安提阿(二11)。所以，這分工的協定只是一個概括性的協議，分別由安提阿和耶城教會的代表共同分擔宣教的事工，保羅和巴拿巴負責外邦人的福音事工，而教會柱石彼得則針對猶太人的需要，彼此既沒有瓜分的界線，亦自然沒有競爭的張力。

(參徒九20，十三5、14、46，十四1，十六13、16，十七1～2、10，十八4、19，十九8)。此外，保羅在其書信中也不時提及向猶太人傳福音(林前九20～23；羅十一14)。

3.5.5.「記念窮人」的囑咐(10節)，意義何在？

在會議結束時，保羅更接受了耶城教會領袖的囑咐：「記念窮人」(10節)。這項要求既關懷有需要的人，又沒有違反福音事工，保羅當然欣然答允。雖然在原文中並沒有清楚指明「窮人」是誰，但按上下文意，理應指「猶太地的窮人」。

耶路撒冷既為聖殿坐落的地方，每年朝聖者眾多，聖殿稅的收入亦相當可觀，因此，文中的「窮人」⑲ 可能不是指一般的耶城情況，而是指教會中的窮人，例如教會中的孤兒寡婦，或一些信了主的猶太人，因受到猶太議會的排斥而導致經濟上的困難(參約九22)。雅各和彼得說的可能只是一句不經意的話，誰不知卻成為保羅**未來10年的重點工作之一**，而保羅最後一次上耶城的主要目的也是把這多年來籌得的捐款送到耶城教會去。

這次籌募工作大概在保羅的第二次傳道旅程中展開，即在耶城會議之後(約公元49年)，而保羅最後一次到耶城去是公元57年。

為耶城募捐不獨是一件賑災的善舉而已，而是帶有更重要的象徵性意義。一方面，透過外邦教會回饋的捐獻，福音工作在外邦人中拓展的闊度和深度就更明白地顯露出來；另一方面，這也展示外邦教會與猶太教會手足相顧的密切聯繫，甚至可以說是外邦教會飲水思源、責無旁貸的義務，亦是福音惠及外邦的合理後果，正如保羅在羅馬書十五章27節所解釋：「……既然猶太的基督徒讓外邦人分享屬靈的恩賜，外邦人也應該在物質上幫助他們。」

綜觀以上幾點的分析，保羅講述這次「十四年後」再上耶城所發生的事，目的是要澄清幾方面的問題：他的使徒身分和所傳的福音得到耶城教會的認同(6～9節)；外邦信徒不必接受猶太割禮，這是非常清楚的共識(3節)；堅持「福音的真理」，尤其是在基督裏的自由，是保羅始終如一的立場和作風(4～5節)。

3.6. 在安提阿同桌聚餐和衝突(二11～14)

整個自傳敍述(一13～二21)所提及的每一件事都是要為保羅所傳的福音和使徒身分辯護，他的福音是來自天上的啟示，而保羅的使徒身分也不隸屬耶城的使徒們。然而，這節記載保羅在安提阿與彼得衝突一事更要表明，保羅不單止較彼得更清楚如何落實這福音，保羅的地位更有凌駕彼得之勢！

敍利亞的安提阿可謂是初期教會重要據點之一，也是保羅和巴拿巴外邦宣教事工的發源地(徒十一19～26，十三1～3)。彼得抵達安提阿(二11上)的時期和目的，我們都無法確定。但對這件事件的描述，保羅卻開宗明義指出：**「彼得到安提阿來；因為他有明顯的錯誤，我就公開指責他。」**這可不客氣！但卻表明保羅記載這事件的目的是要指出錯誤，因為彼得的行徑與之前耶城會議的協定不符。

《現修》翻譯這句不好，原文的意思是：「從雅各那裏來的人」(《和合本》)。這些人與雅各的關係並不清晰：他們真的是雅各派來的嗎？抑或只是他們自稱而已？又或是用來代表「來自耶城」之意(「從雅各」，意即「從耶城而來」)？

在你接觸的基督徒中，有沒有一些人令你感到不自然呢？如邊緣青年？不同膚色的人？

首先，我們可留意到涉及這事件的主要人物：彼得、外邦信徒、猶太信徒、**「雅各所派來的人」**(《和合本》譯作「從雅各那裏來的人」)、**「主張外邦人必須接受割禮的人」**、巴拿巴和保羅。由於耶城會議只達成外邦信徒並不需要接受割禮的協定，這協議對於一般猶太信徒而言可謂並沒有切身的影響，他們當然會繼續沿用猶太傳統，施行割禮，遵守律法之工(參下文專欄「律法與恩約」)，因為這本屬於猶太人的文化。然而，面對猶太信徒和外邦信徒在遵守律法上的雙重標準，耶城會議卻沒有詳細討論兩者在相交上的細節問題。因此，彼得在安提阿與外邦信徒的相處就顯然出現**「沒有原則」**(13節)的弊病，他起初與外邦信徒同桌聚餐，可謂完全投入他們的團契中，只是後來在「雅各所派來的人」面前卻又似乎有所避忌而漸漸退開。

領袖的壓力是很大的，其一舉一動都備受關注，偶不留神，就會令人跌倒。作領袖的應以彼得為鑒。

所謂「雅各所派來的人」，也就是保守的猶太主義者，自從在耶城會議受挫後，他們大概仍企圖另找機會，捲土重來。因此，他們有些到了安提阿，發現那些與外邦信徒共處的猶太信徒往往輕忽了自身的傳統文化，於是，便施加壓力，連彼得也在這些保守的同胞的壓力下屈從了，就退去與外邦人隔開了⑳。

當時在場的人看來，彼得這一舉止表達了教會公認的做法，並因而帶動了其他人，就連保羅的同工巴拿巴也受了他們的影響。套用保羅責備的話，這正反映彼得**「沒有原則」**(13節；《和合本》譯作「裝假」)。彼得立場曖昧，真令保羅失望；因為他的行為與「福音真理」不合，保羅沒有其他選擇，只有立即當面指責彼得(14節)，儼然有一人挑戰整個教會之勢，以寡敵眾。

文中「沒有原則」一詞在福音書中經常用來形容法利賽人，即「假冒為善」。

保羅在這裏並沒有描述彼得的反應，這似乎表示彼得自知理虧，對此責備亦無容辯駁；不然，保羅亦不會以這事件作為對他有利的證據。如今，連彼得也願意接受保羅的責備了，這就更強化保羅所傳福音的權威性，同時，也表明了保羅的使徒權柄並不在彼得之下。

對於那些不守真理的人，你可有保羅這種直接指責對方的膽量嗎？

保羅公開指責彼得(11節)，可謂全不留情面。保羅所爭持的不是一般「食物條例」等問題，而是涉及其神學理解。難道猶太信徒必須遵從一切猶太傳統才算是向上帝盡忠？難道外邦信徒必須猶太化，融入猶太民族和文化裏，才能被接納為教會的一分子？若是如此，外邦人歸信耶穌基督

試想想基督徒之間常會彼此要求遵守哪些慣性的做法(例如特定的禱告方式、敬拜方式、用語和衣著等)？為甚麼把這些做法定為教會或信仰的內容是錯誤的呢？

還是不足夠，他們還需要猶太化，並放棄自身的種族身分和文化。另一方面，要是外邦信徒和猶太信徒始終不能同席用餐，基督教會遲早會分裂成外邦人和猶太人兩個派別。難道基督的身體（教會）是分裂的嗎？在基督裏的合一又可如何落實呢（參三28）？

顯然地，敵對者是走同化路線，而保羅則堅持多元化路線，容許外邦人和猶太人各自保存自身的文化和傳統。從保羅看來，耶城大會和安提阿衝突這兩件事件不單使外邦信徒的地位和基督徒的生活方式面臨嚴重的威脅，更使「福音真理」（5節和14節上）陷於歪曲的危機。

猶太人與外邦人同桌聚餐

彼得（和跟隨他的人）的罪名是：「不遵循福音真理」。彼得錯在哪裏呢？割禮派人士認為同桌聚餐的問題在哪裏？當保羅說：「你【指彼得】是猶太人，而你的生活卻像外邦人，不像猶太人。這樣，你怎麼可以勉強外邦人過猶太化的生活呢？」（14節下）問題的關鍵是甚麼？要了解這段經文，我們需要對猶太人的同桌聚餐有一點認識，從中明白彼得的困難，也因而更了解保羅反應如此強烈的原因。

首先，同桌聚餐牽涉到猶太人對外邦人的觀感。有些猶太人完全看不起外邦人，但也有些猶太人對外邦人頗為尊重（舊約聖經亦記載了一些例子，參書六22～25；甚至有視外邦人如同自己同胞一樣的態度，參申一16；撒下十五19～23）。因此，彼得不與外邦人同桌聚餐，不僅僅因為對方是「外邦人」的緣故。

安提阿同桌聚餐的情況顯得相當複雜，問題包括幾個層面：

1. 猶太人對食物潔淨的要求程度：按猶太人的傳統，也有不同層次的潔淨，有些猶太人非常嚴格，有些則比較隨和；
2. 猶太人對同桌聚餐的習慣和期望：因為不同的猶太人跟外邦人交流接觸的程度也會各異，有些相當開明，但有些則較封閉，甚至完全謝絕任何接觸（參但一8～16；舊約次經中的《多比傳》1.10～13；《猶滴傳》10.5，12.1～20；而舊約偽經中的《禧年書》22.16對外邦人更近乎拒絕）；

③外邦信徒不同程度的「猶太化」傾向：有些「敬畏上帝」的外邦人相當接納猶太禮教，但也有一些外邦人比較不熟悉猶太傳統。

我們當考慮不同程度的可能性，不能假設外邦信徒必然完全忽略猶太傳統食物潔淨的條例；也不能假設與外邦人一同飲食的猶太信徒就已經放棄遵守猶太禮教。不過，在比較保守者的眼中，任何比較開明的態度都是越軌的行動，是對猶太人身分的背叛，甚至可被視為大逆不道。因此，對於割禮派人士而言，身為教會領袖的彼得與外邦信徒同桌聚餐是該受譴責的（參《禧年書》6.32～35；《所羅門詩篇》8.13）。

開始的時候，彼得只是願意放棄嚴格的猶太食物條例（所謂「不隨猶太人行事」《和合本》二14下），與外邦信徒同席用飯。但後來卻退縮，與外邦人隔開，這舉動猶如「勉強外邦人過猶太化的生活」了（二14下）。問題不在於與外邦人同桌聚餐與否，而是彼得的改變：這改變表示與外邦信徒同席吃飯是不恰當的；但既是不恰當，為何彼得原先又要如此「沒有原則」，把持不定呢？保羅對彼得的責罵是帶諷刺性的，也就是說，彼得立場的搖擺是自定己罪了。

3.7. 保羅的「辯辭」（二15～21）

在保羅眼中，彼得的行為對外邦信徒而言乃是一種「間接的強迫之舉」。這不單破壞猶太信徒與外邦信徒的相交生活，更可謂直接威脅外邦信徒的身分地位。其餘的猶太信徒因對食物潔淨條例的固守，自然會受彼得的影響，不敢再與外邦信徒在餐桌上自由相交，有些甚至避與外邦人深入交往。如此，彼得的舉動就等於把猶太化的要求強加在外邦信徒身上，外邦信徒必須滿足猶太人的食物潔淨條例，才能與猶太信徒相交無間。保羅認為，這種對外邦信徒強加的要求，無形中否定了他們的信徒身分，因此，與福音真理並不相合。

面對如此偏離真理的局面，保羅只好立即公開**指責彼得**的不是(14節)，並且繼續向他們，尤其是猶太信徒們，講論因信稱義的含義(15～21節)；到三章1節之後，保羅更直接針對外邦信徒來講論。

讀者應留意：按我們對整段經文的分析，保羅責罵彼得的話一直延續至二章21節(參《和合本》)，《現修》卻把保羅的責罵停在14節，而二章15至21節為另一獨立段落的申論。

此段非常濃縮的神學「辯辭」(15～21節)並不容易明白，但掌握其信息對了解保羅「因信稱義」的論點非常重要。當中涉及的一些詞句和觀念反映當時猶太人的宗教價值觀念，更有一些詞句和字眼本身並不完整，惟有從字裏行間加以推斷，才能把句意表達得完整。

A. 猶太基督徒的共識：「律法之工」與「信仰基督」的關係(二15～16)
B. 問題關鍵：基督在支持罪嗎？(二17上)
C. 強烈否定(二17下)
D. 澄清一：律法已成過去(二18)
E. 澄清二：與基督聯合的意義(二19～20)
F. 概括摘要：惟獨基督(二21)

在提出保羅跟彼得等人的差別之前(17節上)，保羅先陳明彼此猶太基督徒的共同認知(15～16節)。當保羅堅決指出他們的錯誤(17節下)之後，他給予兩個澄清的理由(18、19～20節)。保羅的討論以「我們」開始(15～17節)，然後以單數「我」來講解其神學辯證(18～21節)。

在舊約聖經和次經中，外邦人經常被稱為邪惡的人(參撒上十五18)和罪人(參《馬加比一書》1.34；《多比傳》13.6；《禧年書》23.24；《所羅門詩篇》1.1，2.1)。

「我們這些人生下來就是猶太人，不是外邦罪人。」(15節)其中的主語「**我們**」指保羅、彼得和其他猶太基督徒。保羅這樣的描寫是根據傳統的猶太觀念，把猶太人和外邦人區分為兩個不同的世界和團體。在猶太選民以外的全被稱為「外邦罪人」，不是因為他們沒有遵守律法、或遵守不來而被定罪(道德上意義)，而是因為他們生下來就與猶太人所敬拜的上帝沒有關聯，在恩約和救贖應許上是局外人(參弗二11～12)、是罪人。

雖然從恩約的關係上，「我們」這些生來的猶太人與那些「外邦罪人」有天淵之別，但從與上帝的關係而言，兩者卻沒有分別，都是要「藉着信耶穌基督㉑，而不是靠遵行摩西的法律」，才「得以跟上帝有合宜的關係」(16節下；《和合本》譯作「因信基督稱義」)。

要留意保羅不是否定律法，因為在羅馬書七章12節，他又清楚說明：「摩西的法律本身是神聖的」。律法雖不能拯救我們，也不能使我們得到上帝的悅納，但律法卻能引導我們按著上帝的心意而活。

由此可見，信了主的猶太信徒就不能把原屬於猶太人的文化價值觀念帶到基督信仰裏去，反要在基督裏對固有的觀念注入新的理解：律法之工(即「遵行摩西的法律」)**已不再是絕對的要求了**；甚至猶太信徒在恩約裏的標記已不再是傳統的「律法之工」，而是「信仰基督」。對保羅而言，「律法之工」與「信仰基督」兩者是彼此對立、互相排斥的，在稱義(「得以跟上帝有**合宜的關係**」)一事上，一個人不能既靠遵行法律，又靠信仰基督。「律法之工」把基督救恩規限於猶太人當中，但「基督信仰」則毫無限制，要拯救所有的人，包含猶太人和外邦人(參羅三27～31)。

就如一個佛教徒一向都是靠己力潛修成佛，但要成為基督徒就不能持守這種觀念，只有靠恩典才能靠近主。

律法與恩約

按傳統的理解，很多人以為猶太信仰是靠行為得救；他們必須靠著行為賺取救恩，才能「成為」上帝的子民，「進入」上帝的約裏。這只是一種錯覺，舊約聖經記載上帝應許亞伯拉罕和以色列民，與他們立約，其實本身也是以恩典為主(創十二1～3，十五章)；因此，以色列人得以成為上帝的子民，是出於上帝的應許和恩典，這與他們是否謹守律法無關。著名的新約學者森達士(E.P. Sanders)㉒ 早在70年代就指出：猶太教基本上並沒有鼓吹靠行為得救這回事，反而是強調「恩約行為」(Covenantal Nomism)，重點在於如何「持續保留」自己在上帝的恩典中。這「恩約行為」的觀念和架構就正如出埃及記十九至二十章所記：先是講論耶和華對以色列民的救贖行動，然後才提出摩西所頒布的十誡和律法條例，作為上帝子民在生活行為上對上帝當有的回應；因此，得救與否並非以生活行為來定奪，而是基於耶和華的救贖恩典。換言之，猶太教的救贖論乃是建立在上帝的恩約上，所謂「靠律法或行為來得救」的看法是完全沒有根據的。

根據森達士的立場，這種「恩約行為」的原則是指：「一個人在上帝計劃中的地位是建立在恩約的基礎上，而恩約所要求於人的正當回應乃是順從這約裏的誡命，同時，這恩約也為人的過犯預備了救贖之法……。基本觀念是上帝主動採取行動，以色列民接受上帝的作為；上帝賜下誡命，以色列民同意遵守。持續遵行律法表示留在恩約或立約羣體之內；拒絕遵行便被排除在外。」㉓

按這學術界普遍接受的觀念，傳統把加拉太書二章16節翻譯為「因行律法」(《和合本》和《新譯本》)就必須改正過來。其實直譯希臘原文應該是「律法之工」(law of works)。

那麼，當保羅宣稱「人稱義不是因『律法之工』，乃是因信耶穌基督」(二16)，他反對的是甚麼？在1982年，英國學者鄧雅各(James Dunn)發表了一篇突破性的文章，名為 “New Perspective on Paul” ㉔；文中指出，保羅當年所反對的並非「靠行為稱義」的教義，而是猶太信徒過分強調那些突顯自己是上帝的立約子民的社會性宗教行為，尤其是割禮、食物潔淨的條例、遵守安息日和節期等這類作為「猶太人身分標記」(Jewish identity markers)的法規。

由此可見，保羅與加拉太敵對者所爭論的焦點是何謂上帝的子民，以及如何界定上帝子民的宗教生活行為。近年來許多學者都採納森達士和鄧雅各所確立的這「猶太教新觀」，並藉此來詮釋保羅的神學思想。

接下來保羅針對猶太信徒的錯誤推論，予以強烈的否定(17節)。猶太信徒的關鍵問題是對「罪」的界定出現偏差。

猶太信徒既然已經靠著相信耶穌得以與上帝和好，但卻仍持守

這裏的「罪人」是按二章15節那種傳統猶太式分類而言，並非說保羅認為外邦人即等同罪人。他只是借猶太人的口說出語帶譏諷的反語而已。

律法之工，以為跟外邦信徒同桌聚餐，沒有徹底遵守食物潔淨的條例，就等同於干犯律法之工，變成自己心目中的「外邦人」——即「**外邦罪人**」。要是如此，這種因著相信耶穌而與上帝和好的關係，本來是要把猶太人和外邦人帶在一起，但卻竟然使猶太人變成「罪人」，促使他們犯罪，這豈不在「支持罪」嗎？

保羅這提問正要表明，在遵行律法之工的角度上成為「外邦罪人」的人並不是真正的「罪人」，因為基督不可能支持罪的（17節下）。既然保羅不認同他們的邏輯，他就明言「絕對不是！」㉕事實上，在基督所帶來新時代的恩約裏，將人定罪的律法之工已失去效力了。在安提阿事件中的保守派信徒正是因為不明白這點，故雖已活在新時代的基督恩約裏，卻仍固守舊的框框不放。

「跟上帝有合宜的關係」、「稱義」

「得以跟上帝有合宜的關係」或「稱義」（Righteousness; justification）這動詞在新約裏出現了39次，其中29次是在保羅書信裏，顯示此觀念在保羅救恩論中的重要性。它所指的是由上帝而來的義者地位呢？或是從上帝而來、使人成義的改造大能呢？

天主教學者通常強調「因信成義」（to *make* righteous），而基督教學者則注重「因信稱義」（to *count* righteous）的觀點。我們無法在此詳盡討論此課題。但著名英國聖經學者巴列（Barrett）㉖的提醒是恰當的：「『上帝的義』可指上帝的全面作為，包括把祂的子民從捆綁中救贖出來，把義者的地位賜給相信的人，以及因祂守約信實而對人類和世界施展救贖、保存和改造的行動。」

近年的討論則較側重於猶太的背景，尤其是死海古卷，認為這「義」的重點乃在於上帝與子民之間的盟約關係，故以「關係」的概念來理解「義」。它固可以用來描述上帝對以色列民施行的救贖行動（如詩五8，七8，九4，二十二31，三十五24，四十9～11，五十一14，六十五5，七十一15、24；賽四十五8，四十六13，五十一5～8，五十六1，六十二1～2），但基本的觀念是基於上帝與以色列民之間的恩約關係，以致上帝排除敵人，拯救子民（如出九27；撒上十二7；但九16；彌六5），並且堅持守約和信實（參申七9；賽四十九7；詩三十六5，四十10，八十九1～2，九十二2，一一九90）。即使以色列民不忠，上帝仍然履行盟約，信實到底（參尼九5～37；但九4～19）。

如此看來，以舊約的恩約框架來理解「稱義」的觀念是正確的，它包含上帝的信實和全面救贖的行動。因此，「因信稱義」可包括被上帝接納為子民（"getting-in"）以及被保存在恩典中（"staying-in"）的意思（如羅三25～26，四25；林後五21；參林前一30，六11；提前三16；彼前三18）。

保羅繼續以兩個理由來作進一步的申論：

1. 保羅所「**拆毀**」的，不是敗壞或邪惡的生活，而是因基督福音的出現而顯得過時的律法式生活（弗二11～22；西二13～15）。倘若他企圖重建所拆毀的，這豈不證明他之前的拆毀之舉是錯誤的嗎？既是錯誤地拆毀律法之工，也就是「**破壞法律**」了（二18）。但基督既不可能支持律法之工所定的罪，只是「**我**」（原指保羅自己，但可能也正影射彼得）卻在此左搖右擺、前後矛盾，一面既信仰基督的恩約，拆毀了律法之工，一面卻仍執著那藉律法之工而突顯的「**生下來就是猶太人**」的人和「**外邦罪人**」的界分；

《和合本》譯作「是犯罪的人」有點含糊，《現修》的翻譯較準確。

2. 在基督裏是一個全新的境界，「**我**」（既指保羅本身，也代表所有信徒）已經向律法死了，與基督同死同**活**，生命的規範乃是由基督重新定義（19～20節）。保羅力圖重申，福音勝過和蓋過以前所有的標準（包括律法），使這一切都歸為無有。

留意「活」字在二章19至20節共出現5次，對應二章14節下之「生活」。

保羅以救恩歷史中的劃時代事件——即耶穌基督的受難和復活——給予信徒的生命和行為一個新方向和新指標：因著基督捨己的大愛，整個新生命的形態都是以基督為典範的。我們已經與基督同釘在十字架上，如此，在律法上，上帝視我們如同與基督一同被釘死一樣。我們已經與基督聯合，他的十架經驗也成為我們的經驗。

這種關係使信徒與基督產生生命上的聯繫而有一全新的身分、生命和中心，它並非心理作用而已。據此，基督徒生命有4個特徵：脱離律法（19節上）、與主同死（19節下）、基督內住（20節上）和憑信而活（20節下）。

因此，無論是猶太人或外邦人，因為「**跟基督一同被釘在十字架上**」（19節；參五24，六14；羅六5～11；林後四7～12）的緣故，已經歸屬基督之領域，取得一個全新的身分和樣式，即「基督十架的生活樣式」。故此，保羅對安提阿事件的回應是，猶太信徒不必介意生活樣式是猶太化或外邦化（參14節下），要緊的是「基督化」（20節下）和「為上帝而活」（19節），這生命是以基督捨命犧牲的愛為原動力的（20節下）。既然如此，外邦信徒仍然是十足十的「外邦人」，不是「猶太化」的「虔誠人」（徒十2、22）；但在基督裏卻已經同被上帝所接納，昔日存在於外邦人和猶太人之間的界分已經全然抹去（三28，五6，六14）。

在本段經文的結尾（21節），保羅回到他與彼得產生紛爭的焦點上，就是惟獨基督：若靠律法行事，就廢掉了上帝的恩典，基督的死也就是徒然的了。安提阿事件中的保守派信徒和當時加拉太教會的「騷擾者」都犯了同樣的毛病，即在上帝的恩典上還要加添猶太律法，這豈不就廢掉了上帝的恩典嗎（五4）？上帝的恩典如今已經藉著基督的死得以成就和顯明，而這因信稱義的恩典更要惠及外邦人。因此，在各族雜處的教會裏，任何排斥外邦人的律法和律法之工都可謂違背了這恩典福音的基本精神。

總括來說，面對敵對者對其使徒身分和所傳福音的攻擊，保羅在此以兩點加以駁斥：他列舉事實，並堅定地宣告，他有充分權柄被稱為耶穌基督的使徒，而他的行事為人亦絕對可靠。至於福音真理方面，他極力肯定自己所傳的是純正的福音，是由上帝藉耶穌基督親自啟示他的。這福音的精神是：人被稱義非靠律法(包括一切律法之工)，而是惟獨信仰基督，以信心入門，也以信心來持守。

溫習問題(3.5.～3.7.) 在頁76。

釋經短註

① 也有學者認為，保羅在這裏的「自傳式敘述」並非要對抗敵對者，只是借助自傳來勸勉信徒效法他的行事為人(特別突出保羅與彼得的對比)；然而，大多數學者卻認為，要完全否定加拉太教會敵對者的存在同樣是很難成立的。

② 一章13節的「猶太教」是一個十分重要的詞，在新約聖經中只出現在這裏。在舊約聖經的希臘文版本(即《七十士譯本》)裏，這詞不單暗示一些分別外邦人與猶太人的習俗，更重要的是，這詞只見於那些支持馬加比起義的經文(參《馬加比二書》2.21，8.1，14.38；《馬加比四書》4.26)。換句話說，這個詞本身就帶有對以色列民族效忠的熱情。

③ (參一23；徒八3，九1～2，二十二3～5，二十六9～11；林前十五9；腓三4～6；提前一12～14)。「上帝的教會」指由信仰耶穌為彌賽亞的門徒所組成的羣體，這整體的普世性教會羣體在各地則由不同的地方教會作為代表。因此，當保羅逼迫猶太境內(參一22～23)及猶太境外(參徒二十六11)的眾教會時，他就是在逼迫這些信徒羣體所代表的「上帝的教會」。

④ 這裏所指的可能不僅是一般的猶太傳統，而是保羅所屬的法利賽派(參腓三5)那些特別的傳統規條，包括了由前代相傳下來的口傳律法(參可七3～5、8，九13；太十五2、36)。

⑤ (參撒下七章；賽十一1～5，十六5；結三十四23～24；但七13～14)；在兩約之間的很多文獻中亦有類似的記載，如《所羅門

詩篇》17.36，18.8和《以諾一書》48.10，52.4等。

⑥ 一般來說，原文在這裏所用的連接詞(希：*de*)並非表達很強烈的對比，不過，一章13至14節和15至17節兩段經文的內容確實突顯出這種對比。

⑦ 根據使徒行傳九章19至20節的記載，保羅在受洗後就和大馬士革的信徒一起住了些日子，並「馬上」在各會堂宣講主耶穌，卻沒有提及他往阿拉伯去。表面上，這段經文與加拉太書一章17節所記載的有分歧，但兩者仍然可以指同一個的時期：(a)使徒行傳的作者在此所關注的不是年表的記錄，而是要強調一件事實：在保羅前往耶城之前，已有一段日子在大馬士革的會堂裏證道；(b)保羅對加拉太教會的自辯則比較注重細節，因那關乎所傳福音的根基，尤其在「假教師」的攻擊之下，保羅更要將自己的經歷和領受信息的來龍去脈巨細無遺地述說出來。假若以加拉太書所載的時序為準(一18)，保羅在與主相遇後的第三年才從大馬士革上耶城，換言之，他在阿拉伯和大馬士革共逗留了2、3年的日子，但其中有多久是在阿拉伯度過，則無法從本段經文斷定。

⑧ 我們對保羅在阿拉伯這段日子所知甚少，但相信他在那裏的佈道行動相當成功，以致當他返回大馬士革後，亞哩達王手下的總督可能因聽聞保羅傳福音的事和他那種嚇人的護教口才在猶太人中所引起的騷亂，因而想捉拿他(林後十一32～33)。

⑨ 參P.H. Menoud, "Revelation and Tradition: The Influence of Paul's Conversion on his Theology", *Interpretation* 7 (1953), pp.131～141。

⑩ 參J. Dupont, "The Conversion of Paul, and its Influence on his Understanding of Salvation by Faith", in *Apostolic History and the Gospel: Biblical and Historical Essays Presented to F.F. Bruce on his 60th Birthday* (edited by W.W. Gasque and R.P. Martin; Exeter: Paternoster, 1970), pp.176～194。

⑪ F. Watson, *Paul, Judaism and the Gentiles: A Sociological Approach* (Society for New Testament Studies Monograph Series 56; Cambridge: Cambridge University Press, 1986), pp.28～38.

⑫ N. Taylor, "Paul's Apostolic Legitimacy: Autobiographical Reconstruction on Galatians 1.11～2.14", *Journal of Theology for South Africa 83* (1993), pp. 63～77.

⑬ 「彼得」和「磯法」均是西門的別名，兩個字的意思都是一樣，即「磐石」，前者是希臘文，後者是亞蘭文(參二9、11、14；約一42；林前一12，三22，九5，十五5)。

⑭ 按原文的結構，《和合本》的翻譯較《現修》理想。保羅可能與耶城整體教會會面，解釋他對福音的理解，而私底下，他又特別與「那些領袖」溝通。

⑮ 公元前4世紀，所向無敵的亞歷山大大帝建立了龐大的帝國，並將希臘文化普及於

整個地中海世界。到了公元前2世紀，猶太及巴勒斯坦一帶歸西流古（即敍利亞）王朝統治。及後，西流古王安提阿古四世（Antiochus IV of Seleucus；統治期是公元前175～164/3年）在新近崛起的羅馬兵威下，認為必須加強國境內不同民族的凝聚力。因此，他積極以希臘化運動（hellenization）來進行同化。

在當時，希臘文化的影響已經遍及整個古代的西方世界。然而，安提阿古四世所推動的希臘化運動，卻要透過消滅猶太人的宗教來徹底同化猶太人，因此，就開展了慘絕人寰的大逼迫。他下令焚毀猶太的律法書，奪取了耶路撒冷聖殿內的金燭台等聖物，並在聖殿的祭壇上建起偶像之壇，在其上獻豬為祭。不單如此，他更下詔嚴禁割禮，並勒死所有受了割禮的嬰孩，且將這些嬰孩懸在其母的頸項上，並一同掛在十字架上示眾；他們的家屬和執行割禮的人，也同被處死。

安提阿古四世的逼迫就引發了著名的馬加比革命，結果，革命軍雖然以寡敵眾，卻神蹟地打敗了敍利亞的軍隊，不單潔淨了聖殿，更為整個民族爭取了獨立，建立了哈斯摩尼阿王朝（Hasmoneans）。自以色列亡國數百年來，猶太人首次不受外邦政府統轄，民族主義的情緒也隨著自治而達到了頂點。

⑯ 這字的原文 *pareisaktous* 在新約聖經只出現在這裏，但與這字相近的一個動詞 *pareisagô* 卻見於彼得後書二章1節，文中亦清楚表達這些人所教導的是「不正路」的。然而兩段經文所指的大概不是同一班人。

⑰「柱石」可以象徵教會的棟梁（見太十六18；弗二19～22；彼前二4～5；啟三12）。在猶太的文獻中也有稱亞伯拉罕、以撒和雅各為「柱石」。

⑱ 留意《呂振中譯本》的翻譯：「他們看見了我受託付來傳『不受割禮的福音』，正如彼得受託付去傳『受割禮的福音』」（NRSV: “the gospel for the uncircumcised”; “the gospel for the circumcised”），譯文中「不受割禮的福音」和「受割禮的福音」雖然較貼近原文的語法結構，但卻容易令人誤解，以為有兩個福音。保羅明言只有一個福音，並嚴肅地詛咒傳另一個福音的人（一7～9）。因此，為免使人產生兩個福音的誤解，《現修》的翻譯是相當恰當的。

⑲ 這裏的「窮人」不一定指經濟上的貧窮者，而是指那些在宗教上「心靈貧窮」，因而與上帝有密切關係的人（參雅二5和《所羅門詩篇》5.2、13）。據此，這很可能是早期猶太基督徒的自稱。此外，「記念窮人」又有「施捨」之意，這原是猶太人的宗教義務（參申二十四10～22；詩十2、9，十二5，十四6；賽三14～15，十1～2；摩八4～10），亦是恩約基礎上的公義表現（參但四27；舊約次經的《便西拉智訓》3.30，29.12，40.24；《多比傳》4.10，14.11）；據此，「記念窮人」含有外邦信徒對猶太人（不論是基督徒與否）尊敬之意。

⑳《和合本》在二章12節的翻譯較貼近原文：「就退去與外邦人隔開了」。值得留意，「退去」和「隔開」兩個動詞在原文所用的時態是過去未完成時態，這時態可表達所發生的事件經過一段時間才完成；換言之，彼

得不是一見到那些來自雅各的人，就馬上與外邦人疏離，而是漸漸疏離。

㉑ 近年來，相當多學者(尤其是北美的學者)都認為，原來的「信耶穌基督」(faith of Jesus Christ)應理解為「基督的信(或信實)」(faith/faithfulness of Christ)，重點在於耶穌基督的信心／信實，指他一生順服父上帝的旨意，至終死在十字架上(參羅三25，五18～19；腓二8)。按此解釋，保羅在二章16節(以及三22；腓三9)很巧妙地平衡了信徒信心的客觀基礎(耶穌基督的信實／信心)和人類必須作出的主觀回應(相信接受)。

㉒ E.P. Sanders, *Paul and Palestinian Judaism: A Comparison of Patterns of Religion* (London: SCM, 1977).

㉓ Sanders, *Paul and Palestinian Judaism: A Comparison of Patterns of Religion*, p. 422.

㉔ 參J.D.G. Dunn, "The New Perspective on Paul", *Bulletin of the John Rylands University Library of Manchester* 65 (1983), pp.95～122。

㉕ 特別值得一提的是二章17節出現的「絕對不是」(《和合本》譯作「斷乎不是」)，這短語在保羅書信(參三21；羅三4、6、31，六2、15，七7、13，九14，十一1、11；林前六15)中不時出現，可謂成了一個明確駁斥的辯論符號。保羅通常先帶出對方所要發問的問題和其錯誤推論，然後斷然予以否定，接著則申述其理據，逐步澄清和糾正對方的誤解和錯誤。

㉖ C.K. Barrett, *The Epistle to the Romans* (Black's New Testament Commentary; 2nd edition; London: A & C Black, 1991), p.31.

溫習問題（3.1.～3.4.）

1. 在一章11至12節中，保羅宣稱他所領受的福音是耶穌基督親自向他啟示的，不是受人指教的。在接著的13至24節中，他的簡短自傳如何證明了這個宣告？
2. 保羅從人領受或從上帝領受福音對加拉太人來說有甚麼實際的區別？我們不都是從人領受這福音的嗎？
3. 試把一章13節至二章21節的7個段落歸納為3點。
4. 保羅常以他信主前逼迫教會的事來表明他曾是一位忠心的猶太教徒，到底迫害教會與作為一位忠心的猶太教徒有何關係呢？
5. 保羅在一章15至17節中簡述他與主相遇的經過，與之前的13至14節相比，用詞有甚麼明顯不同？
6. 保羅信主與他成為「外邦人使徒」有何關係？
7. 保羅強調他信主後「立刻」去了阿拉伯，為何要如此強調呢？保羅在阿拉伯幹甚麼呢？
8. 保羅在一章20節說：「我說的都是實話；上帝知道，我不撒謊。」這番話有何含意？保羅為何如此嚴肅自辯呢？
9. 保羅提及他信主後在敍利亞和基利家一帶傳道（一21～24），這點有何重要性？
10. 試根據一章15至24節，簡述保羅與耶城教會的關係。

溫習問題(3.5.～3.7.)

1. 保羅斷言他不需依靠人的權柄來傳福音，但為甚麼他又要向耶路撒冷的領袖們説明他在外邦人中所傳的福音呢？(二1～2)
2. 提多(一個外邦人)沒有被強迫行割禮(猶太教徒的記號)一事頗具重要的意義，為甚麼呢？
3. 新約時期的猶太人顯然較舊約時期的猶太人更重視割禮，有甚麼原因導致這種改變呢？
4. 耶路撒冷的領袖們如何回應保羅的外邦宣教事工？他們的認可對當時、以至今日的宣教事工有何深遠的影響？
5. 你認為保羅是否把那些「假裝信徒的人」當作是基督徒呢？
6. 保羅跟耶城教會領袖的分工協議是怎樣的一回事？這是否意味「瓜分地盤」？
7. 為甚麼耶城教會的領袖、以至保羅要特別提及「記念窮人」一事？
8. 對於發生在安提阿的事件(二11～14)，為甚麼保羅的反應如此激烈呢？
9. 傳統猶太人如何定義「外邦罪人」？(二15)這與保羅的定義有何不同？
10. 對於歸信主的猶太人而言，他們應該如何看「遵行摩西的法律」呢？這種觀念對基督徒(包括猶太人和外邦人)的生活有何影響？基督如何能使我們向律法死而為上帝活？(二19～20)
11. 上帝對我們的接納如何影響我們對其他基督徒(尤其是那些種族、背景和傳統都與自己不同的基督徒)的態度？

第四章

兩個循環的論證（三1至四31）

- 第一個循環
  - 引言：基於對方的屬靈經驗
  - 基於聖經人物（亞伯拉罕）的例證
  - 基於救恩歷史的進程：由律法過渡至基督
  - 總結：基於洗禮的經歷
- 第二個循環
  - 基於救恩歷史的進程：由遵守律法至信仰基督
  - 基於對方的經歷和彼此的交情
  - 基於聖經人物（以撒和以實瑪利）的例證
- 小結

經文

法律或信心

3 [1]無知的加拉太人哪，誰又迷惑了你們呢？耶穌基督被釘死在十字架上的事，你們眼前不是有一幅清楚的圖畫嗎？[2]你們只要告訴我一件事：你們受了上帝的靈是靠遵行法律，還是藉着聽信福音呢？[3]你們怎麼會那樣無知呢？你們是從接受上帝的靈開始的，現在竟要靠自己的能力去完成嗎？[4]你們以往一切的經驗是徒然的嗎？絕對不是！[5]上帝賜給你們聖靈，又在你們當中行各樣神蹟，是因為你們遵行法律，還是因為你們聽信福音呢？

[6]正如聖經提到亞伯拉罕的時候說：「他信上帝，因他的信，上帝認他為義人。」[7]所以，你們知道，有了信的人就是亞伯拉罕的真子孫。[8]聖經預先看到，上帝要使外邦人因信而跟他有合宜的關係，所以早已把這福音傳給亞伯拉罕，說：「萬民都要藉着你蒙上帝賜福！」[9]亞伯拉罕信了，因而蒙福；這樣，一切信了的人也要跟他一同蒙福。

[10]以遵守法律為憑藉的人都是活在詛咒之下。因為聖經上說：「凡不事事遵守法律書上一切規條的人都要受上帝詛咒。」[11]可見沒有人能靠遵守法律而得以跟上帝有合宜的關係；因為聖經上說：「因信而得以跟上帝有合宜關係的人將得生命①。」[12]但是，法律並不是以信為憑藉的，而是像聖經所說：「那遵守法律的人將因法律而存活。」

[13]基督已經為我們承擔詛咒，藉此救贖我們脫離了法律的詛咒；因為聖經上說：「凡被掛在木頭上的人都受上帝詛咒。」[14]基督這樣做的目的是要使外邦人藉着基督耶穌獲得上帝應許給亞伯拉罕的福澤；這樣，我們能藉着信而領受上帝所應許的聖靈。

---

①「因信而得以跟上帝有合宜關係的人將得生命」或譯「跟上帝有合宜關係的人將因信而得生命」。

法律和應許

[15]弟兄姊妹們，讓我從日常生活中舉一個例子：當兩個人同意某一件事，並且簽訂了契約，沒有人能有所增減。[16]同樣，上帝已經向亞伯拉罕和他的子孫立了應許。聖經並不是用「向子子孫孫」，指多數的人，而是用「向你的子孫」，指一個人，就是基督。[17]我的意思是：上帝立了約，並答應持守這約。那在四百三十年後才出現的法律不能夠破壞這約，以致取消了上帝的應許。[18]如果上帝賜產業是根據法律，那就不是靠應許了；然而，上帝賜產業給亞伯拉罕是靠應許的。

[19]那麼，法律的目的是甚麼呢？法律是為了指出甚麼是過犯而設的，直到那應許給亞伯拉罕的子孫來臨才結束。法律是由天使藉着一位中間人頒佈的。[20]可是，屬於單方的事就無需中間人，而上帝是單方的②。

法律的目的

[21]這樣說來，法律跟上帝的應許相抵觸嗎？絕對不是！如果法律的頒佈能夠給人帶來生命，人就可以靠法律而得以跟上帝有合宜的關係。[22]然而，聖經說，全世界都處在罪的權勢下，為要以信耶穌基督作為領受上帝應許的根據；這應許是賜給所有信的人的。

[23]但是，「信」的時代沒有來臨以前，法律看守着我們，像看守囚犯一樣，直到「信」被顯示出來。[24]這樣，法律成為我們的監護人，指引我們歸向基督③，目的是要使我們因「信」得以跟上帝有合宜的關係。[25]既然現在是「信」的時代，法律就不再監護我們了。

[26]你們大家都藉着「信」跟基督耶穌合而為一，成為上帝的兒女。[27]你們受洗跟基督合而為一，正像穿上基督，有他的生命。[28]不分猶太人或外邦人，奴隸或自由人，男人或女人，在基督耶穌的生命裏，

---

②「而上帝是單方的」原文是「上帝卻是一位」。

③「指引我們歸向基督」或譯「直到基督來了」。

你們都成為一體了。29如果你們是屬基督的，你們就是亞伯拉罕的
後代，會承受上帝給亞伯拉罕的應許。

4 1還有，繼承人在未成年時，雖然所有的產業都是他的，但他跟
奴僕沒有甚麼分別。2在他年幼的時候，有人照顧他，替他管理
業務，等候他父親為他所定的日子來到。3同樣，在靈性幼稚的時
候，我們也受宇宙間所謂星宿之靈的支配。4但是時機成熟，上帝
就差遣了自己的兒子，為女子所生，活在法律下，5為要救贖在法
律下的人，使我們獲得上帝兒女的名份。

6因為我們④是他的兒女，上帝就差遣他兒子的靈進入我們的心，
呼叫：「阿爸！我的父親！」7這樣，你不再是奴僕，而是兒子；既
然是上帝的兒子，上帝就以你為繼承人。

保羅關懷加拉太人

8過去你們不認識上帝，被那些不是神的神明所奴役。9現在你們
認識上帝(或者說，已經被上帝所認識)，為甚麼又要回去找那些無
能無用的星宿之靈呢？為甚麼要重新去作他們的奴隸呢？10你們竟
死守着某些日子、月份、節期、年份！11我很替你們擔憂，只怕從
前我在你們當中的工作全都落空了。

12弟兄姊妹們，我懇求你們，要認同我的立場，畢竟我曾認同過
你們的立場。你們並沒有做過對不起我的事。13你們知道，因為我
身體有病，我才有初次向你們傳福音的機會。14雖然我的病況使你
們困擾，但是你們並沒有厭煩我，丟棄我。相反地，你們接待我，
像接待上帝的天使，像接待基督耶穌。15當時你們多麼高興，現在
又怎樣呢？我可以這麼說，那時候，你們即使把自己的眼睛挖出來
給我也是願意的！16現在我對你們說實話，倒成為你們的敵人了嗎？

17那些人對你們表示熱情，原是不懷好意的。他們的目的是要把
我孤立起來，好叫你們也對他們表示熱情。18在善事上熱心原是好

---

④「我們」原文是「你們」。

的，但不可只限於我跟你們在一起的時候才這樣。[19]我的孩子們，我再一次像母親為你們忍受生產的痛苦，直到基督的特性在你們的生命中成形。[20]我多麼渴望現在就跟你們在一起，好讓我用另一種態度來對待你們。為着你們，我心裏多麼困惑不安！

夏甲和莎拉的例子

[21]讓我向那些願意生活在法律下的人提出一個問題：你們沒有聽見摩西的法律嗎？[22]法律書上記載，亞伯拉罕有兩個兒子，一個是從女奴生的，另一個是從自由的女子生的。[23]從女奴生的是循着自然生的；從自由的女子生的卻是出於上帝的應許。[24]這可以當作一種寓意：那兩個女人代表兩種約。其中之一是夏甲，她來自西奈山，所生的都是奴隸。[25]夏甲是指在阿拉伯的西奈山⑤，象徵今天的耶路撒冷；她和她的兒女生活在奴役中。[26]但是那天上的耶路撒冷卻是自由的；她是我們的母親。[27]因為聖經上記載：

那不能懷孕、沒有生產過的女子啊，
你要歡樂！
那沒有經歷過生產痛苦的女子啊，
你要高聲歡呼！
因為被冷落的女人
比那跟丈夫一起生活的，
會有更多的兒女！

[28]弟兄姊妹們，正如以撒一樣，你們是由於上帝的應許而成為他的兒女的。[29]當時，那循着自然生的迫害那聖靈所生的；現在也是這樣。[30]但是聖經怎麼說呢？聖經說：「把女奴跟她的兒子趕出去，因為女奴的兒子不可以跟自由的女子所生的兒子一同繼承產業。」[31]所以，弟兄姊妹們，我們並不是女奴的兒女，而是自由的女子所生的。

---

⑤「夏甲是指……西奈山」另有些古卷作「西奈是在阿拉伯的一座山」。

保羅在二章11至21節引述「安提阿事件」，是要針對一般猶太基督徒的問題，指出因信仰基督而來（需要）的新觀念。由第三章開始，保羅則轉過來直接針對外邦基督徒（「無知的加拉太人哪」，三1）的問題，繼續講解他的論點。

作為外邦人，本來與上帝的應許無分，與上帝的子民沒有任何關係，現在又怎麼樣呢？基督信仰對外邦人又帶來甚麼轉變呢？難道外邦信徒必須加入猶太人團體，接受猶太人的律法和禮教，才算是堂堂正正的「亞伯拉罕子孫」嗎？保羅當然不認同這點。既然救恩是上帝白白的恩賜，是藉著信心才可以領受的，人與人之間種種的分野都變得不再重要了，而所有信徒也都在耶穌基督裏合而為一，成為上帝的兒女，並從律法中得釋放，生而自由。保羅借助猶太人繼承家業的規矩（Family Law）與舊約聖經中的諸多事例，對這一主題進行了詳細的討論。

三章1節至四章31節也就是保羅對基督信仰和猶太傳統的詮釋，他的辯辭綜合了救恩歷史進程的闡述和（舊約）聖經人物的例證。保羅藉此一面反擊敵對者的主張，一面又對加拉太信徒作出勸勉，提醒他們在聖靈裏的經驗和他們過去與保羅的深厚交情。

正正因為保羅這段經文綜合了不同性質的表達，既有理性的思辯，又有引經據典的詮釋，更夾雜感性的勸説，讀者實在不容易理清彼此間的聯繫和思路的發展。以下所列出的各點論證，可分為兩個循環。第一個循環主要是保羅引經據典的論證，而第二個循環則比較直接針對加拉太外邦信徒的情境來提出勸告。讀者可發現，這兩個循環所涉及的論點亦有不少平行之處，參本篇4.5.。

A.第一個循環(三1～29)

a.引言：基於對方的屬靈經驗(1～5節)

b.基於聖經人物(亞伯拉罕)的例證(6～14節)

c.基於救恩歷史的進程：由律法過渡至基督(15～25節)

d.總結：基於洗禮的經歷(26～29節)

B.第二個循環(四1～31)

a.基於救恩歷史的進程：由遵守律法至信仰基督(1～7節)

b.基於對方的經歷和彼此的交情(8～20節)

c.基於聖經人物(以撒和以實瑪利)的例證(21～31節)

4.1. 引言：基於對方的屬靈經驗(三1～5)

保羅兩次不客氣地稱呼加拉太信徒為「無知」(1、3節)，可見保羅態度的激動，這是因為他們對信仰的認識不深，根基紮得不穩。一受到外來「騷擾者」(敵對者)的迷惑，就忘記了昔日保羅在他們當中所宣講的福音。因此，保羅藉一連串反問使他們回憶起過往(就是在那些「假師傅」來到之先)的基督徒經驗。

在原來希臘文聖經裏，整個段落(1～5節)其實是由5個修辭式的反問(rhetorical questions)所組成，剛好每一節一個提問。這些修辭式提問的目的並不是要加拉太信徒回答，而是要藉著這些反問使加拉太信徒醒悟過來。保羅相信，他們所經歷的與他所傳的必然互相引證，倘若他們能意識這點，那些騷擾者就必無機可乘。

綜合這5節的反問，可分類為兩輪的「提醒——責問」循環。

A.提醒(1節)

a.受誰迷惑：「無知的加拉太人哪，誰又迷惑①了你們呢？」

b.基督救贖：耶穌基督釘十架的情景不是已清楚展現你們眼前嗎？

B.責問(2～3節)

a.領受聖靈：是「靠遵行法律」？還是「藉着聽信福音」？

b.成聖道路：靠接受聖靈入門，現在還靠自己的力量成全嗎？

C.提醒：過往受苦的經驗是徒然的嗎？(4節)

D.責問：他們經歷上帝的異能是因「遵行法律」或「聽信福音」？(5節)

首先，加拉太信徒必須要記起，昔日保羅向他們所傳的十架福音，把耶穌基督的十字架信息生動地刻劃在他們眼前(1節；另參林前一23，二1～5)；當時，他們確實如同親身目睹耶穌被釘十字架一樣。保羅以這反問帶出整個段落，明顯是因為十字架所代表的正是基督信仰的核心。

在五旬節當天經歷聖靈澆灌的人可能有些正是後來成立的加拉太教會的第一代信徒；按此，可以解釋保羅為何在這裏特別提醒他們當初的靈裏經歷。

文中的「神蹟」既可指超自然的事情(林後十二12)，亦可指屬靈的恩賜(林前十二4～11，十四26～33)。

我們有時會怎樣試圖用行為來換取上帝的祝福呢？

保羅在這裏多次提到加拉太人的聖靈經驗(2、3、5節)。這種聖靈經驗可包括他們**信主的經過**(2節「受了上帝的靈是……藉着聽信福音」，3節「從接受上帝的靈開始的」，另參四6；羅八7～17)和信主後的經驗(4節「以往一切的經驗……」，5節「……又在你們當中行**各樣神蹟**……」)。保羅強調，他們因為在聖靈的能力裏開始了基督徒的生命，因此，他們也應該靠著聖靈的能力成長。

聖靈的出現代表救恩歷史的新時代已經來臨，而加拉太信徒在信仰經歷上都有確實而無可置疑的「靈恩」體驗，不容動搖。簡單來說，他們所體驗的聖靈工作已經是一個充足的印證，表明上帝的接納。如此，就沒有需要聽從敵對者的意見，以「自己的能力」(即割禮，以及歸化為猶太人)來成全(3節)。

在這一連串的反問中，我們可留意到保羅所用的對比：「聽信福音」與「遵行法律」(即「律法之工」)對比(2、5節)；「接受上帝的靈」與「**靠自己的能力**」對比(3節)，正如二章16節所提出「藉着信耶穌基督」和「靠遵行摩西的法律」的對比一樣。保羅藉這些對比所強調的是「抑或」(either/or)的關係，而非「兩者並兼」(both/and)的關係。保羅一再強調的是，無論是領受聖靈得自由的途徑(2節)或是神蹟異能的彰顯(5節)，皆因聽而相信耶穌基督的十架福音而來，並非靠自己的律法之工來成全。

《和合本》譯作「靠肉身」；這是保羅很常用的術語，「肉身」並非單純指人的身體，而是指人的能力，與上帝的能力相對。

4.2. 基於聖經人物(亞伯拉罕)的例證(三6～14)

前面幾句的反問只反映保羅的激動情緒，但所涉及的問題還需要耐性來討論，因此，保羅進一步用釋經來闡釋他的論點。他以亞伯拉罕這位最偉大的先祖來開始(6～9節)，並藉此論證上帝拯救外邦人的心意(另參羅三27～四25)。

A. 三6～9：以亞伯拉罕的「信」為例證
- a. 亞伯拉罕的稱義→*信心*→亞伯拉罕的子孫(6～7節)
- b. 亞伯拉罕的祝福→*信心*→全人類(8～9節)

B. 三10～14：基督消除律法的詛咒
- a. 人遵守律法的處境(10～12節)：詛咒之下
- b. 基督消除詛咒(13～14節)：奇異交替

4.2.1. 以亞伯拉罕的「信」為例證(6～9節)

保羅以亞伯拉罕為證是具策略性的。亞伯拉罕是猶太人中最備受尊崇的人物，是所有以色列人的先祖；他對上帝的信心和行為更是每一位虔誠的猶太人所效法的對象。我們可以想像得到，保羅的敵對者也會視亞伯拉罕的信心榜樣為一個遵守律法(包括實行割禮)的楷模；他們可能會這樣主張：

亞伯拉罕相信上帝並接受割禮，正是每一位信徒的榜樣。

猶太人眼中的亞伯拉罕

從舊約聖經和猶太文獻可見，亞伯拉罕：

- 歸信獨一真神，遠離異教敬拜(參《禧年書》11.15～17)；
- 信而服從上帝的帶領，接受割禮為立約的記號(創十七9～14)；
- 蒙上帝賜福，子孫佈滿天下(創十二2，十三16，十五5，十七2～8)；
- 對上帝的命令和吩咐忠實地遵從(創二十二16，二十六4～5；《禧年書》17.17～18；《馬加比一書》2.52)，甚至在上帝還沒有頒布律法以先已經「遵行律法」(參舊約次經的《便西拉智訓》44.20；《禧年書》16.28，23.10，24.11)。

然而，在保羅的論證裏，基督信仰也同樣以亞伯拉罕為榜樣，只是保羅的重點並非在實行律法方面，而是在「信心」、「相信」本身，因為聖經說：亞伯拉罕「信上帝，因他的信，上帝認他為義人。」(6節；引用創十五6)。可見亞伯拉罕對上帝的信才是關鍵的因素，據此：「有了信的人【《和合本》譯作「以信為本的人」】就是亞伯拉罕的真子孫」(7節)。

不過，由6節推論到7節似乎有點牽強：亞伯拉罕信上帝，而上帝因此認他為義人(6節)，怎麼可推論出，所有相信的人就是他的子孫呢(7節)？兩者並沒有必然性的關係。因此，保羅需要更多理據來支持這論點；保羅就從上帝啟示的目的説起。

保羅指出「**聖經預先看到**……」，意思是：上帝的啟示原先就已經計劃「**要使外邦人因信而跟他有合宜的關係**」(8節；《和合本》譯作「上帝要叫外邦人因信稱義」)；為要達到這目的，在聖經裏，「**萬民都要藉着你蒙上帝賜福！**」這句**福音**一早就跟亞伯拉罕講過了(8節下；引用創十二3，十八18，二十二18)②。

這是一種把「聖經」當作上帝的擬人法，強調聖經的神聖，是上帝口中所出的話。

原來的動詞是「傳福音」，但保羅不是指「認罪悔改、信耶穌」這福音，而是指「萬民都要藉着你蒙上帝賜福！」這喜訊。

留意保羅是從經文出現的先後次序所反映的時序來作申論的：每個猶太人都知道，在聖經裏，「**信上帝，因他的信，上帝認他為義人**」這番話是上帝與亞伯拉罕立約的時候才出現的(創十五6「亞伯蘭信上主，上主就認他為義人。」)，但「**萬民都要藉着你蒙上帝賜福**」(參《和合本》創十二3「……地上的萬族都要因你得福。」)這番話則是上帝呼召亞伯拉罕離開故鄉時就早已跟他説了。

讀者可能留意到，雖然保羅在這裏引述創世記十五章6節的經文，但當我們翻到舊約聖經的經文時，就發現兩者的詞句略有不同。這是因為保羅所引用的是希臘文舊約聖經(即《七十士譯本》)，而我們的舊約聖經則是翻譯自希伯來文聖經，故兩者略有出入。

從保羅的角度看，「**萬民都要藉着你蒙上帝賜福**」這番話既然是上帝先賜下的應許，就成為解釋後來的話(即「**信上帝，因他的信，**

上帝認他為義人」)的指標和基礎。換言之，上帝原本的心意和目的就是要賜福給外邦人(8節上)，而亞伯拉罕藉著他的信心，就成為上帝賜福全人類的先例和工具。因此，「亞伯拉罕信了，因而蒙福；這樣，一切信了的人也要跟他一同蒙福」(9節)。

無論是哪一個時代或哪一個國籍的信徒，都分享了亞伯拉罕的祝福。這是在基督裏團契的基礎，亦是基督教的重要精神。

基於這個對亞伯拉罕事迹的理解，保羅認為，上帝對所有人的要求都只是「信」，就好像亞伯拉罕是「信了」的人一樣(9節)。由此，保羅陳明了兩個基本原理：

1. 亞伯拉罕因信稱義→有信的人就是亞伯拉罕的**真子孫**(6～7節)
2. 亞伯拉罕因信蒙福→有信的人就一同蒙福(8～9節)

即使保羅成功地解釋上帝的心意原是要把亞伯拉罕因信而蒙受的祝福惠及外邦人，但是按猶太人傳統的看法，外邦人與猶太人之間始終存在著許多的鴻溝(因為在律法之下，外邦人就是被詛咒的一羣)，到底外邦人如何有分於「亞伯拉罕的子孫」的福音呢？接下來，保羅就嘗試把「亞伯拉罕的子孫」和「全人類」(包括猶太人和外邦人)連貫起來，而在這方面，基督就承擔了律法上的要求。

4.2.2. 基督消除律法的詛咒(10～14節)

在猶太的二元思想中，猶太人和外邦人可謂是兩個世界的人；他們之間的距離包括上帝的律法、上帝的救恩應許、上帝的恩約(參弗二11～12)。既然外邦人是沒有律法的人，就是所謂的「外邦罪人」(二15)，他們怎樣可能有分於亞伯拉罕的福呢？在此，保羅要先解決律法所帶來的社會鴻溝問題(參羅二17～20；弗二11～22)。

猶太人的觀念是：人若在恩約之下，律法就是祝福和生命，只有在恩約之外的外邦人，才是在詛咒和死亡之下。但保羅說，不！猶太人也是在詛咒之下，而這詛咒和死亡必須待基督(彌賽亞)的降臨來消除，然後祝福和生命才真正臨到。

「救贖」就是買贖釋放的意思(參林前三13，六10，七23)。

然則，基督是怎樣消除這詛咒呢？保羅在13至14節給予解釋。在恩約以外就是詛咒；耶穌基督因為被掛在十字架(木頭)上，代替我們成為恩約以外的人，擔當了律法所宣判的詛咒，**「藉此救贖我們脫離了法律的詛咒」**(13節下；申二十一23，二十七26)。這一切的詛咒在基督的復活裏已被解除抵消了。就如在舊約裏，耶和華(或上主)透過與以色列人立約，使他們歸服於祂，同樣，基督藉著在十架上所流的血，解除律法所帶來的詛咒，把全人類買贖回來，歸服於他，使他們能藉著信，在基督裏得著自由(五1)。

因此，這個「基督事件」帶來全然的轉變：死亡被生命取代，詛咒被祝福替換，拯救**「我們」**這些猶太人脫離詛咒；從今以後，全人類也都可以藉著「在基督裏」這種關係，獲得恩約以內所應許的祝福和生命。

基督完成了救贖的工作。可見，13至14節的重點乃在於基督的代死把詛咒化成祝福，當中的推論是以基督的「奇異交替」來成全。由於基督代替我們承擔詛咒，我們在基督裏面才得領受上帝的福分：

- 原本情況：我們受詛咒→ 死亡
- 交替基礎：基督被掛在十字架上被詛咒→ 死而復活
- 現今情況(交替生效)：我們「在基督裏」得生命

我們可以留意到，這交替能產生效用是因為信徒進入一種「在基督裏」的關係。這種關係是一種與主的聯合，進入到他的權柄範疇裏，生命受他支配和影響。當人的生命與基督聯合時，他就已經與基督同釘十字架，向律法死了，從今以後向上帝而活（二19～20）。因此「基督事件」包含兩方面的結果：

1 「應許給亞伯拉罕的福澤」也臨到外邦人身上（14節上）；

2 舊約所應許的「亞伯拉罕的福」如今應驗為「所應許的聖靈」（14節下）。

這兩方面的強調顯然是針對加拉太人的信仰危機而發。加拉太外邦信徒的聖靈經驗（2～5節）引證了他們的基督徒身分，基督所開展的「新紀元」已在他們身上彰顯；意思是：亞伯拉罕的福（8節）已經藉著上帝在末世所賜下的「聖靈」實現在他們身上（參賽三十二15，四十四3，五十九21；結十一19～20，三十六26～27，三十七1～14，三十九29；珥二28～29）。由此可見，亞伯拉罕的福已經基於「在基督裏」而臨到「萬國」，這全然是以信為憑藉，非因猶太血統或律法之工。故此，亞伯拉罕和加拉太信徒的經驗可說是相通的（留意6節「正如」）：

亞伯拉罕	相信上帝的應許	被稱為義
加拉太信徒	相信耶穌基督的福音	領受聖靈

4.3. 基於救恩歷史的進程：由律法過渡至基督（三15～25）

既然律法只帶來了詛咒，且還待基督來臨將之消除，那麼，為何當初要賜下律法？而且，律法在先，基督在後，以後來的取代在先的，上帝的應許豈不兒戲？這是接下來保羅要處理的問題。他首先肯定基督的來臨並非後加的事件，乃是早前應許的應驗；而在等候這應許應驗的期間，保羅為律法找到一席位置，並闡明其過渡性的角色和功用。

A.基督來臨，應驗應許(三15～18)
  a.基本原則：立約不可改(15節)
  b.上帝的應許指向基督(16節)
  c.在後的律法不可廢掉在先的應許(17～18節)
B.律法的功用(三19～22)
C.基督來臨以先的律法職守(三23～25)
  a.角色是我們的「監護人」(24節)
  b.任務是看守我們，指引我們歸向基督(23～24節)
  c.任期是暫時性的，已隨著「信」的時代的來臨而結束(25節)

4.3.1. 基督來臨，應驗應許(15～18節)

首先，保羅把上帝昔日向「亞伯拉罕和他的子孫」所立的應許(另有複數的「子孫」，參創十二2～3，十三14～17，十五5、18，十七2～8，二十二17～18)比喻為人與人之間的契約。根據一般性契約條例，若是簽定了，就不可以廢除或對其中的條款加以增刪(15節)。既然人與人之間所立的契約尚且不能隨意改變，上帝對亞伯拉罕和他的子孫的應許就更會持守到底了。

而如今，這立定而不更易的應許已因著基督的來臨而應驗了。耶穌基督正是上帝所應許的「那一個子孫」(16節)；保羅特別強調「子孫」的單數(作為集合名詞)，一方面把原本對亞伯拉罕所應許的「子孫」縮窄集中在基督身上，同時也以此惟一的基督來包含所有相信耶穌基督的人。

根據出埃及記十二章40節，以色列人在埃及共寄居了430年，因此，從亞伯拉罕到賜下律法的時間應比430年為長。

這應許既然已經在基督身上應驗，更引證立約守約的上帝必會實現祂所應許的。既是「**靠應許**」，就不「**根據法律**」了(18節)，更何況這律法是在**430年**以後才出現呢！(17節；出十二40～41；另參創十五13；徒七6)這「**四百三十年**」(三17)代表一種階段的劃分，藉此把上帝向亞伯拉罕的應許和摩西的律法分成兩個時期。只有這樣分隔，保羅才能把兩者分為兩個個體，並且強調上帝對亞伯拉罕的應許其實較摩西的律法更早出現。由此可見，基督雖在律法之後才來到，但有關基督的應許卻早於律法頒布之前已立定。因此，那立定在先的應許必不可能被後來的律法所推翻。

傳統猶太教有一個觀念，律法自創世開始已經存在；因此，上帝對亞伯拉罕的應許和摩西的律法，其實都是在這原來已經存在的律法系統下運作的(據此，亞伯拉罕得稱為義也是因為律法)。然而，保羅在這裏則從歷史角度來看，指出上帝對亞伯拉罕的應許比透過摩西所頒布的律法至少早430年。

4.3.2. 律法的功用(19～22節)

接下來，保羅繼續就三章15至18節的兩個重點來發揮，留意前後的經文分別按這兩個重點以交錯配對的方式來排列：

(a)亞伯拉罕的應許和基督的應驗(15～16節)	(b)430年後的律法不能推翻上帝的應許(17～18節)
(b[1])→律法的功用(19～22節)	(a[1])→基督與救恩歷史的進程(23～25節)

既然所應許給亞伯拉罕的福已立定在先，現在又已基於「在基督裏」而得應驗，福臨萬國，這由始至終都全然以信為憑藉，非因猶太血統或律法之工。然則，律法豈不是沒有任何功用嗎？上帝為甚麼在這應許(亞伯拉罕)與(基督)應驗之間頒布律法呢？它的目的和功用是甚麼？

在此，保羅借用救恩歷史的進程來解釋律法的功用(19～25節)。在上帝的永恆救恩計劃裏，摩西的律法是必需的，然而，它的功用是有限的(19～22節)，它的任期也不過是暫時的，當上帝所應許的基督(「信」的時代)來臨之時，律法的任務亦隨之完結(23～25節)。

在三章19至22節中，保羅對律法功用的有限性作出4方面的陳述，雖然保羅認為律法的功用有限，但亦沒有全盤否定它：

在思想律法的功用時，我們不妨與父母給孩童的種種規例相比；兩者有不少相似之處。

1. 它只是「為了指出甚麼是過犯而設的」(19節下)。雖然保羅在這裏所表達的意思並不是很明確④，但下文提及的是救恩歷史的進程：這功能「直到那應許給亞伯拉罕的子孫【即耶穌基督】來臨才結束」(19節下；參創四十九10)，所強調的是律法在過渡時期的暫時性作用。因此，律法在這裏當含有規限禁止過犯的功效，令人知曉上帝的心意而避免觸犯；
2. 它的角色比不上應許，它只是由天使(複數)藉著一位中間人(即摩西)而頒布的，但獨一真神向亞伯拉罕的應許卻是直接的，無須透過任何中間人(19節下～20節⑤；參利二十六46；民三十六13；徒七53；來二2)⑥；
3. 它雖然有效於調校上帝子民在恩約裏的行為，但它並不能賜予生命(21節「如果法律的頒佈能夠給人帶來生命，人就可以靠法律而得以跟上帝有合宜的關係。」)；

④ 它並不能解決人在罪惡權勢下的問題，這有待上帝在基督裏的救贖作為來處理（22節）。由此可見，律法只是「監護人」，人的基本問題和解決之道仍然有待上帝所應許的基督來成就（23～25節）。

4.3.3. 基督來臨以先的律法職守（23～25節）

究竟「監護人」是惡意的管家或是善意的師傅？很難確定；近代學者較多同意它為善意的。

原文只有「信」一字，應是22節「信耶穌基督」的略寫，而非如《和合本》譯作「因信得救的理」；《現修》譯作「『信』的時代」，也可以。

在保羅眼中，律法就好像孩童的「**監護人**」一樣。所謂「監護人」，是指古時一種特別的家奴，其責任是監督孩童上學來回路上的行為。監護人主要肩負保護的責任，而這責任是暫時的，不是一生之久的，當孩童長大後，就不再需要他了。所以，監護人的任務只是暫時監管：「『**信**』的時代沒有來臨以前，法律看守着我們，像看守囚犯一樣，直到『信』被顯示出來。」（23節）

此外，監護人存在的目的是「指引我們歸向基督」。換言之，三章24節就指明基督才是所要來的人。真正的改變並不是來自人以前不能「信」、現在能夠「信」，關鍵乃在於基督的到來，廢棄了以前所有一切對律法的效忠。

保羅的講解是基於「救恩歷史的進程」而來，並以「基督事件」作為「以先」和「之後」（before-after）的分界線。而律法在「以先」階段的職守就有3方面的特性：

① 律法的角色是「孩童」的「監護人」（24節）；

② 律法的任務是把我們看守，並指引我們歸向基督（23～24節；另參四4～5）；

③ 律法的任期是暫時性的，已隨著「信」的時代的來臨而結束（25節）。

既然在歷史上，那劃時代的基督(即彌賽亞)事件已經發生，救恩新時代已經來臨，律法的看守職分就成為過去，到此為止了。

敵對者的問題是，他們以為律法的職守仍然延續到如今，強調摩西律法跟亞伯拉罕應許的連續性。保羅在此清楚說明，「基督事件」可謂是救恩歷史的新里程，因而也是「以先」和「之後」的分界線。律法是舊時代的產物，而基督和聖靈則是新時代的記號；兩者的關係不是並兼，而是替代的。

「『信』的時代」(指基督的來臨)既然來到，「法律就不再監護我們了」(25節)；保羅宣告猶太基督徒已經「成年」了，律法的職守已結束。可見，一，沒有理由要求外邦基督徒回去或進入「孩童」的階段，接受傳統猶太人的律法限制(這有待四章1至11節進一步申述)；二，律法「看守監護」的功用已經成為過去，新時代的基督徒，無論是猶太人或外邦人，都當以新的模式來生活。

4.4. 總結：基於洗禮的經歷(三26～29)

首先，留意在此段落，保羅改以第二人稱複數代名詞「你們」來直接稱呼加拉太的外邦信徒，這跟上文三章23至25節的「我們」(指猶太信徒)不同。在接下來的四章3至5節，「我們」又再次出現，及至四章6至10節，又再轉稱「你們」。

當保羅直接以「我們」來討論時，他是以猶太信徒在律法下的情境來思考(參三25，四5)，而當他轉稱「你們」時，他就比較以針對加拉太教會外邦信徒的口吻來講論。由三章23節至四章10節的申論中，「我們」和「你們」穿插互出：

- 三23～25　「我們」指猶太信徒

- 三26～29　「你們」指外邦信徒
- 四3～5　「我們」指猶太信徒(四3也許可指外邦信徒)
- 四6～10　「你們」指外邦信徒

A.3方面基本認識(三26)
- a.「上帝的兒女」的地位
- b.「藉著信」
- c.「跟基督耶穌合而為一」

B.解釋(三27～28)
- a.原因：受洗跟基督合而為一⇒穿上基督(27節)
- b.結果：不再在乎種族、地位、性別的分別(28節上)
- c.宣告：在基督裏是一體(28節下)

C.總結：既是屬基督的(三29上)
- a.就是亞伯拉罕的後代(29節中)
- b.承受上帝給亞伯拉罕的應許(29節下)

原文直譯作「你們所有人……」。

承接以上三章6至25節的申論，保羅在此(26～29節)稍作總結。首先，26節(「**你們大家**都藉着『信』跟基督耶穌合而為一，成為上帝的兒女。」)有3個非常重要的片語，標示屬靈生命的基礎：

1. 「上帝的兒女」，顯示外邦信徒已經被接納為上帝的兒女，屬靈的地位完全得到肯定；
2. 「藉着『信』」，只需透過信心領受，不需要加上任何律法要求；
3. 「跟基督耶穌合而為一」，表示惟一的基礎和領域，此乃上帝與人關係的中心。

在這屬靈生命起點的基礎上，接下去，保羅更以信徒「受洗」經歷⑦的意義與果效來強調信徒在基督裏的共同地位(27～28節)：無論他們是猶太基督徒或是外邦基督徒，他們的共同經驗是受聖靈的洗，跟基督合而為一，穿上基督(27節；另參羅十三14；西三10；弗四24)，並「不分猶太人或外邦人，奴隸或自由人，男人或女人，在基督耶穌的生命裏，你們都成為一體了」(28節；另參林前十二13；西三11)。

通過這3對短語，保羅囊括了世上**3種基本劃分**人類的界線：

1. 「猶太人或外邦人」：這是在種族(或宗教)上將人區分，基於猶太人的恩約觀念，劃分誰是在上帝恩約以內的選民，誰是在上帝恩約以外的外邦人；當時羅馬或希臘人一般都會被歸入「外邦人」一類，其中又會以「開化」與否加以細分(參羅一14)；
2. 「奴隸或自由人」：這是從社會階級來將人區分，區分誰擁有一定程度的自由，誰幾乎沒有自由；
3. 「男人或女人」：這是從性別的角度將人區分，在各人出生時就已決定下來(創一27)。

有後期(約公元150年)的拉比文獻流傳這樣的說法：「有3件事我們必須每天都向上帝感恩的：感謝你不把我造成一個外邦人；感謝你不把我造成一個女人；感謝你不把我造成一個無文化的人。」

這些先前將各人區分開來的種族、社會階級、以及性別的分類，雖曾一度被我們認為是相當重要的標籤，但現在都已不復存在了，因為「**在基督耶穌的生命裏**」，彼此已「成為一體」了(28節)。接著的29節就以這點來回答一個耳熟能詳的問題：誰是亞伯拉罕的後代？所有信徒，無論是猶太人，或是外邦人，都只因「屬基督」而成為「亞伯拉罕的後代」(29節；另參16節)。

惟我主義會使人根據種族、階級或性別來劃分基督徒，這是基督徒團體所不能接受的。在這裏，在耶穌基督裏的身分是惟一有效的身分。

既是如此，保羅藉三章29節也同時總結了之前6至28節的討論：

外邦基督徒因著信，在基督裏(14、16、19、22、24、26～28節)也同樣成為「亞伯拉罕的後代」(29節，另參7、16節)，並承受了「上帝給亞伯拉罕的應許」(29節，另參8～9、14～22節)。

溫習問題(4.1.～4.4.) 在頁114。

4.5. 基於救恩歷史的進程：由遵守律法至信仰基督(四1～7)

本節開展保羅在這一大段落中第二個循環的辯證說明；在第一個循環裏(三1～29)，保羅的論證主要是引經據典，而第二個循環(四1～31)，保羅比較直接針對加拉太外邦信徒的景況來加以勸告。讀者可留意第二個循環與第一個循環在辯證上有不少平行的地方：

- 基於救恩歷史的進程來講解由遵守律法過渡至信仰基督的階段(四1～7；對照三15～25)；
- 基於對方的經歷和彼此的交情而直言質詢和相勸(四8～20；對照三1～5、26～29)；
- 基於舊約聖經人物的例子來說明(四21～31；對照三6～14)。

跟三章23至25節的結構很相似，這裏也帶出「以先」和「之後」的分界線：分別代表還沒有認識耶穌基督以先和認識耶穌基督之後兩個不同的階段。

A.比喻：孩童等候繼承父業的日子來到（四1～2）
B.我們等候基督來臨的時機成熟（四3～6）
　a.時機成熟以先：受星宿之靈的支配（3節）
　b.時機成熟之後：得上帝兒女的名分（4～6節）
C.結果：成為上帝的繼承人（四7）

保羅先把「我們」比作未成年的孩童或少主人，正在等候父親「所定的日子來到」(1～2節)，好叫我們終能繼承家業。但在這日子之先，他所擁有的產業都必須受人照顧和管理，所以他可謂完全沒有自由和自主權，「他跟奴僕沒有甚麼分別」(1節)。

從屬靈的角度來說，這種在特定日期之前受轄制、無自主權的生活就等於「我們」(指猶太人和外邦人)在還未信主的時候(「靈性幼稚的時候」)，受「星宿之靈」(《和合本》譯作「世俗小學」)所支配的情況一樣(3節)。保羅在這裏似乎用了外邦人的詞彙，來泛指還沒有認識耶穌基督以前的人(猶太人和外邦人)的情況(參8節)。

「星宿之靈」、「世俗小學」

《現修》「星宿之靈」和《和合本》「世俗小學」反映對原來詞語（直譯作「世界的元素」）的不同理解，而在四章3節及9節中，這兩個意思都有可能。

所謂「世俗小學」是指世人賴以維繫社會道德倫理的初步教訓，可指律法傳統的基本要點，例如希伯來書五章12節所言。至於「星宿之靈」，我們首先要理解，正如希臘人往往認為字母是詞語或句子的「元素」，同樣，他們也會認為土地、水、空氣和火是物質世界的元素，並且會把這些元素當作神明來崇拜。據此，「星宿之靈」就是指那些源自物質世界的基本元素（水、火、土、空氣；參彼後三10、12），卻成為轄制人心的部落神明和敵對上帝的邪惡力量（四8～9；西二8、20～21）。

由於文中明顯把這「世界的元素」與2節的「照顧……管理業務」的人和8節的「不是神的神明」對應，所以，譯為「星宿之靈」較為適合。

然而，當上帝的「時機成熟」時，少主人已長成，可以領受產業了(4～7節)。在此，保羅引用了一條可能是流行於當時的信經(4～5節；另參三13～14；羅八15～17)，指出道成肉身是耶穌走向受苦和救贖人類的途徑。

上帝的日子來到，就如父親為少主人「所定的日子」來到，上帝主動地介入人類歷史，實踐祂的救贖計劃，差遣祂的兒子耶穌基督成為人⑧，使人類可以成為祂的兒女(參約三16～17；羅八3～4、32；約壹四9；《所羅門智訓》9.9～18)。對於上帝所差遣的兒子，這裏有兩方面的描述：

1. 「為女子所生」說明耶穌的真實人性，意即他完全與人類認同，以一個「人」的身分來代表並代替全人類；
2. 「活在法律下」顯示耶穌是真猶太人，且生活在一個猶太社會裏，真真實實地在人類歷史中某一特定時空裏經歷過30多個寒暑。

有時我們可能懷疑上帝有否聽我們的禱告，為甚麼得不到祂的幫助，但要切記：上帝總有祂的時間表，而這往往考驗我們對祂的順從。

究竟「時機成熟」是指甚麼時候呢？這大概是指在救恩歷史裏，當摩西律法在人心不斷發揮監護和看管的功用，使人愈益嚮往和盼望在基督裏得著真正自由的時候。到這時候，律法預備人心接受基督的工作可謂完成，這亦正是耶穌基督受差遣來世、成就救贖之工的時刻了⑨。最重要的是，這個劃時代的時刻乃是按照父上帝所定的旨意和時間而臨到(參可一15；弗一10)，這是一個重要的救恩歷史觀念。在舊約歷史裏，上帝不斷透過其選民以色列人進行祂的救恩計劃，而基督的來臨正是這計劃的高峯、祂啟示的頂點(參來一1～2)。

在這個時機裏，基督來臨所達成的功效和目的是(5節「為要……」)：救贖在法律下的人脫離罪惡的捆綁和律法的審判，並蒙恩成為上帝的兒女(說得確切一點，應該是成為被領養的子女，並作為家庭中的一員)，享受一切作兒女的權利、福分，且更成為產業繼承人(7節；另參羅八15～17)。一切的轉變皆因「在基督裏」所達成「奇異交替」(參三13～14)。保羅的論據大概可列寫如下：

父上帝(差遣)→愛子耶穌基督→[成為]人

人類(透過信心領受)→[成為]父上帝的兒女

你與天父有怎樣的親密關係的經歷？

「我們是他的兒女」(6節)是信仰上的客觀事實，但對於我們來說，主觀的經歷亦是非常重要的。上帝就「差遣他兒子的靈進入我們的心」，見證我們被收養的經歷。孤兒被帶入新的家庭，開始時可能不會有強烈的歸屬感，義父義母必須經常給他們肯定的表示，讓他們感到自己真成為家中的一員。聖靈作為給聖徒的禮物正是上帝肯定的表示，在我們心靈深處(「進入我們的心」)動工，戰勝我們的恐懼和怯懦。聖靈使我們能不止一次，反覆呼叫「**阿爸**！我的父親！」(6節；另參羅八15)，使我們能親口確認自己已被接納為上帝的兒女。這是一個客觀成真的事實，也是一個主觀驗證的經歷。

「阿爸」(Abba)為亞蘭文音譯詞，指父親，通常是成年兒女對父親既尊敬而親密的稱呼，並非孩童嬉笑之言。

由此可見，客觀的救恩事實(4～5節)和主觀的救恩經驗(6節)必須互相配合，而當中聖靈的角色非常重要。保羅進而作出結論：「**你**不再是奴僕，而是兒子；既然是上帝的兒子，上帝就以你為繼承人。」(7節；另參羅八15～17)

留意四章7節的人稱代名詞從複數變成單數；保羅在這裏的理論不僅關乎猶太和外邦基督徒羣體，而且還關乎個人。

四章7節可謂回應了三章29節，且亦總結了由三章6至7節所開展的論述。

那原先只給予惟一的後裔（三16；參創十五18，二十二18；撒下七12～16）——基督——繼承的產業，現在，信徒都因基督的緣故而同樣得以繼承，同樣成為繼承人了。

4.6. 基於對方的經歷和彼此的交情（四8～20）

就如在三章1至5節，保羅用了激動的語調，提醒加拉太信徒昔日的屬靈經驗，同樣，保羅在這裏也要提醒他們不要活在已經離開的「過去」，且懇求他們珍惜彼此間已經建立的情誼。

A. 提問：為何還重回舊地步呢？（四8～11）
B. 懇求（四12～20）
  a. 懇求他們的認同（12節）
  b. 重提過去的情誼（13～15節）
  c. 直斥敵對者的離間（16～18節）
  d. 剖白關切的深情（19～20節）

既然以上的神學認識——外邦人因著信，在基督裏得以成為上帝的兒女——是肯定的，保羅進一步向加拉太信徒作出挑戰：外邦信徒為何還要回到受捆綁的舊處境呢（8～11節；另參五2～4，六12～13；另參林前十二2；帖前四5）？

「被上帝所認識」意指出於上帝愛的揀選，這原來是一個舊約的觀念（參創十八19；摩三2；耶一5）。

留意四章8至9節「過去」和「現在」的對比：過去加拉太信徒（或外邦信徒）並不認識上帝（8節），但如今卻已親身體驗，真認識上帝，**「或者說，已經被上帝所認識」**（9節上）。他們得以成為上帝的兒女，並非出於自己主觀的意願，而是由上帝主動地揀選；這再一次提醒他們身分的改變。

例如安息日、贖罪日(原文Yom Kippur，意即「新月」)、逾越節、收穫節(即五旬節)等。

既然身分已經改變，為何還要回到以往的捆綁呢(9節下；另參3節)？那些敵對者所傳講的猶太曆法和節期(10節「**日子、月份、節期、年份**」；另參西二16)其實是舊的傳統，是屬於舊的時代，是捆綁人的，是無益的。要是他們被引誘歸附猶太律法禮教，保羅不禁歎息他的辛勞工夫白費了(11節)！雖然依從這些猶太人的習俗本身並非甚麼十惡不赦的事，但若以遵行這些習俗來表示對猶太人律法體制的順從，那就與「**回去找那些無能無用的星宿之靈**」沒有甚麼分別了(9節)。

指保羅不受律法體制捆綁的立場，並因為這立場，他把福音傳給加拉太人；保羅在此也希望他們能夠與他一起堅持這立場。

當保羅以相當強烈的語氣責備了加拉太信徒，並表達了他內心的失望之後(8～11節；另參一6～9，三1～5)，接著，保羅仍期望拉近彼此的距離：「**我懇求你們，要認同我的立場**」(12節上；另參林前十一1；帖前一6；來六12，十三7)，於是，他就轉過來以較溫和的語氣提出誠懇的請求(12～20節)。之前保羅已藉著客觀的聖經根據(三6～25，四1～7)和對方主觀的信仰經驗(三1～5、26～29，四8～11)説之以理，到這裏(四12～20)，保羅轉而動之以情，他平心靜氣地憶述彼此的情誼，盼望喚起對方對他的信任和關愛；不過，他的冷靜並未遮蓋心底的憂慮和擔心。

我們不清楚保羅的病痛是甚麼(參林後十二7～10所提及的那根刺，另參林後十一23～27)，但按四章15節的字面意，保羅的病可能與眼睛有關。

保羅首先從初次向加拉太人傳福音説起，雖然他當時「**身體有病**」，但加拉太信徒卻心甘情願地接待他，並沒有因他的病痛而輕看或厭棄他，反而待他如天使、如基督耶穌般(13～15節)；反觀彼此現今尷尬的關係，如同仇敵一樣(16～18節)，我們實在不難想像保羅的憂傷。我們不妨將這段經文分前後兩段列出，對照前後的轉變：

[13]……因為我身體有病，我才有初次向你們傳福音的機會。[14]雖然我的病況使你們困擾，但是你們並沒有厭煩我，丟棄我。相反地，你們接待我，像接待上帝的天使，像接待基督耶穌。[15]當時你們多麼高興，現在又怎樣呢？我可以這麼說，那時候，你們即使**把自己的眼睛挖出來**給我也是願意的！[16]現在我對你們說實話，倒成為你們的敵人了嗎？[17]那些人對你們表示熱情，原是不懷好意的。他們的目的是要把我孤立起來，好叫你們也對他們表示熱情。[18]在善事上熱心原是好的，但不可只限於我跟你們在一起的時候才這樣。

可能只是一種誇張的表達，指加拉太人不惜一切、願意把最好的東西給予保羅。

留意文中多次出現「當初」和「現在」的對比，今非昔比的哀歎可謂躍然紙上。更令保羅心情凝重的是，他似乎預料到這封信會帶來反效果，使彼此已趨疏遠的關係更受到正面的衝擊。而歸根結底，導致他們關係破裂的主因，只是保羅「說實話」(16節)，否定猶太化的福音。保羅把自己「說實話」(16節)和那些人「不懷好意」——要傳別的福音——的熱情(17節)形成對比。

從12節的「弟兄姊妹們」到19節的親密稱呼「我的孩子們」，保羅誠懇希望加拉太信徒可以完全的接受他，如同兒女和父母的關係一樣(19～20節；另參林前四14～15；林後六13；帖前二7～12)。

保羅更借用「生產的痛苦」(19節；另參林前三1～4；帖前二7～8)來比喻他對加拉太信徒的切膚之痛。這「生產的痛苦」的比喻含有耶和華日子來臨的末世性意義(參彌四10；賽十三6、8；耶六24；羅八22～23；帖前五3)，這也符合保羅在一章4節所強調耶穌基督已經引進新時代的觀念。保羅的目標是基督的特性在加拉太信徒的生命中成形，也就是他們的屬靈生命得以長成(19節下；參羅八29；林後三18；腓三10)。

從保羅這段對加拉太信徒挽回的話，可見保羅、加拉太信徒、以及敵對者形成一個三角的關係。在當中，保羅必須拉近與加拉太信徒的距離，從而使他們疏遠敵對者。他一方面質疑敵對者的「愛心」動機並不純正；另方面，則再一次強調耶穌基督和新時代的來臨，肯定加拉太信徒「在基督裏」的身分和持續的長成。而在語氣方面，保羅除有理直氣壯的責備外，還有誠懇深切的苦勸。當保羅在四章12至20節拉近了與加拉太信徒的關係後，在接著的21至31節，就進一步指出敵對者的謬誤，甚至要把這些敵對者「趕出去」(30節)，把他們從這三角關係中撇掉！

4.7. 基於聖經人物(以撒和以實瑪利)的例證(四21～31)

正如保羅在三章6至14節以亞伯拉罕為例，闡明外邦人如何能分享到上帝所賜給亞伯拉罕的福，同樣，在四章21至31節，保羅再次引用聖經人物的例子。承接四章19節所帶出的「母親」比喻，保羅在這裏就藉亞伯拉罕的兩名兒子(以撒和以實瑪利)和他們各自的母親(莎拉和夏甲)，闡明誰才是「由於上帝的應許而成為他的兒女的」(28節)。

A. 引言(四21)
B. 寓言和解釋(四22～27)
  a. 寓言(22～23節)
  b. 解釋(24～27節)
C. 應用(四28～31)
  a. 先識別加拉太信徒的身分：「莎拉」的兒女(28節)
  b. 認清以實瑪利子孫的逼迫(29節)
  c. 應用：趕逐敵對者！(30節)
  d. 重申加拉太信徒的身分(31節)

保羅在勸告加拉太人之後，把焦點一轉，針對那些「願意生活在法律下的人」(21節)。畢竟，對於這些人，與他們辯論的最好方法就是基於律法書；所以，保羅第一句：「你們沒有聽見摩西的法律嗎？」明顯語帶諷刺，暗示他們其實並不認識聖經。

由於亞伯拉罕是在莎拉去世後才娶基土拉的，因此，基土拉所生的兒女並沒有威脅到以撒的名分。

保羅所引述的例證是來自創世記十六、十七和二十一章。雖然按創世記的記載，亞伯拉罕其實有8名兒女(以撒、以實瑪利和基土拉所生的兒女)，但保羅只談及**以撒和以實瑪利**。留意經文的焦點：

- 保羅並非要討論「以撒」和「以實瑪利」(保羅甚至沒有提及後者的名字)，而是將焦點放在他們的母親身上。保羅所面對的問題的關鍵依然是：誰才是亞伯拉罕的真正子孫？誰才是「由於上帝的應許而成為他的兒女的」(28節)？
- 雖然保羅的焦點是在兩名母親身上，但留意保羅只提及「夏甲」的名字，而沒有提「莎拉」的名字，這可能是故意要把「夏甲」與「那些願意生活在法律下的人」並列起來，突顯他們的不合法性。

一直以來，敵對者的主張是：只有猶太人(已受割禮者)才算是正統的亞伯拉罕子孫；但保羅則強調只有「以信為憑藉」(三12)的人才是本於上帝的應許而生。敵對者可能認為外邦信徒就如同生在使女夏甲／以實瑪利的系統內，並非純正的血統；而帶有猶太血統的信徒才是由自由的女子莎拉所生的，是屬於正統的以撒系統(參見《禧年書》16.17～18，17.19～21，21.12)。

但保羅的立場剛好相反，把整個理解倒轉過來。保羅用了當時頗為流行的一種解釋方法，有時稱為「寓意法」或「比方法」(24節)，意即在簡單的歷史事迹背後，解讀出深層(屬靈)的意義(24～27節)。

從我們今天解釋經文文本的角度來看，保羅的解釋是自圓其說的。然而，解經方法本來就是時代的產物，深受當時的文化和社會意識形態所影響；我們很難評論其對錯。保羅時代的人對這種寓意法的評價，往往視乎釋經者對歷史細節有否充分的掌握，以作為其寓意解釋的基礎。

保羅所依據的歷史事迹是亞伯拉罕從兩位妻子所生的兩個兒子，並他們在上帝眼中的地位（22～23節）：

- 以實瑪利：「從女奴生的」，「是循着自然生的」。
- 以撒：「從自由的女子生的」，「是出於上帝的應許」。

藉著這個基礎，保羅發揮他的寓意解釋，為要指出這兩個兒子是源自不同的系統。保羅先指出，兩個兒子的母親代表兩種約，「夏甲」代表著摩西西奈山的律法之約，而「莎拉」（保羅沒有指明）則代表亞伯拉罕的應許之約（24節；另參三17）。正如上帝與亞伯拉罕立約時所給他的祝福包括了子孫和土地，同樣，保羅也按這兩方面將這兩個系統（兩種約）加以比較。

在子孫方面，以實瑪利既是女奴所生，他就代表被奴役的一族，是「**循着自然**」而生的；而以撒既是自由的女子所生，他就代表自由的一族，是「**出於上帝的應許**」而生的（23節）。在這裏，保羅肯定地將所有信仰耶穌基督的人歸入應許的系統、自由的系統，是亞伯拉罕的真正子孫；至於那些活在律法下的猶太人則被歸入自然的（《和合本》譯作「血氣生的」）系統、奴役的系統，成為被律法奴役的一族。

猶太人當然不贊同保羅的寓意解釋，但保羅的結論是合乎邏輯的：猶太人強調自己是亞伯拉罕在肉體上的後裔，既是如此，就是「循着自然生的」，也就是女奴的後裔，是奴隸了。

在土地方面，律法之約的應許地是「今天的耶路撒冷」，那是暫時性的，是「今天的」(25節)；但應許之約的應許地則是「天上的耶路撒冷」(26節)。然而，這天上的耶路撒冷卻不純是將來的，也是現今的，因為上帝所應許的兒女已開始實現在這「我們的母親」身上了(參26～28節)。就如「西奈山」和「今天的耶路撒冷」代表那些受律法制度奴役的猶太人所奉行的自然(血氣)系統，「天上的耶路撒冷」則代表所有信仰耶穌基督的人所歸入的應許系統。我們可以把夏甲和莎拉所代表的排列如下：

夏甲／以實瑪利	莎拉／以撒
=循著自然生的	=由上帝應許生的
=摩西西奈山／律法之約	=亞伯拉罕／應許之約
=子孫是奴隸	=子孫是所有「自由的」基督徒
=在地上、「今天」的耶路撒冷	=在「天上」而現今已開始實現的耶路撒冷

保羅的寓意解釋不單環繞在創世記的幾章經文，他還引用被擄時期以色列人的歷史來證實莎拉的屬靈位置。四章27節是引自以賽亞書五十四章1節。在以賽亞書中，「有丈夫陪伴的女子」是指被擄巴比倫之前的耶路撒冷城，相當於夏甲。而「不能生育的女子」則指被擄後的耶路撒冷城，相當於莎拉。巴比倫人擄走耶城的人民，使耶城凋零，就如被冷落的女子一樣，絕無生養孩子的希望(也如莎拉的不育一樣絕望)。然而，上帝卻應許在被擄之後，要重建並復興耶路撒冷，恢復她至高無上的榮耀，使她「有許多子孫」，甚至要「比始終有丈夫陪伴的女子生養更多」。就如被擄後的耶城人口一度稀少，同樣，在保羅時期，單憑應許、信仰基督、不憑血氣而生的基督徒(包括猶太人和外邦人)也是少數(相對於那些仍受律法制度奴役的基督

徒而言），但上帝卻應許那出於應許的兒女將要比那出於自然（血氣）的兒女更多。

保羅在這裏加插這一輪的辯證，一方面固然要加強在之前一段基於亞伯拉罕的事迹（三6～14）所得出的結論：外邦人因著信而承受上帝應許給亞伯拉罕的福澤。但值得留意的是，保羅在這裏卻有弦外之音：藉著「以實瑪利」的例子，保羅要求加拉太信徒與那些企圖迫害應許之子的敵對者斷絕來往，一刀兩斷。就如昔日夏甲和以實瑪利因**欺負**莎拉和以撒（**創二十一9**；另參創十六4）而被逐（創二十一10），同樣，今天「那循着自然生的」因「迫害那聖靈所生的」，也要被「趕出去」⑩，因為「女奴的兒子不可以跟自由的女子所生的兒子一同繼承產業」（四29～30）。最後，保羅重申：「我們並不是女奴的兒女，而是自由的女子所生的」（31節），既然如此，就必須與「女奴的兒女」分別開來。

經文只說他們兩人「在一起玩」；然而，文中「一起玩」也可理解為「取笑」。在後期的猶太文獻中亦有記載以實瑪利欺負以撒的事。

由此可見，保羅先藉四章12至20節重提往事，喚起彼此原本深厚的交情，從而拉近彼此的距離；然後再以21至31節進一步要求對方把敵對者斷然趕走。

4.8. 小結

綜觀保羅兩個循環的論證（三1～四31），以救恩歷史的進程為經，以以色列先祖的例證為緯，再將加拉太信徒的屬靈經驗穿插其中，強調舊約的應許已在耶穌基督身上得到應驗，從此標誌著新時代的來臨。在這新時代裏，摩西律法之工顯然被邊緣化，它原為舊時代的猶太子民而設，如今隨著新時代的開展，它在救恩歷史裏的角色已經過去，取而代之的是「信耶穌基督」。在這「信」的時代裏，上帝的救恩計劃正逐步擴展，從以色列人開始，現今已包括所有相信耶穌基督的人。所以，嚴格來説，保羅的信仰觀並非脱離猶太教，它只是脱胎自猶太教，開向普世。

此外，這段論證也盡顯保羅「説之以理、動之以情」的技巧和功力。在開首連番的質詢後（三1～5），保羅先論證和肯定加拉太外邦信徒的地位和身分（三6～四7），繼而再質詢他們走回頭路的愚昧（四8～11），然後退一步，重提昔日彼此的深交，藉此喚起今日互相珍惜之情（四12～20），最後更以「夏甲和以實瑪利的比喻」向敵對者還擊（四21～31）。可見保羅一方面運用理智思辯，清楚論證救恩歷史的進程，另方面又以懇切的衷情挽回加拉太信徒偏離的心，並同時向罪魁禍首的敵對者示以顏色，嚴責中有理據，關愛中見柔情。全篇論證可謂情理兼並，極盡論述勸説之能事。

溫習問題（4.5.～4.8.） 在頁115。

釋經短註

① 在原文裏，「迷惑」一詞可與妖術相關，因此，保羅的意思是，加拉太人那麼快就轉離了原先所信的，就好像是被妖術迷住了一樣。

② 《和合本》在三章8節的翻譯(「聖經既然預先看明，上帝要叫外邦人因信稱義，就早已傳福音給亞伯拉罕，說：『萬國都必因你得福。』」)也反映相同的理解(倘若刪去第一個逗號，意思表達得就更清楚了)。有一點需要留意：「就早已傳……」的主語其實是指說話的內容(即第一句的「聖經」)，而不是指「上帝」，否則，主句「聖經既然預先看明上帝要叫外邦人因信稱義」就沒有了下文了。

③ 在羅馬書二章13節和十章5節，保羅同樣引用利未記十八章5節這經文；但在當中，保羅似乎認同守律例的效用。

④ 這裏的意思可能是：(a)律法造成過犯，罪藉律法誘發人犯罪(參羅五20，七8～13)；或者(b)律法使人認識過犯，把隱而未顯的罪惡顯露出來(羅三20，四15，五13，七7)；或者(c)律法含有規限禁止過犯的功效，令人知曉上帝的心意而避免觸犯。

⑤ 原文三章20節的意思並不太清楚，《現修》在這裏的翻譯相當配合本文的討論。

⑥ 摩西為中保這觀念在舊約聖經裏已有暗示，但在新約時期的猶太教傳統就更為明顯。當時的猶太思想家斐羅就明確地指出摩西是中保。此外，留意保羅說，律法是由「多位天使」(不是耶和華)而來，這也反映保羅時代的猶太教的看法。

⑦ 這「受洗」是指水禮或是聖靈的洗呢？因為早期教會一般會在一個人宣認耶穌基督不久之後，即為他／她施洗，因此，接受聖靈的洗與接受水禮的時間往往不會相隔太遠。而在這裏，既然保羅所強調的是實在的屬靈生命，重點應該是聖靈的洗。這「洗」表示歸入基督的範疇，脫離罪惡的權限，降服於基督的主權之下。

⑧ 「上帝就差遣了自己的兒子」(四4)意味著基督的先存性，他本有上帝的本質，卻成為人的樣式(參羅八3、32，論及上帝差遣祂的兒子；腓二6，指出基督原有上帝的本質；西一15、17，二9，指基督是上帝的形像，是超越萬有的長子；林前十五24～25、28，則強調上帝終要使萬物都屈服於基督)。

⑨ 亦可指便於福音廣傳的客觀環境，例如羅馬帝國裏完善的交通網路和人心對真正信仰的渴求；當時古代希臘和羅馬的神明逐漸喪失了在百姓中的地位，各地方的人們都渴望尋求一種真正能讓他們滿足的宗教信仰。

⑩ 這意念早在四章17節已有暗示：若不趕逐敵對者，他們就會反過來孤立保羅；換言之，被逐的若不是保羅，就是保羅的敵對者了。接下來在五章3、7至12節和六章12至13節，保羅繼續針對這些敵對者的謬誤予以指斥。保羅認為，為了加拉太這多元種族教會的平靜，這些猶太敵對者必須被鏟除。

溫習問題(4.1.～4.4.)

1. 試根據三章1至5節重構加拉太信徒屬靈歷程的次序。從哪些方面可以看出加拉太人被「迷惑」和「愚弄」了呢？
2. 當我們效法亞伯拉罕的信心時，會有甚麼結果？(6～9節)
3. 亞伯拉罕的經歷與那些試圖賺取上帝接納的人的經歷有何差異？(10～12節)
4. 為甚麼律法不能廢棄亞伯拉罕的應許？(15～18節)
5. 如果律法不能廢棄亞伯拉罕的應許，那為甚麼要賜下它？(19～25節)
6. 試從三章19至22節中列出4方面有關律法功用的有限性。
7. 清楚領會上帝律法的有限功用如何幫助我們認識到自己需要基督？(22～25節)
8. 在三章28節中，保羅列出了哪幾種將人劃分的界線？這些界分有時會形成人際間怎樣的障礙？在基督耶穌的生命裏，這些界分有何變化？

溫習問題(4.5.～4.8.)

1. 在四章1至2節，保羅提及羅馬社會的習俗。為甚麼未成年的繼承人與奴僕毫無分別？
2. 為甚麼在律法下的生活好比屬靈的童年？(3～7節)
3. 四章4節寫道：「時機成熟，上帝就差遣了自己的兒子……」，隨著耶穌的到來，我們的景況有甚麼變化？(4～7節)
4. 根據保羅在四章1至7節所言，接著的8至11節對加拉太信徒行為的描述何以令人如此費解和擔憂？
5. 加拉太信徒對保羅的態度經歷了怎樣的改變？為甚麼會有這樣的改變？(12～20節)
6. 四章12至20節告訴我們應當如何照顧牧養上帝家中的其他成員？
7. 根據四章21至23節所載，亞伯拉罕的兩個兒子(以實瑪利和以撒)有何不同？
8. 保羅說女奴生的兒子是「循着自然生的」，而自由的女子生的兒子卻是「出於上帝的應許」。他的含義是甚麼？
9. 夏甲、西奈山之約和「今天的耶路撒冷」這3者有甚麼共同之處？(24～25節)
10. 莎拉與「天上的耶路撒冷」有何相類之處？(26～27節)
11. 兩個兒子、兩個約和兩個城如何說明了兩種截然不同的救贖觀？
12. 保羅如何描述女奴的兒子和自由女子的兒子最終的不同命運？(30節)

第五章

保羅的勸告和結語

（五1至六18）

- 在基督裏的真自由
- 再次警告敵對者
- 在聖靈裏真自由的生活
- 結語

經文

基督徒的自由

5 [1]為了要使我們得自由，基督已經釋放了我們。所以，你們要挺
起胸膛，不要再讓奴隸的軛控制你們。
[2]我——保羅鄭重地告訴你們，如果你們接受割禮，基督對你們就毫
無益處。[3]現在我再次警告你們，任何一個接受割禮的人必須遵守全
部的法律。[4]想倚靠遵守法律而得以跟上帝有合宜關係的人就是跟基
督切斷了關係，自絕於上帝的恩典。[5]至於我們所熱切盼望着的，是
上帝會使我們跟他有合宜的關係；這是聖靈的力量藉着我們的信心
達成的。[6]因為，當我們在基督耶穌的生命裏的時候，受割禮或不受
割禮都沒有甚麼關係，惟有那以愛的行動表現出來的信心才算重要。

[7]你們一向都表現得很好！是誰阻擋了你們，使你們不再服從真
理呢？[8]這種勸誘當然不會出於那呼召你們的上帝。[9]俗語說：「一點
點酵母可以使全團的麵發起來。」[10]可是我仍然信任你們；因為我們
同在主的生命裏，我深信你們一定不至於跟我有不同的見解。只是
那擾亂你們的，無論是誰，將受上帝的懲罰。

[11]弟兄姊妹們，我若繼續宣傳割禮，為甚麼還受迫害呢？我若這
樣做的話，即使傳基督的十字架也不至於成為他們的障礙了。[12]我
倒希望那些擾亂你們的人自己去閹割！

[13]弟兄姊妹們，上帝選召你們，要你們成為自由人。只是不可用
這自由作放縱情慾的藉口，卻要以愛心互相服事。[14]因為全部法律
都綜合在「愛人如己」這條命令裏面。[15]要當心哪，如果你們像禽獸
一樣相咬相吞，你們一定同歸於盡。

聖靈和人的本性

[16]我要強調的是：你們的言行要順從聖靈的引導，不要滿足自己
本性的慾望。[17]因為本性的慾望跟聖靈互相敵對，彼此對立，使你
們不能做自己所願意做的。[18]但是，如果聖靈引導你們，你們就不

受法律的拘束了。

[19]人本性的慾望是顯而易見的；它表現在淫亂、穢行、邪蕩、
[20]偶像崇拜、巫術、仇恨、爭鬥、忌恨、惱怒、好爭、分派、結黨、
[21]嫉妒、酗酒、狂歡宴樂，和其他類似的事。我從前警告過你們，
現在又警告你們：做這種事的人一定不能成為上帝國的子民。

[22]至於聖靈所結的果子，就是：博愛、喜樂、和平、忍耐、仁慈、
良善、忠信、[23]溫柔、節制。這些事是沒有任何法律會加以禁止的。
[24]那些屬於基督耶穌的人已經把他們本性上的一切邪情慾望都釘死
在十字架上了。[25]既然聖靈賜給我們新生命，我們就該讓他引導我
們的生活。[26]我們不可驕傲，不可彼此激怒，互相嫉妒。

分擔重擔

6 [1]弟兄姊妹們，如果有人偶然犯了過錯，你們這些屬靈的人就要
用溫和的方法糾正他。你們自己也要小心，免得也受引誘。[2]要
彼此分擔重擔，這樣就是成全基督的命令。[3]一無所有而自以為了
不起的人只是欺騙自己罷了。[4]每一個人都應該省察自己的行為；
如果有好行為，他可以引以為榮，不需要跟別人的成就相較量。
[5]每一個人應該肩負自己的擔子。

[6]那在基督正道上受教導的人應該和教導他的老師分享一切美好
的東西。

[7]你們不要自欺，也不要欺騙上帝。一個人種甚麼，就收甚麼。
[8]他若為着滿足自己的情慾而撒種，他會從情慾收取死亡；他若為
着得聖靈的喜悅而撒種，他會從聖靈收穫永恆的生命。[9]所以，我
們行善，不可喪志；我們若不灰心，時候到了就有收成。[10]因此，
無論甚麼時候，一有機會就該為公眾做有益的事，對那些在信仰上
同屬一家的人更應該這樣。

警告和問候

[11]你們看，這些大的字是我親筆寫給你們的！[12]那些喜歡在外表

上炫耀的人就是勉強你們接受割禮的人。他們這樣做，無非是怕為
基督的十字架遭受迫害。13其實，連那些接受割禮的人也不遵守法
律；他們勉強你們受割禮，是要誇耀你們在外表的儀式上已經屈服
了。14至於我，我不誇耀別的，我只誇耀我們的主耶穌基督的十字
架。因為，藉着這十字架，世界於我已經釘死了；我於世界也已經
釘死了。15受割禮或是不受割禮都算不了甚麼；重要的是我們要成
為新造的人。16願所有遵照這原則的人，和一切上帝的子民，都同
樣得到平安和憐憫！

17從今以後，別在這些事上找我的麻煩，因為我身上帶着耶穌的
傷痕。

18弟兄姊妹們，願我們的主耶穌基督賜恩典給你們大家！阿們。

既然外邦信徒的地位被肯定了，接下來保羅要說明的是外邦信徒「在基督裏」生活行為的樣式，猶太律法的要求不再是關鍵的要素，取而代之的是在基督裏的真自由。

「為了要使我們得自由，基督已經釋放了我們。所以，你們要挺起胸膛，不要再讓奴隸的軛控制你們。」(五1)保羅在五章1節用激動人心的言辭，總結了之前關於在耶穌基督裏的信心與律法的功效互不相容的論述，亦開始討論在基督裏的真自由。

值得留意，在這段勸告裏，聖靈(五16～18、22、25，六1、8)、律法(五14、18、23)和愛(五13～14、22)這3個詞彙是非常重要的，當中的討論也是環繞著這3點而發。

一般人認為，「自由」就等同於「自主、獨立和主權」，亦即是「做我想做的」，但保羅所指的自由並非如此。保羅在這裏的**勸告**是非常重要的。當保羅拒絕以猶太律法和傳統作為基督徒生活行為的客觀準則，而強調單以「跟從聖靈」和「憑藉信心」這種主觀指引時，這顯然大大增加了基督徒「自由」的空間，但這在「聖靈」大前提下的「自由」還需要加上「愛心」的具體規範，好叫在基督裏的自由不會被濫用，成為「放縱情慾的藉口」(五13)；因此，一些比較實踐性的生活提示是必須的。

加拉太書第五、六章(至六章10節)是保羅基於之前神學教義部分而來的一系列針對行事為人的實際勸告，指引加拉太信徒落實在基督裏的生活，在某程度上，這就將保羅心目中的「真自由」闡明出來。

A.在基督裏的真自由(五1～6)

B.再次警告敵對者(五7～12)

C.在聖靈裏真自由的生活(五13～六10)

a.愛人如己：真自由是以愛來成全律法(五13～15)

b.順從聖靈：人本性的欲望與聖靈相爭(五16～24)

c.彼此相顧：跟從聖靈，在教會團體生活裏實踐愛心(五25～六10)

D.結語(六11～18)

5.1. 在基督裏的真自由(五1～6)

保羅首先將「福音」於人的「福」表達出來：耶穌基督已經釋放了每一個信徒，使他們從律法中得到**解脫**，達到真正的自由(1節上)。既然上帝神聖的工作和目標已經達成，保羅就囑咐信徒當有的反應：在積極方面，「要挺起胸膛」(《和合本》譯作「要站立得穩」)，在消極方面，則「不要再讓奴隸的軛①控制你們」(1節下)。在未繼續討論這種真自由的生活之先，保羅想再次加強讀者對「奴役」和「自由」的理解；因此，在隨後的幾節，保羅分別闡述這兩點(2～4、5～6節)。加拉太信徒必須從中作出選擇：律法和奴役或基督和自由。

基督為我們死，使我們不再受罪和律法規條轄制。這不是說我們可以任意妄為，否則我們就會重返奴隸的光景，被私欲和罪惡所控制。

保羅帶著非常焦急的心情，以警告的口吻(2～3節「我——保羅鄭重地告訴你們，……現在我再次警告你們」)，指出他們**接受割禮**就等同於：

- 「必須遵守全部的法律」(3節；另參三10)；
- 「跟基督切斷了關係」(4節；另參2節)；
- 「自絕於上帝的恩典」(4節，《和合本》譯作「從恩典中墜落」；另參二16、21，三10～12、21、24)。

後來拉比都強調猶太教歸信者當接受割禮，並遵行全律法；在猶太人的《他勒目》②中有這樣的一句：「一位皈依者倘若只在一條妥拉律例中未能遵守，他也是不能被接受的……即使是來自經學教師的很微小的細節。」

簡單來說，那些接受割禮的人必須全然過猶太式的生活，以遵行律法為本，這如同「奴隸的軛」(1節)一樣將人奴役。

相反的，在基督裏的生命乃是：

- 靠著「聖靈的力量」和「藉着我們的信心達成的」(5節)；
- 基於信心而表現出「愛的行動」(6節)。

這都是在基督裏「自由」的表徵。保羅在這裏要強調的是，猶太割禮並不能使人與上帝和好(即稱義)；這跟上帝的合宜關係惟有靠著「聖靈的力量」和「藉着我們的信心」(5節)才能達成，且表現出愛心的行動，因上帝也是以這仁愛來接納我們。保羅所看到的是一種全新的、在基督裏的生命關係：「至於我們所熱切盼望着的，是上帝會使我們跟他有合宜的關係」(5節)。這合宜的關係是一個以信心、透過基督而得與上帝締結和維持的(二16)，而且，這屬靈關係仍要不斷成長，持續到未來(已然和未然層面，參羅八23～25)，這是信徒仍熱切盼望著的。

這生命有兩個特徵：靠著聖靈、憑著信心；前者是下文的重點，後者則總結了上文的討論，與以猶太律法為指標的生活方式相對。這信心是活的信心，能使人產生愛的行動(6節)。信心的生活並非抽象的，而是具體有效的，在日常生活中以效法基督的樣式把愛心活現出來(參二20；羅五5～8)。在此「在基督耶穌的生命裏」(6節)的大前提之下，猶太割禮就顯得不再重要了(六15；林前七19)，奴役人的「軛」已被粉碎，信徒在基督裏可得著真正的自由。

「自絕於上帝的恩典」?

保羅在這裏一怒之下所說的一番話，似乎顯得偏激了一點，容易惹人誤解，特別是五章4節中「自絕於上帝的恩典」(《和合本》譯作「從恩典中墜落」)的話使人很自然地對「永遠得救」的教義產生疑問。

保羅不是說，信徒有機會「自絕於上帝的恩典」，保羅只是強烈地表明：若有人接受假福音，他就與基督、並與從基督而來的恩典無分了；換句話說，沒有人因為相信假福音或歪曲的福音而得救。

然而，若有人起初相信福音，後來又接受假福音，結果會怎樣？他們是否會失去救恩？這個問題叫人陷於兩難，很難給予一個令人滿意的答案。如果答「不會」，那麼，保羅的警告就只是空談的恐嚇；如果答「會」，那就否定了聖經所強調的「永遠得救」的教義。事實上，「聖徒的堅忍」和「永遠得救」兩方面都必須同時被肯定。

希伯來書作者在講述耶穌的順服時，強調他因順服上帝的旨意「得以完全，就為凡順從他的人成了永遠得救的根源」(《和合本》來五9)；聖經作者是以上帝永恆不變的揀選(羅八33；帖後二13)的角度來論「永遠得救」，是從上帝的角度來看基督徒，但與這「永遠得救」相提並論的是「聖徒的堅忍」，則是從人的角度看基督徒。聖經告訴我們上帝的揀選，聖經也告訴我們真基督徒應當依靠上帝的力量和恩典堅持到底(約壹二19)。雖然屢有掙扎失敗，但仗還是要繼續打，並要在基督裏誇勝。從上帝的角度看，這場仗是已經得勝了；但從人的角度看，我們仍須繼續勉力作戰，堅持不懈地奔跑到底。

5.2. 再次警告敵對者(五7～12)

既然與上帝的合宜關係是靠聖靈、藉信心而達成，與律法全無關係，在這裏保羅的語氣愈來愈強烈，直接攻擊那些仍主張遵守律法的猶太主義者；這可能是保羅書信中所見最嚴厲的一段指斥。

在游說策略上，保羅把自己跟加拉太信徒聯繫在同一陣線上(「我們同在主的生命裏」)，共同對抗敵對者；雖説「我仍然信任你們……我深信你們一定不至於跟我有不同的見解」，但保羅明顯是擔憂的——不然，他也就不必寫如此的一封信給他們。保羅在五章1節已提醒他們「要挺起胸膛」(《和合本》譯作「要站立得穩」)，不要被誘惑；在這裏，保羅進一步揭示敵對者的真面目，徹底拒絕他們。

保羅對那些敵對者的責備是非常嚴厲的：

(參羅九16；林前九24～27；腓二16，三14；帖後三1)

與哥林多前書五章6至7節相同，9節中的酵母被用來比喻負面影響，起初很小，最終影響全局。

箴言二十七章6節寫到：「朋友所加的創傷是出於善意；敵人的擁抱，必須當心。」為甚麼這是正確的呢？

- 他們是「阻擋」人的(7節；另參一7～9)：「你們一向都表現得很好」是往往用來描述**賽跑**的用語，換言之，這裏提及的「阻擋了你們」其實是指在賽事中，有人無理切線，企圖要攔阻賽跑的人(參《和合本》譯作「你們向來跑得好，有誰攔阻你們，叫你們不順從真理呢？」)。保羅在這裏責備那些敵對者妨礙他人奔跑真理的路程；
- 他們是「勸誘」人的，並非出於上帝的(8節)；他們的勸誘就好像**酵母**一樣，能「使全團的麵發起來」(9節)，毒害整個羣體；
- 保羅又提到，這些敵對者的動機是不良的，只反映他們貪生怕死；他們傳講猶太人的割禮無非是要避免為基督的十字架受逼迫而已(參11節)；
- 他們是「擾亂」人的(10、12節③)，是破壞分子。

保羅強調，這些人必要擔當自己的罪，「受上帝的懲罰」(10節下)；他甚至用近似詛咒的口吻説：「我倒希望那些擾亂你們的人自己去閹割！」(12節)相對於這些敵對者，保羅的行事為人卻是加拉太信徒當效法的榜樣。在猛烈攻擊敵對者的同時，保羅並未忘記以自己的生命來作對比，指出他是如何為基督的十字架受迫害，並不以十架為羞辱(11節④；參林前一18～25)。他也以運動員的比喻來提醒加拉太信徒當持守到底，堅守信仰。

溫習問題(5.1.～5.2.) 在頁143。

5.3. 在聖靈裏真自由的生活(五13～六10)

承接五章1節的宣告，保羅在這裏不單要澄清，還要重新定義甚麼是「**得自由**」，並具體說明如何不會再被「**奴隸的軛控制**」。所謂「**奴隸的軛**」，既可指律法的擔子，但亦可指因放縱情欲而陷的另一種捆綁。

在「**得自由**」的大前提下，外邦信徒可能會產生誤解，以為與上帝和好既全靠恩典和對主耶穌基督的信心，信仰生活就可放鬆，甚至意味著有權利任意犯罪。這是一種「縱欲主義」(*libertinism*)或「反律法主義」(*antinomianism*)。因此，保羅在這裏要強調，基督徒必須按照聖靈而不是按照「肉體」(意指那能激發罪的衝動)來行事。而且，他們必須以愛心互相服事，特別是對主內肢體，更要慷慨解囊。

A.愛人如己：真自由是以愛來成全律法(五13～15)
  a.宣告(13節上)：成為自由人
  b.命令(13節下)：不放縱情欲，卻以愛心互相服事
  c.肯定(14節)：全律法綜合為「愛人如己」
  d.提醒(15節)：不可相咬相吞
B.順從聖靈：人本性的欲望與聖靈相爭(五16～24)
  a.當順從聖靈，拒絕情欲(16節)

b.聖靈與情欲對立(17~18節)
c.在情欲中生活和在聖靈裏生活的對比(19~23節)
d.提醒：肉體和情欲已被釘死(24節)
C.彼此相顧：跟從聖靈，在教會團體生活裏實踐愛心(五25~六10)
a.當靠聖靈行事(五25)
b.消極方面：當避免激怒他人(五26)
c.積極方面：當實踐愛心(六1~10)
i. 挽回軟弱者(1~5節)
ii. 供給施教者(6節)
iii.撒種收割的基本原則(7~9節)：不灰心、等待收成
iv.向眾人行善，尤其是對主內的肢體(10節)⑤

其實，保羅在五章5至6節已指出聖靈和愛心的重要，在這裏就進一步加以闡述：首先在五章13至15節就指出在自由中要以愛心互相服事，並以「愛人如己」來綜合全部律法；五章16至24節說明人的本性與聖靈相爭的事實，並指出順從聖靈是克勝情欲之道；五章25至六章10節則討論愛心生活的實踐，指出信徒當彼此相顧，跟從聖靈，行善而不喪志。這段落(五13~六10)也可謂是保羅對聖靈引導的教會羣體的規劃；相反，割禮卻只會帶來紛爭和破裂(參五26)。保羅的實際提醒顯示他的倫理觀並非天真和脫離現實的。

5.3.1. 愛人如己：真自由是以愛來成全律法(五13~15)

保羅在五章13節首先重申五章1節的宣告：上帝選召了我們，藉著基督釋放了我們，使我們脫離奴隸的軛，「成為自由人」。「自

由」是一個很危險的詞，容易被人誤解，所以保羅在這裏特別要澄清：他所說的不是那種放縱**情欲**⑥、毫無約束、任意妄為的自由，而是以愛心積極地互相服事、負責任地使用的自由(13節)。

在保羅書信中，「情欲」是指各樣的欲望和欲念，是罪惡的範疇，是反對善良而作惡的因素，是與神為敵的本性(sinful nature；參五16～17、19～21；羅八4～9、13；弗二3)。

基督徒的自由並非個人自我的自由，而是在基督裏、符合上帝聖召的自由。這是保羅在信中第三次提醒加拉太人緊記他們所蒙的呼召(參一6，五8)，這呼召兼具自由的權利和義務。這種權利和義務，保羅分別用正面(「愛人如己」)和反面(不可「相咬相吞」)表達出來。

那「人」是誰？

「愛人如己」(或作「愛鄰人如同自己」)這番話來自舊約利未記十九章18節：「要愛自己的鄰人，像愛自己一樣。」經文強調以色列人的羣體生活。不少舊約聖經的作者亦重複類此的觀念(參箴二十一3；何六6)，而新約時期，不少猶太拉比亦重申「愛人如己」的重要性。1世紀非常著名的猶太拉比希列(Hillel)有這樣的一番話：「你所厭惡的，不要做在你的鄰舍身上。」另一位2世紀的拉比阿奇巴(Akiba)則這樣說：「要愛你的鄰舍如同自己，這原則可包括了妥拉的教訓。」

問題是：文中的「人」是指誰呢？雖然按原來利未記的上下文，這節經文特別提及對那些弱勢社羣(如窮人)的關愛(利十九9～18)，那就包括所有人；然而，傳統猶太人則認為，利未記十九章18節所謂的「鄰人」主要指以色列同胞而言。

不過，按四福音的記載，耶穌也曾經在不同場合引用類似的教導，而在路加福音中，耶穌更以「好撒瑪利亞人」的比喻(路十25～37；另參太二十二34～40；可十二28～34)來指出，「愛人如己」中的「人」應該包括所有有需要的人(即包括外邦人)。這明顯也是保羅的立場，既然「受割禮或不受割禮都沒有甚麼關係」(五6)，也就「沒有猶太人跟外邦人的區別」了(羅十12；另參加六10)。

另參羅馬書十三章9節：「法律的命令規定：『不可姦淫；不可殺人；不可盜竊；不可貪心。』這一切以及其他的命令都包括在『愛人如己』這一條命令裏面了。」

保羅不單說「愛人如己」，更說：「全部法律都綜合在『愛人如己』這條命令裏面。」**(14節)**

表面上，保羅的這番話並沒有甚麼新意，就連猶太人也承認「愛人如己」的重要性。毫無疑問，他這樣說，明確表示他並沒有完全丟棄律法(另參六2)，但又有別於那種因接受割禮而「必須遵守全部的法律」的執著(3節)，表面上，保羅所強調的是以愛心來滿足律法的要求和精神，但其實他是重新界定「愛人如己」中「人」所涵蓋的範圍，那並非單純指猶太人，而是也包括外邦人，包括所有亞伯拉罕的真子孫(三7)。若然不彼此相愛，反而「**相咬相吞**」(15節)，如同禽獸相互襲擊，就只會彼此殘害，至終「同歸於盡」。保羅警告他們要謹慎防備濫用自由的危險，免得彼此消滅，破壞基督的身體。

雖然《現修》的「像禽獸一樣」是原文沒有的，但這話確實能把句意表達得更傳神。

倘若我們缺乏愛，就再看不到別人的優點，亦只會挑剔別人的錯處，這樣，原本應該是「愛人如己」的羣體生活就會變成「相咬相吞」。很少基督徒是大奸大惡的人，卻幾乎每一個人都可能對某些肢體感到不滿，於是，是非、批評繼起，而苦澀、惱怒等情緒亦由此而生。很多時候，「相咬相吞」的起因，可能只是不夠積極去愛人罷了。

5.3.2. 順從聖靈：人本性的欲望與聖靈相爭(五16～24)

為免信徒放縱情欲，保羅進一步提出順從聖靈的祕訣來：「你們的言行要順從聖靈的引導，不要滿足自己本性的慾望」(16節；另參弗二3)；這兩句話大概是同一番話的正反兩面的表達，但為何「順從聖靈的引導」就等於「不要滿足自己本性的慾望」呢？原因有兩方面（17～18節）：

❶ 本質性的分別：**聖靈與情欲（肉體）相爭**（「本性的慾望跟聖靈互相敵對，彼此對立」），兩者彼此敵對，互相抗衡，而當事人夾在其間，則只能依從其一（17節）；

❷ 制度上的分別：信徒若被聖靈引導，就不在律法之下（18節；另參羅六14，八1～17）。

所謂「聖靈與情欲相爭」，並不是説這兩股力量旗鼓相當，但倘若我們只靠自己的智慧和人的努力去克制情欲，就注定失敗。

這是以擬人化的手法（爭戰圖象）來表達（參羅七14～24）。

猶太敵對者也許認為，在道德生活上要完全，惟一的方法是將自己置於律法的規範之下，不然，必定是放蕩不羈，無法無天。但保羅卻認為還有另一種生活樣式，那就是被聖靈引導的生活，這種生活可謂超越律法的要求。其實，保羅在二章19至20節中已經表達過類似的信息：「……我已經跟基督一同被釘在十字架上，這樣，現在活着的不再是我自己，而是基督在我生命裏活着。……」這基督化的生活樣式既非猶太律法式，亦非外邦放縱式，而是以犧牲的愛為標誌、自由中見約制的樣式。

接下來保羅列舉罪惡和美德的目錄（vice and virtue list，19～23節）⑦，將人罪惡本性的欲望和情欲的行為（19～21節；參林前三3），與在聖靈裏的生活和聖靈的果子**（22～23節）**形成強烈的對比。一般認為，保羅在這裏列出的「情欲的事」和「聖靈所結的果子」，與當時一些道德哲學家的著作中所出現的美德和惡行綱目頗為相似，甚至可能是就地取材。這並不足為奇，只説明保羅嘗試用人們所能理解的方式來陳述他的觀點。最重要的是，這些相似不應使我們把保羅和哲學家的出發點等同起來。對哲學家來説，善與惡的知識只是提供一種道德生活的依循標準，但保羅卻認為，美德（即「聖靈所結的果子」）並非人類追求知識和智慧的成就，

（參羅八9～11；腓一11；提前六11；彼後一5～8）

而是聖靈的工作，賜給那些從罪的權勢下獲得釋放的人。

人本性的欲望(或肉體的作為)都是顯而易見的罪惡，保羅列出15項，可分為4大類：

1 性方面放縱情欲的罪，即「淫亂、穢行、邪蕩」；

2 宗教性拜偶像的罪，即「偶像崇拜、巫術」；

3 在人際關係方面因自我利益而產生團體鬥爭和仇恨的罪(19～21節上)，即「仇恨、爭鬥、忌恨、惱怒、好爭、分派、結黨、嫉妒」；

4 個人生活上不節制的罪，即「酗酒、狂歡宴樂」。

這些罪，有些是隱藏的，但大多數則是明顯可見的；無論哪一種罪，我們都不能漠視，卻要嚴加對付，因為它們帶出的結果是嚴重的：不能成為上帝國(即在上帝主權管治下)的子民(21節下)⑧。

「果子」是單數，但接下來所描述的素質卻有9方面，這似乎代表聖靈的果子是一粒，卻含有多種味道；或如一顆寶石的9面切割面，彼此相連，不能分開。

聖靈怎樣在你的生命中結果子？

相反的，由聖靈所結的**果子**是自然而然流露出來的性情，它含有9項美德，可分成3大類：

1 反映一個有如上帝屬性的人格，即「仁愛，喜樂，和平」(參約壹四8；約三29；路二14)；

2 反映一個被聖靈充滿的人的人際關係，即「忍耐，恩慈，良善」；

3 反映一個被聖靈掌管的人的品格，即「信實，溫柔，節制」。

這些特徵既是聖靈的工作，當然也「沒有任何法律會加以禁止」(23節)。保羅在此並非如羅馬書和哥林多前書那樣討論聖靈的恩賜(羅十二6～8；林前十二7～11)，而是指出，信徒雖沒有猶太律法作為生活的藍本，但在聖靈的引導之下，他們卻可以彰顯超越律法的真自由。這種生活是以基督犧牲的愛作為典範的：「那些屬於基督耶穌的人已經把他們本性上的一切邪情慾望都釘死在十字架上了。」(24節)

保羅的倫理觀

保羅在五章24節提醒加拉太信徒，他們「已經」把本性上的一切邪情欲望與基督同釘在十字架上了(另參二19～20，六14；羅六6)，這明顯表達一種與基督聯合的關係，是一次過的行動，並發生在信徒歸信耶穌基督之時。既是如此，信徒豈不應該從此就不再犯罪嗎？為甚麼保羅在五章16節又吩咐信徒要順從聖靈的引導(原文是命令語氣，顯示人的責任)？又在五章17節說明本性的欲望跟聖靈互相敵對的事實？在保羅的倫理觀念中，這種張力常被稱之為「指示性事實與命令性勸誡」(indicative fact and imperative command)之間的張力。

按保羅對福音的認識，信徒與基督的聯合以及信徒逐漸邁向與基督形像的結合，都是出於信心；「……這福音啟示上帝怎樣使人跟他有合宜的關係：是起於信，止於信。」(羅一17；另參加三6～9，五5)。信心決不只是瞬間在理智上的贊同，而是堅定地信靠神在基督裏的恩典，並由此引導進入改變了的生命。我們這些本乎恩、因著信而得救的人是「上帝的工作，在基督耶穌裏造成的，為要叫我們行善」(《和合本》弗二10)。但信心本身不是一件工作，卻因著愛的緣故而在善行中流露出來(帖前一3)；信心的生活是從根本上脫離罪惡、進入公義的生活。

沒有上帝救贖的工作，就不可能有新的生活。因此，保羅在勸誡時，不只是要求人行善，他提醒他們，他們是因著上帝的恩典而被新造的子民，他們行事為人應當與蒙召的恩相稱(腓一27；弗四1；羅十二1)。既然我們的老我與基督一起釘在十字架上，罪身已經滅亡(指示性事實)，我們必須知道，我們在罪上已經死了，並且必須不能再讓罪在我們的生命裏掌權(命令性勸誡)，「既然聖靈賜給我們新生命，我們就該讓他引導我們的生活。」(五25)

最後，我們必須留意，指示性事實和命令性勸誡之間的張力其實反映保羅的末世觀念。對於保羅來說，基督徒是身處於現今世代與那個即將到來的世代(帖前三13)的交接處。對保羅來說，基督徒確實已經向罪死了，並事實上已經在聖靈中成為新的創造而靠信心而活。但在這現今和將來的世代更替的過程中(亦可說是一種「已然和未然重疊的景況」)，罪、死、以至肉體的情欲依然有影響力，因此，我們似乎感覺到滅亡的勢力仍在，而永生卻尚未完全成就。

命令性勸誡之類的教導並非作為指示性事實的修正，也不是要在指示性事實的基礎上再進一步，使信徒愈來愈聖潔——因為指示性事實的本身已經描繪了信徒新生活最顛峯和完全的景況。所以，基督徒是在指示性事實的保證下，因著信心，順從命令性的勸誡，靠著聖靈的能力，在這個時代活出將來的生命；雖然，我們在此間的順服仍一直會受到罪的權勢所威脅。值得留意的是，道德操守是與我們的聖潔身分相配的。不重視道德操守將加劇我們現世生活和我們真正身分之間的對立，甚至可能使我們對自身在基督裏身分的真實性產生懷疑(林後十三5)。

5.3.3. 彼此相顧：跟從聖靈，在教會團體生活裏實踐愛心(五25～六10)

本段可謂承接上文幾段有關愛的討論：五章5至6節強調以愛的行動表現出來的信心；五章13至15節指出「以愛心互相服事」和「愛人如己」的大原則；五章22至23節則提及聖靈所結的果子，其中又以「博愛」為首，由此而開展本段，可謂就是在教會團體裏落實愛心生活的具體指引。可見，保羅已從上文較原則性的教導轉移到實際生活的應用(六1～10)。

《和合本》譯作「我們若是靠聖靈得生，就當靠聖靈行事」。

仔細閱讀整段經文，就會發現保羅所表達的語氣主要都是命令式的。

在很大程度上，保羅在此已假定加拉太信徒必然接受他在信中對福音的解釋，因此，他進一步勸勉信徒：「既然聖靈賜給我們新生命，我們就該讓他引導我們的生活。」**(五25)**。這勸告是根據「指示性事實」與**「命令性勸誡」**(參上文專欄「保羅的倫理觀」)的關係來表達：「既然聖靈賜給我們新生命」已成事實，保羅就勸誡我們「該讓他【聖靈】引導我們的生活」。前者所表達的事實，乃是後者勸誡的基礎和保證，而後者的用意，是要將前者所表達的事實完全實現在信徒的經歷中。

正因為信徒是靠聖靈得生命，所以他們必須繼續不斷地順從聖靈而生活。至於「讓他【聖靈】引導我們的生活」的具體內容又是甚麼？五章26節先表達消極方面的禁戒：「不可驕傲，不可彼此激怒，互相嫉妒。」然後在六章1至10節則表達積極方面的教導，指出在教會團體裏所當實現的愛心生活。在這裏，保羅特別提出3類人士是我們當留意的：

1. 「偶然犯了過錯」的軟弱肢體需要以溫和的方法來**扶持和重建**；
2. 在教會裏擔任教導的人應當得到照顧和供養，實現團契分享的原則(六6；另參林前九3～14；羅十五27；腓四14～19；提前五17～18)；
3. 「在信仰上同屬一家的人」理當受到關懷(六10；另參彼後一7；提前二1～5)。

(六1～5；另參利十九17；太十八15～22；路十七3～4；雅五19～20；林前五1～13；多三10～11)

我們很容易領受聖經寶貴的教導，得著益處，卻忘記了那些屬靈領袖在物質上或心靈上的需要；我們應當關心他們，表示對他們的尊重和欣賞。

「重擔」和「擔子」的區別，不只是在翻譯字眼上的不同，在原文中也確實有這樣的分別；前者指困難、重壓，後者則指一般的責任。

在你教會中有哪些人需要幫助呢？有哪些人需要你的鼓勵和勸勉呢？你可以透過甚麼方式鼓勵其他基督徒一同分擔這些重擔？

乍看之下，六章1至10節顯得比較零散。然而，這10節經文所強調的一點是，在基督徒團體中，在學習彼此擔當重擔之餘，亦要學習擔當自己的擔子；這正是「要彼此分擔重擔」(六2)和「應該肩負自己的擔子」(六5)所表達的基督徒羣體生活的藝術。前者表達對別人的寬容，後者表達對自己的嚴正；倘若各人能先做到「肩負自己的擔子」，「彼此分擔重擔」就會容易得多了。

沒有信徒可以說他是完全獨立自全、不需依賴別人的幫助，也沒有人可以拒絕去幫助其他人。信徒要學習「用溫

「糾正」一詞原來可能是一個醫學用語，意思指接駁斷裂或脫臼的骨頭，但在馬可福音一章19節，這詞則指「整理」魚網（《和合本》譯作「補」網）的工作。

和的方法」把有過犯的人挽回（「**糾正**」）過來；這很重要，因為每個人——即使是犯錯的人——對整個團體都具有重要的意義（六1）。然而，在「要彼此分擔重擔」（六2）的大原則之下，幫助人的必須要小心，免得連自己「也受引誘」（六1）；保羅只有一句的提醒，確實是對很多從事個人工作的人很重要的提醒。

主內肢體之間固然要互相分擔重擔，但保羅更重視信徒自己的責任（六3～5、7～10）。因為倘若自身生命貧乏，又如何能供應人？倘若自己已諸多牽累，又如何能分擔別人的重擔呢？所以，好好省察自己的生命，肩負自己的責任，也是一種減輕他人負擔的方式，因此，「每一個人都應該省察自己的行為」，又要「肩負自己的擔子」（六4～5）。只要盡力而為，無須跟別人比較。人總是很喜歡跟別人比較，可能是為要挑出別人的錯處而突出自己，亦可能反映自卑的心態，然而，保羅說：「如果有好行為，他可以引以為榮。」（六4）保羅在這裏加插了一句民間諺語：「一個人種甚麼，就收甚麼。」（六7）藉這自然定律，保羅帶出上帝在各人身上所彰顯的公義審判：

按內文，這裏的「永恆的生命」等同於五章21節中所謂的「成為上帝國的子民」。

> 他若為着滿足自己的情慾而撒種，他會從情慾收取死亡；他若為着得聖靈的喜悅而撒種，他會從聖靈收穫**永恆的生命**。

表面上，保羅這番話帶有警戒的意味（六7「不要自欺，也不要欺騙上帝。」），但實際上卻為當時堅守信仰的信徒帶來安慰，鼓勵他們「行善，不可喪志；我們若不灰心，時候到了就有收成」（六7～9；另參林前四5；林後五10）。留意保羅在這裏把他對**基督徒行為的勸勉跟末日的審判聯繫**起來。保羅不像當時的道德學家，以頌揚好行為來作為提高個人品格的一種手段，他卻把好行為置放在末日的情景中，這樣一放，時間隨即縮短多了，一個人當如何在目前生活，就成為一個迫切的問題。五章21節和六章7至9節所帶出的末世處境和主再來的角度不單成為信徒的警惕，更策勵他們在當下積極實踐在基督裏的新生活，因為「收成」就在眼前了。

參照保羅的其他書信，可知這是他典型的勸勉方式（參羅十三11～14；帖前五1～11）。

最後，有一點需要進一步解釋的。當保羅論及信徒團體各人的重擔要互相分擔時，他尤其強調這樣就滿足了**「基督的律法」**（《和合本》六2）。「基督的律法」這詞在整本新約中只出現這一次，學者的意見很分歧，爭論也相當激烈⑨。較可取而又符合上文有關愛的命令（五13～14）的解釋，是指以基督作為詮釋律法的焦點。換言之，其中的「律法」（或「命令」）應按一般用途指摩西律法，但卻加上「基督的」，作為「律法」的定語，表明這律法如今是以基督的角度來重新詮釋，以基督的生命和犧牲的愛來主導（一4，二20；參腓二4～11）。

《現修》譯作「基督的命令」，可能是為避免讀者誤解。

按此解釋，保羅並**沒有完全拋棄律法**，也沒有絕對死守律法的條文，而是以基督十架和犧牲的愛作為詮釋律法的焦點，著重律法的意義和精神，也就是耶穌基督的精神（參羅十三8～10，十五1～3）。由此可見，保羅的倫理觀是以基督為典範的，信徒的生命中心只有一個，那就是基督；一切的生活樣式皆以基督十架為藍本。這種生命只能在聖靈裏（生命的動力）、以信心（在基督裏的神祕聯繫）來生活，並以愛心（道德倫理的規範）作為行事為人的大原則。然則，神在舊約時代所賜下的律法是否完全無用？不！只是如今在基督耶穌的新時代所建立的多元種族

（參五14；羅三27、31，七12、14，八2、4，九31，十三8～10；林前九20～21）

教會羣體中，猶太律法的意義和應用需要重新界定，那本來是「猶太人的妥拉」(The *Jewish* Torah)，現今則轉以基督為中心，這也就是「基督的律法」(The *Jesus* Torah)的意義了。

溫習問題(5.3.) 在頁144。

5.4. 結語(六11～18)

進入六章11節，帶出保羅個人的感歎，明顯標示著全書的結論部分，從六章11節(「你們看，這些大的字是我親筆寫給你們的！」)看來，整封信很可能是由保羅向祕書口授的，只有最後這幾行才由他親自執筆(另參林前十六21)。這自然使人更加重視這段結束的話。儘管有人認為，保羅因為視力欠佳而不得不寫大字，但他用「大字」這詞可能帶有強調之意。

在書末，保羅本來應該講一些客套的話，或至少是一些問候的話，但正如在本書的開首，保羅因為對加拉太信徒的焦急和憤怒，使他完全忽略了他一貫的感恩詞，同樣，在這裏，保羅亦沒有給讀者一點喘息的空間，對於那些敵對福音真理的人，保羅似要用盡最後一口氣，直斥到底。

保羅譴責猶太主義者只不過是為一己的利害而將律法的要求加諸加拉太信徒身上，他們一方面企圖逃避猶太人的迫害，另方面則為炫耀自己使別人屈服的「勝利」而已。而且，他們雖然鼓吹外邦信徒必須遵守摩西的律法，但自己卻未**完全遵守**。反觀保羅與這些人的行徑卻截然相反，他提醒信徒注意他如何為福音而忍受磨難。

可能是指這些人只鼓吹割禮的重要性，而忽略律法中的其他規例。這是很普遍的通病，很多人都會側重於信仰某一方面的教訓，並以此作為整個信仰的核心內容，有失平衡。

對保羅的反對者來說，最重要的是得到他人的肯定(六12～13)。在哪些情況下，你會為與其他人認同，而試圖掩飾自己的基督徒身分？

透過他的身體力行，保羅坦然讓加拉太信徒自行判斷誰存著更純潔的動機。

那些猶太主義者因怕承受十字架所帶來的迫害，所以就出賣十字架的意義。但保羅的心態卻是：「不誇耀別的，我只誇耀我們的主耶穌基督的十字架。因為，藉着這十字架，世界於我已經釘死了；我於世界也已經釘死了。」(14節)沒有人會否定保羅這番語氣激昂的話，但除非我們明白十字架所帶來的羞辱，我們無法體會「我不誇耀別的，我只誇耀我們的主耶穌基督的十字架」的意思。對於羅馬人來說，釘十字架這種刑罰是羅馬法律中最殘暴和羞辱的酷刑，羅馬公民是不會受到這種對待的。而對於猶太人來說，釘十字架則象徵被上帝詛咒(參申二十一23；另參本篇3.1.的討論)。因此，從人的角度來看，十字架是沒有甚麼可誇耀的，但從福音的角度看，十字架則是上帝彰顯智慧和大能的地方(林前一18～25)，亦代表著屬靈新生命的開始。

在這個新生命裏，與世界(指那敵擋上帝的情欲世界)可謂是完全沒有關連的。在保羅(以至每一個信徒)看來，世界已死，世界的誘惑對於他已如死了一般，毫無效力；同樣，在世界看來，保羅(以至每一個信徒)亦已死，他於世界的誘惑亦不再有反應。不單如此，更重要的意義是一個新的創造、一個新的世界秩序已經開展，保羅甚至說：「受割禮或是不受割禮都算不了甚麼。」(15節)這番話是令人震驚的，傳統以來，受割禮與不受割禮當然大有分別，不然，保羅也不需要寫這封信，作出如此艱巨的申辯。保羅在這裏的意思是，從前那種區分方法和秩序已經不再重要了，「重要的是我們要成為新造的人」(15節；另參林後五17)。受不受割禮都不能使人歸向上帝。在很大程度上，這裏重複了三章27至28節對在基督裏的新羣體的描述：

> 你們受洗跟基督合而為一，正像穿上基督，有他的生命。不分猶太人或外邦人，奴隸或自由人，男人或女人，在基督耶穌的生命裏，你們都成為一體了。

在加拉太書的開首，保羅先憶述福音徹底地「侵入」他自己的生活，這個「侵入」完全推翻了他從前在猶太教中看作典範的生活（一11～17）。及至書信的中間部分，保羅清楚顯明這種翻天覆地的侵入不僅與他個人有關，且與所有信徒、甚至整體人類有關（三27～29），將人類加以劃分的慣常觀念自此破除。到書信的結尾，保羅更將最後的底牌揭開：福音無異於一個宇宙性的改變，一個真正的「新的創造」（六15）！

無論保羅如何焦急和激動，他總沒有忘記書末的祝福語，在這裏有兩句。第一句較特別：「**願所有遵照這原則的人，和一切上帝的子民，都同樣得到平安和憐憫！**」（16節）其中有兩點需要留意：

1. 「**這原則**」大概是指六章15節所言（或包括14節）；
2. 「**上帝的子民**」原文其實是「上帝的以色列民」（參《和合本》）。

這節祝福語與很多猶太文獻中的祝福語很相似，所以學者都認為保羅借用了當時會堂的祝福語。然而，文中的「上帝的以色列民」⑩明顯不是指猶太人而言，而是指基督教會，因為保羅往往稱教會為「真」以色列人（三7、29，四28～31；羅九6～8）。

第二句祝福語其實並沒有甚麼特別，亦常見於其他的書信裏（參腓四23；門25；提後四22）。不過，在原文裏，「**弟兄姊妹們**」這稱謂卻出現在結尾（即在「**阿們**」之前），這明顯把本來非常激動和硬朗的口吻軟化過來，可謂正實踐了保羅在六章1節所教導的：「**用溫和的方法糾正**」那些「**偶然犯了過錯**」的人。

夾在兩句祝福語之間的話是：「從今以後，別在這些事上找我的麻煩，因為我身上帶着耶穌的傷痕。」這話再次流露保羅的情緒。保羅在這裏並非意興闌珊，而是不想再為自己申辯，因為他的明證均可以從他為基督所受的傷痕(林後六4～5，十一23～28)看到。言語的爭論和申辯始終會失去效力的，最重要的還是看事奉的生命，保羅就是這樣的一個生命見證。

溫習問題(5.4.) 在頁145。

釋經短註

① 參使徒行傳十五章10節，作者路加亦用「軛」(參《和合本》)來形容律法的擔子。

② 「他勒目」是希伯來文音譯詞，意即「教導、研究、學習」，指猶太教的法典。於3世紀至5世紀末期間(一般稱為「他勒目時期」)編輯成書，《他勒目》(包括有關妥拉的註釋)在猶太社羣的公民生活及宗教法規方面所發揮的指導作用，可謂僅次於聖經(即舊約)。《他勒目》由兩部分歷史文獻所組成，分別是《米示拿》(*Mishnah*，即法規匯編)和《革馬拉》(*Gemara*，即《米示拿》的註釋)。《他勒目》其實有兩個版本，《巴比倫他勒目》(*Babylonian Talmud*)和《巴勒斯坦他勒目》(*Palestinian Talmud*)，一般所指的《他勒目》，是指《巴比倫他勒目》而言。

③ 兩節經文中的「擾亂」在原文是不同的字詞，但意思相若。

④ 保羅有沒有傳講割禮？為何如今不再傳割禮？既然保羅在這裏說：「我若繼續宣傳割禮，為甚麼還受迫害呢？」這反映保羅的敵對者可能攻擊保羅在信主前也曾相當重視割禮，且在外邦宣教時也曾特別為提摩太施行割禮(徒十六3)，他們因而指控保羅言行不一致(參林前七18～19，九20～22)。至於有關保羅受迫害的事，留意保羅所指控的是猶太人的領袖和猶太信徒，而不是羅馬政府或官員(參一13，四29，六12～13；參徒二十六21)。

⑤ 基本上整個段落(五13～六10)可分成7個小單元(五13～15、16～18、19～21、22～24、25～26，六1～5、6～10)。

⑥ 這詞語亦可從希伯來文的角度來解釋；按此，其含意則較中性，指物質的肉體，自然的人(如同林前六16引用創二24；林後四10～11)，亦包括人的軟弱本性(見二16、

20，四13～14；創六3；詩五十六4，七十八39；代下三十二8；賽三十一3，四十6～8；耶十七5；太二十六41；可十四38；羅八3；林前十五50；林後十4）。

⑦ 這是保羅典型的教導方式，亦常見於保羅的書信中（參羅一29～31，十三13；林前五10～11，六9～11；林後十二20～21；弗四17～19、25～32，五3～5；西三5～10、12～15；提前一9～10；提後三2～5；多三3）。

⑧（參太五5，二十五34；羅十四17；林前四20，六9～10，十五24、50；帖前二12；啟二十一7）；相反的，相信基督的人都能承受上帝的國（參三15～18，三29～四7）。

⑨ 有說這是指基督在世時給予門徒的倫理教訓，並在教會中流傳下來（如太十八15～16的教訓）；有說這是在彌賽亞時代，上帝藉著彌賽亞所賜下的新律法，就如拉比著作中所暗示的：「一個人在今世所學習的律法，若與彌賽亞的律法比較起來，簡直就是虛無。」有說保羅只是借用敵對者的用語，反過來諷刺他們而已；也有說這是指耶穌基督有關愛的命令（五14）。

⑩ 文中「和上帝的以色列民」（即「和一切上帝的子民」）亦可理解為「甚至以色列人」；按此，保羅的祝福其實是把以色列人也包括在「所有遵照這原則的人」之內。藉著這番話，保羅再次重申以色列人與非以色列人都是一樣，都必須順服在這「新造」的原則之下。

溫習問題(5.1.～5.2.)

1. 經過加拉太書一至四章的嚴詞厲語，保羅在五章1節又說：「為了要使我們得自由，基督已經釋放了我們。」他的意思是甚麼？
2. 當前有哪些影響我們屬靈自由的危機？對於這些危機，我們可以通過哪些具體方法來「挺起胸膛」去抵禦？
3. 猶太主義者(傳揚另一種福音的人)竭力要求加拉太信徒作甚麼？為甚麼？(2～4節)
4. 試舉例說明我們如何通過愛的行動來表現我們的信心？
5. 保羅把加拉太信徒比作競賽中的賽跑選手和一團麵團(7～9節)。這些比喻如何說明了基督徒生活的本質和危險處境？
6. 在加拉太信徒面臨嚴重危機的情況下，你如何解釋保羅的「我深信你們一定不至於跟我有不同的見解」(10節)這信心的宣告？這是保羅所用的委婉方式，表達一己的期望而已？還是真的出於他對加拉太信徒的了解和信心？
7. 在五章10至12節中，保羅嚴厲地警告那些擾亂加拉太信徒的人。這些話在今天看來甚至顯得鄙俗(尤其是12節)，為甚麼保羅如此懊惱？

溫習問題(5.3.)

1. 五章13至14節中所描寫的兩種自由觀念有何差別？
2. 在五章15節，保羅警戒加拉太信徒不可「相咬相吞」。在今日教會的基督徒之間也存在這種情況嗎？保羅在五章13至14節的教導如何糾正這種行為？
3. 「順從聖靈的引導」(五16)是甚麼意思？
4. 如果我們順著聖靈的引導，保羅確定地告訴我們必會發生甚麼事？(五16～18)
5. 聖靈引導的生活與律法之下的生活有甚麼分別？(五18)
6. 為甚麼「人本性的慾望」都是「顯而易見」的呢？(五19～21)
7. 保羅在五章21節的警告(「做這種事的人一定不能成為上帝國的子民」)與他所強調的「因信基督而得以跟上帝有合宜的關係」(二16)有否矛盾？
8. 五章25至26節的勸勉似乎表示所有的基督徒都蒙聖靈所賜的新生命，但在實際的生活上，卻不一定讓聖靈引導。當你讓聖靈引導你的生活時，會有怎樣的掙扎？
9. 試解釋「肩負自己的擔子」和「彼此分擔重擔」之間的關係。
10. 「基督的律法」(《和合本》六2)與保羅的敵對者所提倡的律法有何差別？

溫習問題(5.4.)

1. 六章12至13節揭示那些主張割禮的人究竟懷著怎樣的動機和目的？
2. 以十字架誇口是甚麼意思？(14節)這與保羅的敵對者所誇口的依據有何差別？
3. 為甚麼受割禮或是不受割禮都算不了甚麼，重要的是成為新造的人？(15節)

第二篇

帖撒羅尼迦前書

• 古帖城廣場遺迹(位於現今帖城市中心)。考古學家認為，這個建於公元2世紀的廣場，其實是在較早期的基礎上擴充興建的。圖中半圓型的地方是城中舉行公開聚會(如音樂會或朗誦等)時所用的地方。使徒行傳記載帖城的猶太人因保羅的緣故發起暴亂，可能就是在類似的地方進行。

• 圖中是整個廣場的重構模型，可見於現今的帖撒羅尼迦圖書館內。

(以上圖片取自Todd Bolen的www.BiblePlaces.com，並蒙允許使用。)

● 這是位於現今庇哩亞的會堂。會堂大門兩邊的壁畫，分別畫上保羅在異象中聽到馬其頓的呼召（圖左；徒十六9）和保羅在庇哩亞傳道的情景（圖右；徒十七10～16）。

● 圖中是現今帖撒羅尼迦城東面的地方。

（以上圖片取自Todd Bolen的www.BiblePlaces.com，並蒙允許使用。）

第一章

帖撒羅尼迦前書導論

- 寫作背景
- 大綱
- 參考註釋書

大部分學者都相信，帖撒羅尼迦前書是現存保羅書信中最早寫成的一卷（約公元50年寫成）。換言之，它亦是新約聖經裏最早成書的書卷，距離主耶穌被釘十字架只有大概20年時間。

哥林多前書十三章13節是記載「信、望、愛」的最著名的一節經文，但其實最早提及這個觀念的經文是帖撒羅尼迦前書一章3節（另參五8）。

帖撒羅尼迦前書不單深刻地描繪了一所初代教會在患難逼迫中表現的**信、愛、望**（一3），更讓我們體會到保羅的牧者心腸。

帖撒羅尼迦城是羅馬帝國馬其頓省的首府，是海陸經商的要津；位於兩條道路——艾格拿大道（Egnatian Way）和向北通往多瑙河的道路——的交匯點。在保羅時代，當地人口約有20萬，包括一羣客居當地的猶太人。使徒行傳（十七1～9）詳細記錄了保羅、西拉和提摩太在第二次宣教旅程時（約公元50年）在帖城建立教會的經過（參附錄地圖：「保羅第一、二次宣教旅程」；另參《實用聖經地圖集》，圖62）。他們在帖城的工作有相當不俗的開始，有好些人信了主，但他們卻旋即受到當地不信的猶太人的壓迫。這些猶太人藉著一些市井流氓，引起暴動騷亂，令使徒們幾受私刑之險，必須匆忙離開帖城。

1.1. 寫作背景

帖撒羅尼迦前書的寫作目的是相當清楚的。當保羅被迫離開帖城後，因著猶太人鍥而不捨的追擊，輾轉間到了哥林多。他的心情非常沉重，極其掛慮帖城信徒的情況。試想：

- 這些信徒是在「遭受大難」（一6）的情況下信主的，保羅離開後，他們面對逼迫時能否忠心堅忍到底？
- 這些外邦信徒並沒有甚麼了不起的憑恃，兼且身處的環境完全受外邦的宗教、思想文化和道德觀念所影響，在缺乏屬靈領導和牧養的情況下，他們信主的熱情會不會冷卻？

- 他們會否仍受異教歪風陋習的迷惑，墮入淫亂和拜偶像的試探，重尋信主前所享受過的罪中之樂？
- 他們又會否誤信那些毀謗保羅的讒言，對使徒的人格甚至所傳的福音產生懷疑呢？
- 保羅匆匆離去，未有充分時間幫助他們打好信仰的根基，在神學上他們會否誤解他的教導？在生活上又是否懂得棄惡擇善呢？

無疑，這一切問題都使保羅牽腸掛肚，恨不得立刻插翅飛回帖城（二17～20）。可恨他探望信徒的心願不只一次受到撒但的阻撓，只好派提摩太去視察情況，堅固他們的信心，使他們不會因為受迫害而退縮，或因受撒但迷惑而叫保羅的勞苦前功盡廢（三1～5）。

但提摩太始終不是保羅啊！這個**乳臭未乾的小伙子**能否達成任務呢？保羅焦慮等候的心情溢於言表。感謝上帝，提摩太終於帶回好消息：帖城信徒不單有堅定的信心，更常常想念保羅（三6～8）！保羅多日來的掛慮一掃而空，如釋重負。保羅的喜樂實在是難以形容的。他立時寫下了這封充滿感恩的信，重申他是何等渴慕去探望他們，補足他們信心的需要（三9～13）。另一方面，在字裏行間我們看到提摩太在此行發現了教會信徒在信仰和生活上的若干問題，以及其中一些中傷保羅的流言，所以保羅也藉此信回應教會內外對他的批評或猜疑，並澄清信徒對信仰的一些誤解，在生活操守方面勉勵他們。

10多年後，保羅寫信給提摩太，還要勉勵他別讓人小看他年輕（提前四12）！

1.2. 大綱

本書對帖撒羅尼迦前書的分析是按以下的大綱闡釋的：

A. 問安、感謝和稱讚（一章）

B. 為自己在帖城工作辯護（二1～16）

C. 對信徒的關懷（二17～三13）

D. 有關基督徒行為的勸勉（四1～12）

E. 關於基督再來和已去世的基督徒的情況（四13～五11）

F. 順服與教會生活（五12～22）

G. 結語（五23～28）

1.3. 參考註釋書

一般參考書

石清州、周天和著。《帖撒羅尼迦前後書、提摩太前後書、提多書、腓利門書》。香港：基督教文藝出版社，1988。

斯托得著，甘耀嘉譯。《帖撒羅尼迦前後書》。台北：校園書房出版社，1999。

張達民、黃錫木合著。《風起雲湧的初代教會——使徒行傳析讀》。香港：基道出版社，2002。

張達民、黃錫木合著。《使徒行傳與保羅書信要領》。香港：基道出版社，2003。（即將出版）

學術性參考書

馮蔭坤著。《帖撒羅尼迦前書註釋》，二版。香港：天道書樓，1994。

馮蔭坤著。《帖撒羅尼迦後書註釋》，二版。香港：天道書樓，1995。

Bruce, F.F. *1 & 2 Thessalonians.* Word Biblical Commentary. Waco: Word Books, 1982.

Richard, E.J. *First and Second Thessalonians.* Sacra Pagina 11. Collegeville: Liturgical Press, 1995.

Wanamaker, C.A. *The Epistles to the Thessalonians: A Commentary on the Greek Text.* NIGTC; Grand Rapids: Eerdmans & Exeter: Paternoster, 1990.

第二章

問安、感謝和稱讚（一章）

- 保羅是怎樣向帖撒羅尼迦人傳福音的呢？
- 福音在帖城的果效

經文

1 1我是保羅；我跟西拉和提摩太寫信給帖撒羅尼迦教會——屬於
父上帝和主耶穌基督的信徒們。
願你們都得到恩典和平安！

帖撒羅尼迦人的生活和信心

2我們常常為你們大家感謝上帝，在禱告中不斷地提起你們，
3在我們的父上帝面前記念你們怎樣把所信的實行出來，怎樣以愛
心辛勞工作，又怎樣堅守對我們的主耶穌基督的盼望。4弟兄姊妹
們，我們知道上帝愛你們，揀選了你們。5我們把這福音傳給你們，
不僅是用言語，也是倚靠聖靈的大能，並且是根據對福音的確信。
你們都知道，我們在你們那裏時的生活是怎樣的；一切無非是為了
你們的好處。6你們效法了我們，也效法主；雖然你們遭受大難，
仍然在聖靈所賜的喜樂中領受信息。7因此，你們成為馬其頓和亞
該亞所有信徒的模範。8主的信息不僅從你們那裏傳開到馬其頓和
亞該亞，你們對上帝的信心也傳到遠近各處；這實在用不着我們多
說。9大家都在傳講：在我們訪問你們的時候，你們怎樣接待我們，
又怎樣離棄偶像，歸向上帝，事奉這位又活又真的上帝，10並且盼
望着他的兒子耶穌從天上降臨。這位耶穌就是上帝使他從死裏復
活的那一位；他使我們脫離那將要臨到的上帝的義憤。

書信的第一部分(一～三章)洋溢著保羅對帖城信徒的深厚感情，並充滿了保羅的喜樂、他向上帝的感恩和對信徒的稱讚。問安後，保羅為他們在患難中對主的忠貞感謝上帝，稱讚他們是馬其頓和亞該亞眾教會的模範(一7)，又讚揚他們離棄了偶像，堅信基督，就算為此而面對患難也在所不惜。跟著他反駁了一些虛假的指責，表明自己的正直無私。

雖然每一封**保羅書信**的開首問安語都很相似，而帖撒羅尼迦前書這一封信的問安語亦沒有甚麼特別，但以下幾點仍是值得留意的(1節)：

參《使徒行傳與保羅書信要領》第四章「保羅書信總覽」對保羅書信格式的介紹。

問安語中的「恩典」的意思是「好際遇」。

- 保羅特別提及「西拉」和「提摩太」，大概是因為他們是帖城教會的信徒所熟悉的。這個聯名的信首問安並非表示這書信是他們合寫的，但是從中反映了保羅的隊工精神——他肯定了這兩位同工對他的福音事工的認同和貢獻。
- 保羅以「**恩典**」和「平安」兩個詞語取代了流行於希羅時代的慣用問安語，藉以希望讀者能更多體會上帝救贖的恩典和上帝的同在。
- 保羅指出，教會的信徒是「屬於父上帝和主耶穌基督的」①；教會雖然是由人建立的，但教會以及當中的每一位成員都是屬於上帝的，而因為耶穌基督救贖果效的緣故，教會亦是屬於耶穌的。

最值得留意的是，保羅在這書(以及帖撒羅尼迦後書)中並沒介紹自己是「耶穌基督的使徒」。在所有保羅的書信中，只有帖撒羅尼迦前後書、腓立比書和腓利門書的開首語沒有提及保羅的使徒身分。腓立比書的情況是可理解的，因為腓城教會與保羅的關係極其密切，若保羅對他們自稱「使徒」反而有點格格不入；腓利門書基本上是保羅為個人的請求而寫的，所以自稱「使徒」難免會令人產生誤會，以為保羅以權謀私。那麼，帖撒羅尼迦前後書又有何特別呢？一個可能的答案就是，倘若這是保羅最先寫的書信，他的使徒身分可能在這時尚未成為他被對頭攻擊的焦點，因而他未想到要特別地註明這身分。不過，這不等於保羅並不看重自己的使徒授命，因為二章1至16節基本上就是對這使徒身分的闡述②。

除典型的開場白（1節）外，第一章的主要內容包括保羅為帖撒羅尼迦人接受福音而感謝上帝。保羅不單感謝上帝，還要讓讀者知道他的確為他們感謝上帝。留意在2和3節，保羅多次重複表達他為帖城信徒感謝和祈求上帝：

保羅感恩的焦點是信徒屬靈生命的表現，你和你的教會通常為了甚麼感謝上帝呢？

> 2……為你們大家感謝上帝，在禱告中不斷地提起你們，3……記念你們……

這表明保羅為信徒感恩的心是何等迫切。保羅在感恩和祈求時，憶述了帖城信徒昔日領受福音的經過，這讓我們知道，帖城的人並非只是被動地領受福音，而是他們在轉眼間已成了傳道人！

嚴格來說，書信不是（類似福音書的）敍述文體，然而其中也不乏故事的記載。這些故事通常記述了作者和受信人過去的經歷、當前的狀況，以及未來的展望。有時，故事內容與書信的信息交織在一起，很難從中分割出原本的故事。但無論如何，我們總能找到故事的情節，而那書信對於作者和受信人，則成了故事中一件重要的事情。有時，作者在信中並未提及故事的結局，給我們留下很多想像的空間。

以下（2.1.部分）試將帖撒羅尼迦前書第一章中的內容重整過來，使讀者更能了解當中的來龍去脈，但重整之中仍保留原文詞句的層次。

2.1. 保羅是怎樣向帖撒羅尼迦人傳福音的呢？

保羅是怎樣向帖撒羅尼迦人傳福音的呢？有關保羅的佈道形式，保羅本人提供的線索並不多。帖城的猶太人會堂(徒十七2)肯定是保羅傳福音的重要場地，但我們有理由相信保羅主要在自己工作的場地與人談道(二9)。

保羅提到帖撒羅尼迦的信徒如何離棄偶像，並在信中針對外邦人的道德對他們作出勸勉，這些都顯示帖城信徒大部分是外邦人，而且大都不是像哥尼流一般有參與猶太會堂的敬虔人。因此，他們之能夠信主，大概不是因為保羅在會堂裏的3次安息日傳道，而是藉著與保羅在日常工作中的接觸。

你認為在傳福音時「口才」有多重要？你曾否在自覺拙口笨舌時，仍能帶人信主呢？你曾否在工作的地方為主作見證？

無論保羅是在哪一個場地傳道，他指出：「我們把這福音傳給你們，不僅是用言語，也是倚靠聖靈的大能，並且是根據對福音的確信。」(一5)最直接的傳福音方法當然是口傳，而保羅那種能言善辯的口才當然會大大增強他傳福音的果效。但福音本身遠超過言語，也不是有待認同的理性辯論，而是有聖靈的能力的③，這可包括聖靈的帶領④和由聖靈產生出來的果效。正因為福音是如此進入他們當中，保羅深信上帝已經揀選了他們(4節)。此外，保羅等人傳福音是帶著對福音大能的確信，並以此為基礎，不是只求別人舉手信主，而是希望對方真正相信福音。

就如很多人一般，保羅之所以確認帖城信徒是蒙愛、蒙揀選的一羣，是因為見到福音的果效。然而，沒有果效的福音工作卻並不代表上帝不揀選聽道的人，這只能代表上帝的時間還未到。傳福音的人不可能預知上帝已揀選誰，他們的工作就是去把這些人發掘出來。

保羅的足迹雖然遍佈愛琴海沿岸的許多城市，但是他並不是一個在佈道後馬上離開的巡迴佈道家。使徒行傳中，我們處處看到他何等盼望與信徒羣眾一同生活(雖然時間不是很長)，讓自己和同工可以與他們互相認識，並堅固他們的信心。

在傳福音的時候，保羅期待的不僅是佈道呼召後聽眾舉手説「我願意」。他理解到身教和言教同等的重要。因此，在聽眾於概念上認同、完全接受福音之外，保羅也用他的日常生活來印證福音的實在，以致他可以大膽地説：「我們在你們那裏時的生活是怎樣的；一切無非是為了你們的好處。」(一5)不是每一位佈道家都願意與會眾打成一片的，畢竟「行道」較「佈道」難得多。但為著與信徒建立關係，保羅和他的同工願意付出更多；這在帖撒羅尼迦前書二章中進一步表現出來。保羅描寫自己如同母親乳養自己的孩子，又好像父親待自己的兒女(二7、11)。保羅和他的同工與帖撒羅尼迦人建立了密切的關係，毫無保留地付出了自己。而因為保羅等人的這種付出，帖城信徒的改變亦更大。

根據使徒行傳十七章2節，保羅「連續三個安息日」在會堂傳道，一些學者據此認為保羅在帖城只逗留了3個星期。然而，腓立比書四章16節提到當保羅在帖撒羅尼迦時，腓立比教會似乎不只一次送需用的東西給保羅；在帖撒羅尼迦前書二章5至12節，保羅要信徒回想他在他們當中的生活見證，特別是二章9節，更指出他在帖城「日夜辛勤工作」，這些經文都暗示保羅在帖城逗留了一段較長的時間。所以不少學者相信，「連續三個安息日」可能是指保羅最初在猶太會堂傳道，之後他還有一、兩個月向外邦人傳道，這也許可以解釋為何帖城信徒以外邦人為主。當然，在猶太會堂傳道期間，保羅在3個安息日以外的日子，大概也有在工作時把握機會向外邦人傳道。

2.2. 福音在帖城的果效

保羅認為，正因為福音是如此進入帖城的人當中，因此當地的人經歷很大的改變。一章9至10節運用了非常傳統的語言，概括了外邦人歸向基督信仰的悔改過程：

> [9]……你們……怎樣離棄偶像，歸向上帝，事奉這位又活又真⑤的上帝，[10]並且盼望着他的兒子耶穌從天上降臨⑥。這位耶穌就是上帝使他從死裏復活⑦的那一位；他使我們脫離那將要臨到的上帝的義憤。

這段經文可分為兩部分。前半部分(一9)採用傳統的猶太教觀點，這觀點可謂和基督教有共通之處：由於帖撒羅尼迦信徒大多是外邦人，過去很可能拜過當地的各種神祇，因此他們悔改的必要條件，是離棄他們信奉的眾神明——更準確地說，是假神——歸向惟一的真神。

這句話的後半部分(一10)則反映了基督教對末世的期盼：那些願意加入基督徒行列的人，必須相信耶穌基督的復活，並期望耶穌還將再來，最終代表上帝戰勝撒但。因此，主耶穌的再來是代表審判：接受基督的人將會脫離「上帝的義憤」，不接受的人將會承受這「義憤」。在保羅的用語中，這詞並不表示上帝會像人一樣失去控制的暴怒，而是指上帝公義的彰顯和對不義的審判(羅一18，二5)。

毫無疑問，在帖撒羅尼迦前書中，這番話具有特定的作用。一方面，它提醒外邦人歸向惟一的上帝以後，必須按照這番話的要求生活，放棄他們以前在異教中的敗壞道德生活和對偶像的拜祭(參四1～8)。他們要過充滿信心的生活，上帝必會差耶穌再來，但他再來的時間不是人可以預測的(四13～五11)。另一方面，對受逼迫的帖城信徒，保羅藉這番話鼓勵他們**仰望基督再來**時所帶給他們的釋放。這個釋放是我們每一位信主的外邦人都會經歷的——或可以說，是我們應該有的經歷。不過，其實帖城信徒的表現已可謂是相當出色。

- *因為基督再來是要審判世界，所以我們要離棄罪惡；*
- *因為基督很快就會回來，所以我們要殷勤服事上帝；*
- *因為我們不知道他何時回來，所以我們要時刻警醒。*

首先，帖城教會是在「遭受大難」之中領受福音的：「你們效法了我們，也效法主；雖然你們遭受大難，仍然在聖靈所賜的喜樂中領受信息。」(一6)帖撒羅尼迦人接受福音的程度，已完全超過理性上的認知。他們以保羅等基督的傳道者為榜樣，尤其效法他們在逼迫中仍有喜樂的心。這種「喜樂」當然不同一般的「快樂」，而是一種帶著從信心而來的平靜和安穩的快慰，是聖靈的禮物。

聖靈如何給你堅定的信心和喜樂？

雖然前書和後書都不時提及信徒曾遭受大難(二14，三3；帖後一4)，但卻沒有詳述這「大難」是怎樣的一回事。不少學者相信這是跟信徒離棄偶像有關。帖撒羅尼迦是一個敬拜異教的中心，帖城的人尤其熱中於帝皇崇拜(emperor cult)。信徒拒絕拜偶像，並宣稱耶穌是主，無疑是對當時希羅社會的主流文化和宗教的嚴重挑戰，甚至可說是對羅馬帝國的顛覆。毫無疑問，信徒這樣做必定會惹來非議、排擠和逼迫。事實上，希羅作家對早期基督徒的批評，總是離不開信徒拒絕拜偶像這點。

對於初信信徒來說，心中最大的矛盾是原來應該使人幸福的福音竟變成苦難的來源，若你遇到這些人，你會如何安慰他們呢？

耶孫必須在地方官員面前為自己和家中的來客辯護，若你是他，在這種情況下你會有何感受？你會說甚麼？

此外，根據使徒行傳十七章1至9節所提供的背景，猶太人因為嫉妒保羅傳道成功，而煽動「一些市井無賴，糾合成羣，在城裏引起暴動」(徒十七5)，後來更令一些信主只有3個星期的初信信徒(包括耶孫)被拉到官府去，要答應地方官保羅不會再在帖城生事。而保羅因為不想令帖城信徒招惹麻煩，所以遲遲未探望他們。教會就是在這種嚴峻的氣氛之下成立，並且成長起來。

馬其頓的城市中，腓立比是最為人熟悉的。而亞該亞的省府是哥林多。

其次，保羅等人與帖撒羅尼迦人的關係，不僅只是傳道者和聽道者的關係，更是迅速地轉變成福音上的同工關係。保羅寫道：「你們成為**馬其頓**和**亞該亞**所有信徒的模範」(一7)，表明其他基督徒深被帖撒羅尼迦人的生命所感動。正因為帖撒羅尼迦人是在「大難」之中悔改歸主，他們的相信並非只是一時的衝動，而是付出了代價的。他們能夠具體地活出福音：

你知道是哪些人表現出這樣的信心嗎？他們的信心如何激勵你？

怎樣把所信的實行出來，怎樣以愛心辛勞工作，又怎樣堅守對我們的主耶穌基督的盼望。(一3)

在基督信仰的歷程裏，你又如何實踐「信」、「望」和「愛」呢？你可分享自己信主後的改變嗎？

簡單而言，他們在「信、愛、望」3方面把福音的意義實踐出來。這一方面使保羅確信他們蒙愛、蒙揀選⑧的身分(一5)，另一方面，他們的改變亦感動了其他人。他們成為信心的典範，為基督徒和非基督徒作了基督信仰的見證：

主的信息不僅從你們那裏傳開到馬其頓和亞該亞，你們對上帝的信心也傳到遠近各處；這實在用不着我們多說。(一8)

文中的「這」不是指「主的信息」(否則，這句似乎是説保羅無須再傳福音)，而是指「主的信息……遠近各處」整句所表示的整個情況。儘管在修辭上保羅在這裏有點誇張，但他指出了至為重要的一點：帖撒羅尼迦的初信基督徒雖然沒有「使徒」、「傳道人」這些正式的名分，但他們同樣是福音的使者，因為他們的改變確實改變了其他人的生命。

釋經短註

① 耶穌經常稱上帝為「父」(參約十四2)，而保羅亦經常用這字眼來形容上帝(羅一7；林前一3；加一2～3)。新約聖經中主要用「主」來稱呼耶穌，強調了他的權柄和能力。「基督」(希臘文)這稱呼與「彌賽亞」(希伯來文)的意思一樣，即「受膏者」，指蒙上帝揀選的人。

② 很多人都認為，保羅不提及自己的使徒身分，是跟他與帖城教會的關係有關。帖城是一間很幼嫩的教會，保羅建立這教會不久後便速速離開了，使教會中有些人對他產生誤會；保羅大概不想給他們一個態度強硬的印象，所以就不提及這帶權柄的身分。然而，在帖撒羅尼迦後書，即使保羅的態度明顯變得強硬，但這書也沒有提及保羅的使徒身分。有人亦指出前書經常用「我們」表達出客套的語氣，也與這問題有關。然而，「我們」這代名詞其實不一定使語調變得客套(參約三9～10)，而在這書信裏，「我們」的使用可能是為了表達一種隊工精神(即與提摩太和西拉有關)。無論如何，保羅的書信裏經常交替地使用單數和複數的第一人稱，可能已經成為了保羅不自覺的一種寫作風格(參羅9～11章)。

③「聖靈的大能」：留意《和合本》譯作「也在乎權能和聖靈」(另參《新譯本》)，這的確較能反映原文字面的意思。然而，在希臘文，這種「A和B」的結構，也可以理解為「A修定B」(或「B修定A」，例如三11的「上帝——我們的天父」，原文其實是「上帝和我們的天父」)。當然，這種理解之能成立的條件是，「A」和「B」在意思上必須是有關連的，而內文亦必須有支持的理據。在這裏，我們很難確定《和合本》或《現修》的理解哪一個正確。不過，《現修》的翻譯來得較為自然。在《和合本》的翻譯裏，「權能」可能指神蹟奇事。

④ 在使徒行傳中，當新的宣教階段開展時，作者往往十分強調聖靈的帶領(參八26，十9～16，十三1～4)。十六章6至8節記載聖靈禁止保羅等人繼續前往亞細亞，但聖靈卻引領他們進入馬其頓(十六9～10)。

⑤「又活又真的上帝」(一9)：「(永)活的上帝」是典型的舊約表達方式(賽三十七4；耶十10；結五11)，並非指上帝長生不老，而是指祂是「常存」的那位，並且祂積極參與在祂子民的生活當中和人類的歷史中。

⑥「從天上降臨」(一10)：初代教會相信耶穌已經享有上帝的榮耀(徒二34；羅八34；來八1，十12)，保羅亦經常在書信中說，耶穌終有一天會回來(參二19，四13～18，五23；另參林前一7，七31，十五20～28；腓一10，二16，三20～21，四5；多二13)；到了那天，信靠基督的人都必會得救(約十二44～50)，拒絕上帝的卻要接受上帝的懲罰(五1～11；太十三47～50，二十五31～46)。

⑦「從死裏復活」(一10)：耶穌的死和復活一向都是保羅和其他初代教會信徒宣講的重心(林前二2，六14，十五1～58；另參徒三15；彼前三18)。

⑧「揀選」(一5)：「揀選」是很典型的猶太人觀念。以色列人相信上帝揀選他們成為子民(參賽四3，四十一8)，然而，初代教會卻相信上帝在基督裏(或藉著基督)亦揀選了外邦人成為上帝的子民(弗一4；西三12；帖後二13)。

溫習問題

1. 這書信中的問候語有何特別需要注意的地方？(1節)
2. 保羅在這書信中並沒介紹自己是「耶穌基督的使徒」這身分，是否有其特別原因？
3. 保羅在帖城以哪些方式傳福音？
4. 閱讀帖撒羅尼迦前書一章，保羅根據甚麼事實確定帖撒羅尼迦人的信心是真實的？(3節)
5. 保羅說他記念帖撒羅尼迦人「把所信的實行出來」、「以愛心辛勞工作」和「堅守對我們的主耶穌基督的盼望」(3節)。你認為他從何得知他們的行為是出於信心、愛心和盼望的？
6. 在帖撒羅尼迦人的信仰中，聖靈的工作起了甚麼作用，使他們可以面對大難？(5～6節)
7. 在帖撒羅尼迦人悔改的過程中，保羅、西拉和提摩太在他們當中起了甚麼作用？(6節)為何保羅要求帖撒羅尼迦人效法他？
8. 9至10節概括地道出帖城人信主的過程，其中他們有兩方面的改變，試略述之。
9. 帖撒羅尼迦人對上帝的堅定信心帶來了甚麼果效？(7～10節)他們對馬其頓和亞該亞的信徒有何影響？
10. 帖撒羅尼迦前書一章的經文如何鼓勵帖撒羅尼迦人？又如何鼓勵了你？

第三章

為自己在帖城工作辯護（二1至16）

- 保羅對使徒權柄的理解
- 保羅繼續憶述在帖城的工作

經文

保羅在帖撒羅尼迦工作

2 1弟兄姊妹們，你們自己知道，我們去訪問你們並不是沒有效果
的。2你們知道，我們到你們那裏去以前，在腓立比已經受了傷
害，受了侮辱。可是，我們的上帝給我們勇氣，在激烈的反對下仍
然把他的福音傳給你們。3我們的勸勉不是出於幻想或不良的動機，
也不是想欺詐甚麼人。4相反地，上帝信任我們，把傳福音的任務
付託我們。因此，我們只說他要我們說的話。我們不討好人，只求
取悅那位察驗我們內心的上帝。5你們知道，我們從來不向你們說
諂媚的話，也沒有藏着貪婪的念頭；這是上帝可以為我們作證的。
6我們不求任何人的稱讚，沒有求你們的，也沒有求別人的。7我們
身為基督的使徒，本來有權要求你們的尊重；可是在你們那裏的時
候，我們溫柔地待你們，像母親乳養兒女一般。8為了愛你們，我
們不但願意跟你們分享從上帝來的福音，連我們的生命也願意給你
們，因為你們是我們所疼愛的。9弟兄姊妹們，你們一定記得，我
們怎樣日夜辛勤工作，為的是在向你們傳上帝福音的時候，不至於
成為你們的負擔。

10對你們這些信徒，我們的言行都是純潔、公正、無可責備的。
這一點，你們自己和上帝都可以作證。11你們知道，我們待你們每
一個人，像父親待自己的兒女一樣。12我們鼓勵你們，安慰你們；
我們不斷地勸勉你們要在生活上蒙上帝喜悅——他呼召你們來分享
他的主權和榮耀。

13我們也常常感謝上帝；因為我們所傳的信息，你們聽見了，領
受了，並不以為是領受人的信息，而是領受那確確實實出自上帝的
信息；因為上帝①在你們信的人當中工作。14弟兄姊妹們，你們的
遭遇跟猶太地區上帝的各教會——就是屬於基督耶穌的信徒們——

---

①「上帝」或譯「上帝的信息」。

所遭遇到的一樣。你們受到自己同胞的迫害，正如他們受過猶太同胞的迫害一樣。

15那些猶太人殺了主耶穌和先知們，又驅逐我們。他們冒犯了上
帝，也跟全人類為敵！16他們甚至要阻止我們向外邦人傳講那會使
外邦人得救的信息。這樣，他們不斷地累積自己的罪，惡貫滿盈；上帝的義憤終於臨到他們的身上。

在第一章，保羅已經記述了帖撒羅尼迦人接納福音的情形，現在他開始詳細描述自己在帖撒羅尼迦信徒中的工作。保羅並不只是要與帖城信徒温故知新，而且也是要為自己昔日的工作辯護。

我們可能會驚訝，有人竟然指責保羅是諂媚和貪心的(二3、5)，但其實這並不足為奇。當時有無數各式各樣的江湖騙子四處「佈道」，詐騙無知的愚民，從中取利。毀謗保羅的人(大概是猶太人)指他正是這樣的人！他們更可能指保羅一遇上**少許困難**(參徒十七1～9)就馬上撤走，一去不回，根本不理信徒的死活！甚至可能説：「他在腓立比時，一遇上少許困難就逃到我們中間，豈不是一樣嗎？」不單如此，他們亦乘機攻擊保羅所傳的福音。

這亦可能指保羅所患的疾病(參林後十二7)。

有些學者認為，保羅在此並不是具體地回應別人對自己的批評，而是與一些希羅哲學家的道德勸勉一樣，藉著與假想出來的卑鄙小人的對比，表明自己的品格。這看法不無可能，但無論如何，保羅與那些江湖騙子的分別是極其明顯的，帖城信徒絕對不應誤會保羅的人格。

3.1. 保羅對使徒權柄的理解(二1～8)

除了憶述自己與同工昔日如何把福音帶到帖城信徒中間，他們又如何信主(一2～10)，以及自己在他們當中的行事為人外(二9～13)，保羅的回應主要闡述了他作為基督的使徒① 的權柄(二1～8)。雖然保羅在本書信的開首並沒有表明自己「使徒」的身分，但帖撒羅尼迦前書卻清楚地説明「**基督的使徒**」(7節)的真正含義。保羅對使徒身分的理解，包括3個不同但相關的特徵。

首先，使徒必須具備宣揚福音的膽量：「**我們的上帝給我們勇氣，在激烈的反對下仍然把他的福音傳給你們。**」(2節)根據保羅講述的「**激烈的反對下**」，並他在這句話之前所記述在腓立比被害受辱(參徒十六11～40；另參《風起雲湧的初代教會——使徒行傳析讀》10.1「在腓立比和帖撒羅尼迦」)，我們自然會把這裏的「**勇氣**」理解為在逆境中仍願盡忠職守的心。但是，其實無論在何環境下宣揚福音，都需要勇氣，因為福音本身的信息是無可避免地與不信者的信念相抵觸。

你可曾在備受多方阻撓的處境中仍傳揚福音？當時有甚麼動力使你堅持傳福音的意向？

使徒需要勇氣，這並非出於他們自己的能力或自我的磨練。使徒的勇氣來自「**我們的上帝**」。就如在教會成立的初期，耶城的使徒在耶路撒冷聚會，同心禱告，祈求勇氣，可以在威脅恐嚇他們的猶太教領袖面前放膽傳講福音(徒四23～31)；同樣，保羅亦向上帝不斷地祈求勇氣。勇氣和膽量若不是來自上帝，福音不可能被傳開。

甚麼情況會使你收回向別人傳福音的念頭？

保羅在腓立比城

腓立比是羅馬的一個殖民地區和軍事基地，可謂是帝國首都羅馬的前哨站；而對保羅來說，由於它是福音進入歐洲的首個城市，所以亦彷如上帝國度降臨的前哨站(徒十六16～40)。這地只有很少猶太人居住；怪不得路加在這裏並沒有提及來自猶太人的迫害，而在他們逗留的日子中，所提及的人物亦全都是外邦人。因為猶太人少，那裏並沒有會堂，只有一些猶太人慣常聚集禱告的地方。

之後，保羅把附在一名女奴身上的邪靈趕走，使她失去占卜的能力，也斷了她的主人們的財路，因而惹來公憤。保羅更被人引用羅馬的宗教法規加以指控，結果保羅和西拉雙雙被捕，遭受鞭打和監禁。然而，這反而成就了他們向一名獄卒和他全家傳福音的機會。那句家傳戶曉的話：「信主耶穌，你和你一家人就會得救。」(十六31)就是保羅和西拉給那名獄卒的呼召。

無論是現代社會抑或古代社會，先打後審是很多官長辦案的典型方式；人權在古代社會可謂從未被尊重過。腓立比的官長大概以為保羅和西拉是一般的猶太人，所以本想用武力警戒後，就釋放他們。然而，保羅和西拉不服；經過一輪交涉後，他們才離開。

人們事奉上帝，不都有純正的動機；當不良的動機暴露出來，基督的工作就會受到影響。因為這緣故，保羅如此執著於別人如何看他和他的同工。

使徒的第二個特徵是他們的正直。保羅在二章3至6節中描寫了這種正直的品格。使徒傳福音，不是「出於幻想或**不良的動機**」(3節）、不是想「欺詐甚麼人」(3節），也不是要「討好人」(4節）或「說諂媚的話」(5節），也「沒有藏着貪婪的念頭」(5節），因為他們不是要討人的歡心②，而是要取悅上帝（4節；另參加一10）。他們不像某些狡詐圓滑的推銷員，為了達成交易而不擇手段。真正的使徒知道，處理事情的策略或手段反映目標本身。如果單是為了説服他人、獲得他們的認同或支援，這些策略最終是沒有果效的。保羅強調他和同工都是存著純潔的心去傳福音的，所以上帝委任了他們。留意4節：

> 上帝信任我們，把傳福音的任務付託我們。因此，我們只說他要我們說的話。我們不討好人，只求取悅那位察驗我們內心的上帝。

保羅有時也會因應別人的需要而改變自己的工作方式或態度（林前九19～23），然而，他從不企圖討好人。要分辨兩者有時非常困難，你曾否有這方面的經驗？

上文的「信任」和「察驗」其實是同一個詞，前者較為著重「察驗」的結果，而後者則強調其過程。因為那位察驗人內心的上帝在察驗保羅和他的同工之後，確認他們是可信任的，就把傳福音的任務付託他們，因此他們要向這位上帝負責。保羅的意思是：他們去傳福音是被上帝差遣的，倘若他們在傳福音的事情上心存不軌，那麼，難道是上帝的察驗過程出錯了嗎？這是不可能的！③

使徒的第三個特徵，也是使徒與信徒之間關係的特徵。保羅在一章2至10節已經表達過這種關係，保羅在這裏再次提及這種關係，用生動的形像描述他和他的同工在與帖撒羅尼迦人的交往中扮演的角色。他們「**溫柔地**」④對待帖撒羅尼迦人，如同母親撫育自己的孩子（7節），而在11節，保羅又説，他們像父親待自己的兒女一樣，勸勉帖撒羅尼迦人，囑咐他們各人。

在宗教範疇裏，威嚴往往代表權柄，反之，溫柔這種性情卻被我們的社會忽略。其實，溫柔是愛的表現，體諒是尊敬的實踐，都是教會領袖必須多多學習的功課。

這3個特徵所表現的形像有一個共通點：使徒是胸懷坦蕩，卻又容易受傷的（vulnerable）。在這段經文中，使徒不是一個有雄才霸氣的人物，純粹憑藉著個人的號召力傳達信息，而是受人侮辱，從中領受上帝所賜的勇氣；被人毀謗，卻仰望那察驗人心的上帝；像母親般對待信眾，但不求人的稱讚。作為使徒，保羅必須與其他人建立深入的關係，甘願承擔受辱的可能和被拒絕的痛苦，為要把福音的真理傳給別人。難怪保羅在總結這段經文時，説當時「**為了愛你們，我們不但願意跟你們分享從上帝來的福音，連我們的生命也願意給你們，因為你們是我們所疼愛的**」（8節）。今天，有多少人能為教會的羊羣説出這番話呢？

保羅並沒有告訴我們帖城當中信主的人數，他只是很簡單地表示：「**我們去訪問你們並不是沒有效果的**」（1節）。這種「雙重否定」的表達方式是一種修辭技巧，在中、英文中也會使用，而這裏的意思是「很大的果效」。但這不一定指信主人數很多，因為保羅在衡量使徒工作結果之同時，更看重信徒真誠的回應。

3.2. 保羅繼續憶述在帖城的工作(二9～16)

對教會的支持，金錢的奉獻是非常重要的部分，但教會勸導弟兄姊妹奉獻時要特別小心，尤其不要讓非信徒以為，奉獻金錢與聽福音或返教會掛鈎。

保羅在8節已指出他和一班同工如何「連我們的生命也願意給你們」。在這裏，他繼續憶述他們在帖撒羅尼迦的作為，如何「日夜辛勤工作」(9節)，自給自足，在經濟上不成為帖撒羅尼迦人的負擔。保羅曾經是製造帳棚的工人(徒十八3)，他在帖撒羅尼迦的時候，大概也曾從事製造或修理帳棚及其他的工作。保羅等人「日夜辛勤工作」，這可能暗示帖城信徒並不多，亦可能暗示他們的經濟狀況不佳。但無論如何，正如保羅在哥林多前書所說，他的傳福音使命是要叫人不花錢得福音(林前九18)，這確實與當時的江湖騙子大相徑庭。

保羅在帖撒羅尼迦人中聲稱自己是「純潔、公正、無可責備」(10節)的，那麼，難道不完全的人就不能傳福音嗎？你認為如何呢？

此外，保羅又重申「基督的使徒」(7節)的正直。他甚至請上帝作證人，證明保羅等人的行為「都是純潔、公正、無可責備」(10節)的，又重複前面引用的「父母親」的意象，把使徒比作悉心照顧自己兒女的父親，「鼓勵你們，安慰你們；……不斷地勸勉你們」(12節)，為要他們的行事為人「蒙上帝的喜悅」(12節)。只有基督徒才能真正以討上帝喜悅作為人生觀，因為是上帝呼召信徒來分享祂的主權和榮耀。值得留意的是，保羅表示這種擁有帝皇之尊的統治權和榮耀，是信徒現在就開始享有的，無須等到將來。

儘管保羅強調他與帖撒羅尼迦信徒在基督裏的關係，最重要的還是信徒必須視使徒所傳的福音為上帝的真道，而不是人的話語(13節)。帖撒羅尼迦人所得到的，不僅是與保羅和他的同工的關係，而是基督耶穌的福音。

在二章13節，保羅又為讀者感恩：

> 我們也常常感謝上帝；因為我們所傳的信息，你們聽見了，領受了，並不以為是領受人的信息，而是領受那確確實實出自上帝的信息；因為上帝在你們信的人當中工作。⑤

這節經文很有趣地把傳福音者和福音的關係帶出來。在傳福音的過程中，我們最喜歡見到的情境是「有人傳，有人聽，有人信」，然而，保羅説這還不夠！因為更重要的，是接受福音的人相信這福音不是「人」的信息，而是「確確實實出自上帝的信息」。保羅完全了解使徒或傳道者的職責所在。他明白人們會因為佈道者或傳道者的行為正直，而對這福音產生好感，但信主的人的信念斷不能建基在傳道者的正直行為上。此外，雖然佈道者或傳道者的口才可以令聽道的人更容易了解上帝的話，但人只是福音的代言人，不是福音本身。

一個真正的傳道人從不誇耀自己的行為，惟獨宣揚上帝在耶穌基督裏的作為。正因為帖城信徒對福音的反應，所以保羅認為「上帝在你們信的人當中工作」，就如在一章4節中所説：「我們知道上帝愛你們，揀選了你們」。

在某程度上，13至16節與一章2至6節（或10節）是平行的；不同之處在於保羅在13至16節更具體地憶述昔日發生的事情，具體地道出他們處境的危險，就是遭到本地人的迫害，像猶太基督徒在猶太人手中受苦一樣。保羅沒有多費筆墨描述所發生的事，大概可能就是使徒行傳十七章5節中所記載的，一羣市井無賴受到當地猶太人的煽動，掀起一場混亂。

今天，在信仰上被自己同胞逼迫並不足為奇，但被「自己人」逼迫是最難受的，你曾否有這方面的經歷呢？

一講到猶太基督徒也受過「自己同胞的迫害」，保羅自己也激動起來：

經文並沒有清楚指明是哪些先知，類似表達方式也見於司提反的辯駁中(參徒七52)。

[15]那些猶太人殺了主耶穌和**先知們**，又驅逐我們。他們冒犯上帝，也跟全人類為敵！[16]他們甚至要阻止我們向外邦人傳講那會使外邦人得救的信息。這樣，他們不斷地累積自己的罪，惡貫滿盈；上帝的義憤終於臨到他們的身上。(15～16節)

在14至16節中，保羅用非常嚴厲的詞句評論猶太人「冒犯上帝」(意思是「不討上帝的喜悅」⑥)，甚至「累積自己的罪」、「惡貫滿盈」，遭致上帝的憤怒。這些話通常只會用來形容外邦人，保羅在這裏用在猶太人身上，實在令人震驚。保羅在這裏的描述與羅馬書九至十一章關於猶太民族(或以色列家)的經文形成強烈對比；保羅在羅馬書中不單表達出對猶太同胞的深切摯愛，表示為他們萬死不辭(羅九1～3，十1)，更預言「以色列全家」都要得救(羅十一26)⑦。

保羅對猶太人的愛恨

恨與愛，審判與盼望，在理論上是水火不相容的，但在感性上卻是編結交織，難分難解。保羅的心情，就如他所提到那些遭猶太同胞殺害的先知們的心情一樣。

在舊約聖經裏，上帝與以色列人在西奈山立約，如果他們守約便會蒙上帝賜福，如果背約則會為民族帶來詛咒(申二十八章)。當以色列人離棄上帝時，先知屢次勸他們悔改回到上帝的約裏，可是忠言逆耳。耶利米先知在自己同胞手下的慘痛經歷，是一個明顯的例子。耶利米深愛自己的同胞，鞠躬盡瘁地向他們傳揚上帝的信息，呼喚他們回轉得生命，但換來的只是他們對上帝更強硬的拒絕和對先知自己更淩厲的攻擊。面對如此恩將仇報的冤屈，耶利米憤怒地宣告——甚至祈願——上帝將對那些背信棄義的以色列人施行毀約所帶來的審判(耶十八18～23)。

然而，當耶利米的民族情懷被觸動，思想到上帝立約的愛和信實時，他又對以色列民族的前途滿懷盼望(參耶三十一31～34，三十三19～26)。這種愛恨交織的矛盾心情，固然不是局外人容易了解的，更不能將之邏輯化。同樣，我們要明白，帖撒羅尼迦前書**二章14至16節**是保羅在傳道事工上遭受極大的逼迫與挫折時寫下的，其中宣洩了他的難過、沮喪，甚至憤怒，以至他像先知耶利米一樣，向猶太民族宣告他們與上帝毀約要面臨的審判。至於羅馬書九至十一章(特別是羅十一16～18、25～32)，則是後期保羅心情比較平靜時對上述問題較為全面的神學分析，描述上帝對猶太人的旨意和立約的信實。

可悲的是，歷史上有不少人引用二章15節，將所有猶太人一概視為「殺害基督者」，但卻忘記了保羅和耶穌也是猶太人。這論調無疑為了使迫害猶太人之行徑合理化，甚至被視為神聖。這成為了教會歷史裏極其醜惡的一面。

要留意16節的最後一句：「上帝的義憤終於臨到他們的身上」(《和合本》譯作「上帝的忿怒臨在他們身上已經到了極處」)，保羅絕不是要正式判定猶太人在上帝面前最終的地位，而是他對自己民族中某些人的行為感到非常失望和不滿。這句話反映了猶太教中一些末世的思潮，認為世界按著上帝預定的進程發展，慢慢步向終結(但八23～25；《馬加比二書》6.14)。

保羅的憶述

從一章2節至二章16節，保羅記述他早前在帖撒羅尼迦佈道的情形，目的不是為了記錄這段經歷，也不是要藉此吹噓自己的能力，而是表明自己是毫不忌諱的，讓帖城教會來評論他的為人。因此，這一兩章中不時出現「你們都知道」或類似的字句(如一5，二1、2、5、9、11，另參三3、4)，為要挑起帖城信徒的回憶。這等字句的作用，是要邀請讀者來評理。以讀者為證(二10)、以上帝為證(二5、10)，保羅要聲明自己是清白的。

這種表達方式明顯給讀者帶來一定的壓力(某程度上，這即是說：若他們中間有人懷疑保羅，他們想想就知道自己是錯的)，但亦為保羅帶來莫大的重擔(倘若他有絲毫不合宜的行為，整番辯護都會付諸流水)。

釋經短註

① 使徒是接受了差派、要負責某項特別工作的人，或是某個執掌強權者的代表。在新約聖經中，「使徒」這名稱通常指耶穌特別揀選的十二門徒。由於耶穌曾經向保羅顯現(徒九1～19)，因此保羅也可以稱為使徒(林前九1～2；加一15～16；保羅強調這是很特殊的情況，參林前十五8)。

②「不是出於幻想……也沒有求別人的」(二3～6)：保羅在這裏所用的詞句既反映當時一些江湖騙子(名為「哲學家」)四處「佈道」詐騙所用的手段，亦說明他本人是一位「理想」和「正直」的哲學家並知識分子，他真誠的心與自己所教導的福音相稱。

③「我們身為基督的使徒，本來有權要求你們的尊重」(二7上)：《現修》把這句(7節上)與下句(7節下)相連，意思是：本來保羅等人可以要求，但他們倒以溫柔……。不少譯本都反映這種理解。然而，按原文聖經，這句應與前句(6節)相連，參《和合本》的翻譯：「我們作基督的使徒，雖然可以叫人尊重，卻沒有向你們或向別人求榮耀」。

④「溫柔地」：有些早期抄本在這裏有另一個語句，意即「如嬰孩一樣」。按經文鑒別的原則，這個語句有頗大的可能性。果真如此，則保羅在這段簡短的經文中，運用了3個不同甚至矛盾的形像來表明使徒的職責：使徒是軟弱無助的嬰孩，使徒如同溫柔的母親撫養自己的孩子，使徒像父親悉心保護自己的孩子。

⑤「我們也常常感謝上帝；……」(二13)：《和合本》在這裏的翻譯：「為此，我們也不住的感謝上帝，因……」，是令人誤解的，以為「此」是指上文的保羅勸勉的話，但原文其實是指「因為……」這句子的內容。因此，《現修》的翻譯較好，參《新譯本》：「我們也為*這緣故*不住感謝上帝，*因為*你們接受了我們所傳的上帝的道，……」。

⑥「冒犯上帝」(二15)：《和合本》譯作「不得上帝的喜悅」(《新譯本》同)似乎顛倒了施事者和受事者。

⑦「那些猶太人……臨到他們的身上」(二15～16)：鑒於這段經文與羅馬書的內容有明顯的出入，有些學者認為，14至16節並非保羅所寫的，乃是在公元70年間耶路撒冷城為羅馬軍隊所毀時，由後人添加上的；然而，這推測並無相關證據支持。

溫習問題

1. 仔細閱讀帖撒羅尼迦前書二章1至6節。有甚麼藉口可以叫保羅不必向帖撒羅尼迦人傳福音？(1～2節；另參徒十六章)
2. 保羅在一和二章經常用「你們都知道」或類似的字句(一5，二1、2、5、9、11)，你認為保羅有何用意？
3. 保羅認為身為基督的使徒應有哪3種特徵？(參2、3～6、7、11節)它們有何共通點？
4. 從保羅記述他在腓立比傳道的情況中，你能否看出保羅是如何堅持、不怕困難而繼續傳道呢？他和他同工的勇氣從何而來？(2節)
5. 保羅被指責為「說諂媚的話」及「貪婪」(5節)，你認為原因何在？
6. 保羅認為怎樣可以察驗一個信徒是否帶著純正的動機傳福音？
7. 保羅認為傳道者與聽福音者之間的感情，要深入至甚麼程度才算足夠？(7、11節)
8. 在二章13節中，保羅提到信主的人應將信仰建基在哪裏？又要避免些甚麼？
9. 帖撒羅尼迦人與別人分享福音時，面對甚麼困難？(14～16節)保羅又如何鼓勵他們不要放棄？
10. 在14至16節中，保羅用了非常嚴厲的詞句來評論猶太人。你能否從中體察出，保羅對自己的同胞抱著怎樣的一種心懷？

第四章

對信徒的關懷

（二17至三13）

- 保羅迫不得已地離開
- 提摩太到訪
- 提摩太的匯報
- 保羅的禱告

經文

保羅希望再訪問帖撒羅尼迦教會

2 17弟兄姊妹們，我們跟你們暫時分離，不過是身體的分離，我們
的心並沒有離開過你們。我們非常想念你們，迫切盼望再見到
你們！18我們很想再到你們那裏去。我——保羅不只一次想回去探
望你們，可是撒但阻撓了我們。19你們是我們的希望，我們的喜樂。
在我們的主耶穌再來的時候，我們所要誇耀的冠冕不正是你們嗎？
20你們的確是我們的光榮和喜樂！

3 1所以，我們不能再等下去，終於決定繼續留在雅典，2而派我們
的弟兄提摩太到你們那裏去；他是我們為上帝傳揚基督福音的
同工。我們派他去的目的是要堅固和幫助你們的信心，3使你們當中
不會有人因受迫害而退縮。你們知道，這迫害也是我們所必須經歷
的。4跟你們在一起的時候，我們已經預先告訴你們關於我們將受迫
害的事。現在所發生的跟預料的正相符；這是你們所知道的。5因此，
我才派提摩太去；我不能再等了。我派他去，為要知道你們的信心
到底怎樣。我不相信魔鬼已經誘惑了你們，而我們的工作落了空！

6現在，提摩太已經從你們那裏回來了；他帶來有關你們信心和
愛心的好消息。他說你們常常在想念我們，迫切希望見到我們，正
像我們迫切希望見到你們一樣。7所以，弟兄姊妹們，我們在一切
患難困苦中，因着你們的信心而得到鼓勵。8如果你們對主有堅定
的信心，我們現在可真的是在喘氣了。9我們可以為你們感謝上帝。
我們感謝他，因為你們使我們在他面前得到喜樂。10我們日夜向他
懇切祈求，讓我們能夠親自去看你們，來補足你們在信心上的需要。

11願上帝——我們的天父，和我們的主耶穌親自開路，讓我們
能夠到你們那裏去！12願主使你們有彼此相愛和愛人類的心，並且
日益增長，正像我們熱切地愛你們一樣。13這樣，他會使你們心志
堅定，在我們的主耶穌和他的信徒們來臨的時候，能夠在我們的
父上帝面前聖潔，沒有缺點。

保羅從初次訪問帖撒羅尼迦教會的回憶中，轉到他昔日與信徒分離的情況。保羅向他們保證自己絕對沒有忘記他們，相反，他是何等愛他們和時刻想望再見他們，只是遭受撒但的阻撓不能成行而已。無論如何，保羅懇切地禱告上帝，讓他有機會重回帖城與信徒相聚，並祈望他們「有彼此相愛和愛人類的心，並且日益增長」(三12)，以致「在我們的主耶穌和他的信徒們來臨的時候，能夠在我們的父上帝面前聖潔，沒有缺點」(三13)。雖然保羅的同工提摩太在探訪帖撒羅尼迦教會後，曾經向保羅稱許當地信徒的信心，但保羅還是希望再次親自探望他們。這表明保羅不是單單關注他傳道的果效，也極其重視自己與信徒所建立的屬靈關係。

4.1. 保羅迫不得已地離開(二17～20)

從17至20節，保羅表達了離別帖城之苦和重返帖城的迫切願望，並再次展現了他與帖撒羅尼迦人的關係的另一層面。

保羅在17節寫道：「我們跟你們暫時分離」，文中「分離」一詞是具圖象性的動詞，《呂振中》譯作：「我們既『如喪失父母的孤兒』和你們暫時地分離」。對那些視保羅為信徒之父，並固守等級觀念的人來說，這句話令人覺得不可思議。作父母親的不是保羅(參7、11節)嗎？被撇下的不是帖城信徒嗎？保羅等人為何因為離別帖城信徒而成了「孤兒」呢？

保羅經常向由他帶領歸主的信徒表達他的情感(參林後一14，七4、14，八24，九3；腓二16，四1；帖後一4)。

正因為保羅運用的這個意象與他一貫所用的有別，所以保羅可能是故意借用那些攻擊他本人的詞語。別人指責保羅傳福音後隨即離開，音訊全無，使他們被棄為「孤兒」，但保羅說，不！那真正成為孤兒的不是帖城信徒，而是保羅等人！**在感情上**，保羅要指出，並非帖城信徒依賴保羅等人，而是保羅和他的同工依賴著信徒，這是因為帖城信徒的成長實在令保羅等人太過害怕會失去他們。

承接這種被迫分離的情景，保羅強調這種分離只是表面的，只是身體上而非心靈上的分隔。保羅等人確實非常渴想回到帖城去與帖城信徒重聚。保羅說：「我——保羅不只一次想回去探望你們，可是撒但阻撓①了我們」(18節)。今天有些信徒把人世間所發生的事情的起源兩極化，簡化為上帝和撒但的作為：好事歸上帝，壞事歸撒但。但保羅在這裏把這些阻撓歸咎於撒但，並非反映這種觀念，而是反映一種神學觀念，就是隨著世界終結的來臨，上帝和撒但之間的敵對情況亦愈來愈激烈(見下文的討論)。撒但的敵對表現中，最明顯的是要阻撓任何類型的福音工作(參羅十六20；林後二11，十一14，十二7)。保羅這樣說並非誇張，而是把每一次傳福音的經驗都視為一場屬靈的爭戰。

然而，保羅很快又以父親的身分說話：「你們是我們的希望，我們的喜樂……我們所要誇耀的**冠冕**……你們的確是我們的光榮和喜樂！」(19～20節)就如一個父親誇耀自己孩子的成就一樣。配合全書盼望主再來的濃厚氣氛，這些字句並非只表達保羅心理上的安慰，而是顯出保羅相信在主再來時，帖城信徒的成就會證明保羅所做的「並不是沒有效果的」(二1；另參腓二16，四1)。

從前在古希臘的運動比賽中，奪得冠軍者會獲贈用新鮮樹葉造的冠冕，保羅所指的「冠冕」，可能就是這一種。

4.2. 提摩太到訪(三1～10)

保羅急速地離開帖城到雅典去(參徒十七15)，被迫與帖城信徒分開，心裏當然非常不好過。他大概本來想等帖城的氣氛緩和下來後，再返帖城繼續工作，但一天、一個星期，甚至可能經過一個月後，保羅等人「不能再等下去」(1、5節)。其實，保羅是説：「不能再忍」(《和合本》)，他擔心逼迫(3節)可能會逐漸削弱帖撒羅尼迦信徒的信心，所以隻身留在雅典(1節；參徒十七15)，並差派「我們的弟兄……我們為上帝傳揚基督福音的同工」(2節)提摩太返回帖城。提摩太到訪帖城的目的是：「要堅固和幫助你們的信心，使你們當中不會有人因受迫害而退縮。」(2下～3節)

保羅在這裏花了不少筆墨介紹提摩太：「我們的弟兄」、「他是我們為上帝傳揚基督福音的同工」。值得留意的是，在使徒行傳(十七1～15)的敍述中主要提及西拉，提摩太的名字要在十七章14至15節才被提及。這可能意味年輕的提摩太在這次旅程的貢獻並不如年長的西拉那麼顯著。在新約聖經裏，每當西拉和提摩太兩個名字並列出現時，西拉往往都列在提摩太之前(參一1；徒十八5；林後一19；帖後一1)。保羅可能恐怕提摩太人微言輕，不受尊重，所以特別著墨介紹他，表明提摩太其實是代表著保羅本人重訪帖城。

人們信奉宗教都是為要得到平安，但我們的信仰卻把苦難與福樂緊扣在一起，你對此有何意見？

儘管有些人的信仰歷程事事順利，處處經驗到上帝的賜福，但對於帖城的信徒來説，事實並非如此。保羅是被迫離開帖城的，他當然亦預料到在他離開後，這些迫害會持續一段日子，而「現在所發生的跟預料的正相符」(4節)。然而，保羅亦可能是從神學角度預料這些事情是必定發生的。1世紀的猶太教中似乎流行一個觀念，認為上帝的子民必須先忍受苦難，彌賽亞才回來。這明顯是新約一貫的教訓，也是出於耶穌自己的教導(可十三9～13；約十五20；徒十四22；羅八17；帖後一4～10)。

保羅在這裏表達了類似的末世觀：「這迫害也是我們所必須經歷的」(3節)②，《和合本》則譯作「我們受患難原是命定的」。這種經歷的必須性與前面提及保羅被迫與信徒分離，又被撒但阻撓的經歷平行起來；人儘管不能阻止這些事情發生(這就是中國人所說的「命中註定」)，但可以靠著上帝的力量勇敢面對。

這個世界到處是福音的敵對者，苦難是不可避免的。人類的本性就是這樣，有時要經過苦難才會知道內在的潛能；人的一些素質只有在經歷困苦時才會表現出來。當我們身處逆境時，具備這些素質的人是非常寶貴的。因此，苦難是鍛煉基督徒活出基督的樣式的一個重要過程。

值得留意的是，經文中的主語由「你們」(指帖城信徒)變成「我們」(指保羅等人和帖城信徒)。某程度上，帖城信徒的遭遇也將他們與保羅等人之間的距離拉近了。這確實見證保羅所說的：「一個肢體受苦，所有的肢體就一同受苦；一個肢體得榮耀，所有的肢體就一同快樂。」(林前十二26)

「魔鬼」一詞原來在希臘文的意思就是「誘惑者」；在聖經的用語中，「魔鬼」與「撒但」通用。

保羅在5節又重複1節所說的話，前面說提摩太此行的目的是：「要堅固和幫助你們的信心，使你們當中不會有人因受迫害而退縮」(2下～3節)，但這裏卻說：「為要知道你們的信心到底怎樣。我不相信**魔鬼**已經誘惑了你們，而我們的工作落了空！」(5節；《和合本》譯作「……恐怕那誘惑人的到底誘惑了你們，叫我們的勞苦歸於徒然」)文字表達上雖然有分別，但其中含意卻是一致的。前者反映保羅較為客觀和理想的想法，但5節卻反映保羅主觀的感受和實際的情況。作為牧者，保羅的心情是複雜的：自己既離開了，又沒有他們的音訊，保羅確實擔心他們那起初的信心現在如何，但回想昔日與他們相處的短短日子中，他們的生命如何被上帝改變過來(一章)，理應可以經得起這些來自魔鬼(就是那誘惑人的)的迫害，但心裏又的確恐怕——難道自己與同工的工作是徒然(5節「我們的工作落了空」③)的嗎？！

為福音受苦

你曾為福音的緣故，被朋友嘲笑或被家人為難嗎？

保羅在帖城的事奉自始至終離不開受逼迫。他提醒讀者，他在前一站腓立比已經受到迫害和侮辱，被人打得遍體鱗傷(二2；參徒十六22～24)。他在帖城時，身上的傷痕大概還未痊癒，但他仍然勇往直前去傳福音，為要取悅那位察驗我們內心的上帝，報答祂的揀選和付託(二4)。

不單如此，保羅期望每一個信徒都能為主受苦，因為這是效法使徒和基督的自然結果(一6，二14～15)。帖城信徒是在遭受逼迫的情況下信主的，而更令人難受的是，他們是被自己同胞迫害的(二14)。信徒能夠堅忍所受的苦難，是因為他們領受的福音並不是出於人的信息，而是確確實實出自上帝；福音不僅是屬靈的雞湯，更是令人脫胎換骨的靈藥，使弱者成為剛強，懦夫成為勇敢的殉道者。

我們為福音所受的苦絕不是徒然的，上帝必然賞報。有一天，教會終必分享主耶穌基督的榮耀。這不是說，受苦使我們贏得天國，而是我們在一切患難逼迫中的堅忍忠貞，表明了上帝在我們生命裏的恩典工作(帖後一11～12)，令我們配得享受上帝國的福澤(帖後一5)。

雖然現時惡勢力好像橫行無忌，但報應的日子終有一天會臨到(帖後一7～8)。在現今的世界裏，公平不一定存在，義人常常受苦，惡人卻往往亨通。但上帝是公平的，主再來的時候，他的公義必會完全彰顯出來。而在等候的階段中，我們可以將自己完全交託給這位良善信實的上帝。

4.3. 提摩太的匯報（三6～10）

正當帖城信徒的信心日漸增加，來自當地居民的逼迫（原來是由猶太人煽動的）就接逐而來。就在這個時候，保羅等人便離開了，所以難免有人會以為保羅是那種貪生怕死的人，而保羅亦恐怕信徒的靈命從此一蹶不振。

提摩太的匯報令保羅鬆了一口氣，他帶來了好消息④，是有關帖城信徒對主耶穌基督的信心和對保羅等人（甚至是其他信徒）的愛心的⑤。保羅等人很著意帖城信徒有否思念他們，因為這可證明他們是否諒解和接納保羅，對他昔日急忙離開帖城是否心存芥蒂。這消息固然使保羅在雅典面對困難當中得到鼓勵⑥，但最令他感到安心的是知道他們「對主有堅定的信心」（8節）⑦，他的努力沒有白費。

你認為提摩太在探訪中還向帖城信徒提供了哪些進一步的幫助？你又如何向遭受苦難的人表示愛心呢？

保羅在9和10節再強調帖城信徒的信心使保羅感到非常安慰和喜樂⑧。保羅迫切地祈求，希望能夠早日親身到訪，以彌補他昔日急促地離開時在教導上的不足之處。文中提到「補足你們在信心上的需要」（10節），並不一定含有斥責的意思（參一8），但亦明顯暗示提摩太的匯報揭露了教會當中的一些問題。這明顯為此信的後半部分（四1～五22）的討論鋪路。

4.4. 保羅的禱告（三11～13）

保羅的祈求有兩個主旨，一個是臨近的（11節），另一個是遙遠的（12～13節）。在臨近的祈求方面，保羅向「上帝——我們⑨的天父，和我們的主耶穌」祈求能重訪帖城。既然之前保羅曾多番嘗試返回帖城，但受撒但的「**阻撓**」，保羅就祈求上帝和主耶穌能「**親自開路**」(原意直譯作「把路修直」)。在保羅寫完帖撒羅尼迦前書和帖撒羅尼迦後書兩封信不久後，上帝應允了他的祈求(林前十六5；林後二13，八1～2)。

在遙遠的祈求方面，保羅則只提及「**主**」，即「主耶穌基督」；12和13節在原來希臘文是一整句話，是沒有分開的，並以「耶穌再來」時作為背景。在基督徒的信念中，所有事情都是朝著這個預定的結局而發展的，就是「**我們主耶穌和他的信徒們⑩來臨的時候**」(13節)，而在這部分的禱文中，保羅亦是從邁向這結局的方向來檢視信徒應有的生活。這部分的祈求有兩點，剛好可以用兩個在整封信中多次出現的詞語(及它們的同源詞)代表：「**愛心**」和「**聖潔**」；這兩點亦是四章1至12節保羅勸誡帖城信徒的內容。

自帖城教會的成立開始，帖撒羅尼迦信徒的生命就已充滿了愛心。保羅依然記得他們如何「**把所信的實行出來，……以愛心辛勞工作……堅守對我們的主耶穌基督的盼望**」(一3)。提摩太的消息證實了他們依然如此，這促使保羅向上帝祈求，叫他們的愛心能夠「**日益增長**」(三12)。保羅提到有兩個方向尤值得信徒注意：

1. 信徒必須「**彼此相愛**」(12節)。在基督徒會眾中，信徒要彼此關懷，鼓勵沮喪的人，提醒游手好閒的人。為了完成更偉大的福音事工，我們不能忽視教會成員彼此之間相處的情況。無論情誼深厚或膚淺，無論彼此間是和平或紛爭，教會的內部生活都將成為一個見證。問題是這到底是一個怎樣的見證？
2. 信徒必須有愛「**人類**」(12節)的心。教會與世界之間的界線，不是要為我們分辨應當愛哪些人，或忽略、鄙視哪些人。上帝的國度是包容而不是排外的。因此，信徒需要關心自身的需要和以外的人和事。而所謂要劃清界線，是指信徒要恨惡這世界中敵擋上帝的觀念與行為。

經文中第二個重要的詞是「**聖潔**」。這個詞及其同源詞在這封簡短的信中出現多達6次（二10，三13，四3、4、7，五26）。聖潔是區別基督徒與這個世界的生活屬性。「**信徒們**」是被上帝揀選和分別出來的人，當耶穌再來的時候，他們在上帝面前是無可指責的。

有一點特別值得注意，「**聖潔**」有兩次是在祈求的禱告中出現的（三13和五23，「成聖」可理解為「使之成為聖潔」）。我們發現，惟獨上帝能使人成為聖潔，使聖徒在耶穌再來的時候無可指責。祂就是那位曾差遣獨生子道成肉身來到這個世界，並要差他再來的上帝。無論我們個人如何努力遵守道德規範，也不能成為聖潔。聖潔是上帝的恩賜。

關於「聖潔」這點，讀者可繼續參考下文5.1.「聖潔生活」（四3～8）的討論。

釋經短註

① 「撒但」是希伯來語，意思是「敵人」，在《七十士譯本》（舊約的希臘文譯本）被翻譯為「魔鬼」，意即「控訴者」（跟三5的「魔鬼」是兩個不同的字）。

② 經文中的動詞「經歷」（《和合本》譯作「命定」）帶有被動的意思，其施事者為上帝，即是上帝要他們經歷種種苦難和迫害；相同用法亦可見於路加福音二章34節和腓立比書一章16節。此外，腓立比書一章29節：「你們得到特權來事奉基督，不只是信他，也要為他受苦。」也表示為基督受苦是信仰中的重要環節。

③ 「落了空」（三5）：在希臘文裏，這裏所用的字詞與二章1節的「沒有效果」都是一樣的。

④ 「帶來……好消息」（三6）：原文所用的動詞意即「傳福音」，保羅在這裏用這個詞語

大概沒有特別意思，但讀者可能會把帖城信徒的反應與「福音」的精神相連起來。

⑤「信心和愛心」（三6）：保羅沒有提及「盼望」（參一3），可能是故意的。這點留待四章13至18節再討論。

⑥「在一切患難困苦」（三7）：保羅這裏所指的，是他一直以來的經歷，並非單指他在雅典的經歷；按使徒行傳十七章16至34節所提供的資料，保羅在雅典其實沒有遭遇甚麼逼迫，只是在傳福音上所結的果子不多。留意「患難」一詞，在原文裏，有希臘文詞典認為應該譯作「壓力」；這可能更配合保羅在雅典時的情況。

⑦「如果你們對主有堅定的信心，我們現在可真的是在喘氣了」（三8）：參《和合本》譯作「你們若靠主站立得穩，我們就活了」。表面上，《和合本》的翻譯確實較能反映字面的意思，但全句的意思卻未能表達清楚，而《新譯本》的「我們就可以活下去了」亦不見得是很清楚的表達；這兩個翻譯的意思並不清晰。一般譯作「活」的字，在這裏可能是帶有「康復」的意思。例如約翰福音四章50節，耶穌對那名官員說：「去吧，你的兒子會活的！」意思是：「你的兒子會康復的」（另參四51、53；可五23）。在帖撒羅尼迦前書這段經文中，保羅當然並非暗示他原來是患病的，如今康復了，而是指帖城信徒的形勢「醫治」了保羅原來的擔憂，令他可以鬆一口氣。因此，《現修》的翻譯雖然似乎偏離了原文的詞句，但卻更能把其意思翻譯出來。

⑧ 9和10節在原文是同一句，參《呂振中》的翻譯：「我們為了你們的緣故、在我們的上帝面前、大大喜樂（黑夜白日、格外懇切地祈求、要見你們的面、來補你們信心的缺欠）；在這一切喜樂上、我們能用何等的感謝來為你們報答上帝呢？」這兩節所引出的問句，是一種表達了讚歎的問句。

⑨ 參本篇第二章釋經短註②。

⑩「信徒們」（三13）：原文一般譯作「聖徒」。這詞在舊約聖經中經常指上帝的子民，即以色列人（出十九6；但七18），但這裏則用來指基督徒。

溫習問題

1. 閱讀二章17節至三章13節。在這段經文中，有哪些證據可以證明保羅確實愛帖撒羅尼迦人？(參二17、20，三2、5、10)
2. 保羅在二章17節用「分離」這詞帶有甚麼意思？這詞表示了保羅與帖城信徒的關係如何？
3. 保羅為了甚麼事情而憂慮，因而派提摩太去帖撒羅尼迦(三2～5)呢？
4. 保羅為何認為信徒「必須經歷」困苦，才能提高生命的素質？
5. 保羅事先如何教導帖撒羅尼迦人為會遇到的困難作準備？(三4)
6. 為甚麼提摩太的報告對保羅來説是個好消息？(三6～8)
7. 保羅的禱告包含哪兩方面的祈求？這些祈願如何反映出保羅的愛心和關懷？
8. 在「愛心」的學習上，保羅期望帖撒羅尼迦人有怎樣的愛心？(三12)
9. 保羅如何以身作則，幫助帖撒羅尼迦人的愛心能夠「增長、充足」？(三12)
10. 在「聖潔」這真理上，保羅如何以末世的觀念詮釋？

第五章

有關基督徒行為的勸勉

（四1至12）

- 聖潔生活
- 人際關係

經文

上帝所嘉許的生活

4 [1]末了，弟兄姊妹們，你們已經從我們學到了怎樣在生活上討上
帝的喜歡——其實，你們一向都這樣做；現在，我們奉主耶穌
的名勸勉你們，要求你們必須更加努力。[2]你們都知道，我們藉着
主耶穌所教導你們的是甚麼。[3]上帝的旨意是要你們聖潔，絕對沒
有淫亂的事。[4]每一個人要曉得依照聖潔合宜的方法控制自己的身
體①，[5]而不是憑着情慾，像不認識上帝的異教徒那樣。[6]在這種事
上，不可以有對不起同道或佔他便宜的行為。我們已經向你們說過，
警告過你們：主一定要懲罰那些犯這種過錯的人。[7]上帝選召我們，
不是要我們生活在污穢中，而是要我們聖潔。[8]所以那拒絕這種教
導的，不是拒絕人，而是拒絕那賜聖靈給你們的上帝。

[9]關於彼此相愛的事，我用不着寫信跟你們討論；上帝已經教導
你們怎樣彼此相愛，[10]而你們也照着這教導對待全馬其頓所有的信
徒。但弟兄姊妹們，我仍然勸你們要更加努力，[11]立志安份守己，
親手做工來維持自己的生活，正像我們從前勸導你們的，[12]好使你
們得到非信徒的尊敬，也用不着倚賴別人的供給。

---

①「控制自己的身體」或譯「與自己的妻子相處」。

提摩太匯報的帖撒羅尼迦信徒的近況，確實為保羅帶來無限的安慰，因而令他在這信的前半部分憶述帖城信徒信主的經過，以及他們生命的改變。作父母的應該為了兒女的成長不時提醒他們，這似乎亦是保羅寫帖撒羅尼迦前書的目的之一。提摩太的匯報亦可能讓保羅知道在帖城教會中間發生的事情和問題，因此在信中的第二部分(四、五章)，保羅對信徒的生活和信仰作出了一些指導和指正。留意四章開首的兩節，保羅的語氣非常嚴肅，態度謹慎：

> 末了①，弟兄姊妹們，你們已經從我們學到了怎樣在生活上討上帝的喜歡——其實，你們一向都這樣做；現在，我們奉主耶穌的名勸勉你們，要求你們必須更加努力。你們都知道，我們藉着主耶穌所教導你們的是甚麼。(1～2節)

保羅再次邀請讀者憶述他們昔日信主後生命的改變。留意文中的「已經從我們學到了」和「你們一向都這樣做」，都是強調他接著所説的並不是甚麼新的教導，而是他們一直都在遵行的。然而他們不應該自滿於一己的屬靈成就而停止追求——保羅自己也不例外(參腓三12～14)，因此保羅又很嚴肅地以主耶穌作為權柄的根據，指出他們必須繼續努力。保羅的教導主要有兩點：聖潔生活和人際關係。

道德訓誡文體

保羅在帖撒羅尼迦前書對信徒的勸誡，明顯反映了希羅社會的道德訓誡文體風格。廣義來說，「道德訓誡」是流行於犬儒學派(Cynics)和斯多亞學派(Stoics)的修辭文體，作者通常會把各類一般性的倫理勸誡稍為鬆散地串聯起來，個別勸誡之間不一定有明顯的次序或關係，也不一定是刻意針對讀者在道德上的問題，而是適用於很多羣體的(例如五15～18)，帶有提醒及勉勵的作用。

從狹義的角度來說，特別當道德訓誡是以書信形式表達時，通常是長者對後輩的勸勉，帶著一種溫和而具有說服力的語調，並包含了3個相互作用的關鍵元素：榜樣(models)、提醒(memory)和格言(maxims)。

1. 榜樣：特別鼓勵年輕人效法德行的典範，而較有人生經驗的父母或老師，通常就是他們的典範。在保羅的倫理教導裏，我們處處看到效法和榜樣的重要，我們亦可以更進一步注意到，保羅如何強調他自己和教會之間的關係，是(屬靈)父母和子女的關係(一6，二7～8、11；參林前四14～16)。
2. 提醒：年輕人常常被反覆提醒，為要叫他們緊記以前從模範長者所聽見的教導和所看見的榜樣，並遵守而行(二9～10，四1～2；參腓三1，四9)。
3. 格言：由於模範長者往往只能提供一個有德行的生活的輪廓，很多道德生活上的具體細節的教導就必須由一些人生格言來補充。這些格言涵蓋了諸如朋友、父母、金錢、貪婪、驕傲、醉酒及對長者的謙讓等一般性的主題。所論述的主題有時反映讀者實際上的缺點，但更經常是由於作者認為這些主題較重要，因而特別作出強調和提醒。格言常以對比的方式表達，像中國的格言一樣，幫助讀者擇善拒惡。這些對比的格言可能是總結性的言辭，例如「持守那美善的，棄絕一切邪惡」(五21～22；參羅十二9)，或是詳盡地列出關於德行和惡習的清單(五12～20；參加五19～23；弗四17～32；西三5～14等)。

5.1. 聖潔生活(四3～8)

由於當時異邦社會的道德標準低，男人有婚前和婚外性行為並不足為奇。對於身處這種文化背景的基督徒來説，眼看他們的鄰舍放縱於情欲之中，這種性的罪顯然是一種誘惑，因此保羅寫信給一些剛信主的外邦信徒時，經常會提及有關淫亂的問題。在這裏，保羅特別鼓勵信徒過聖潔的生活，尤其在性方面，要遠避淫亂，不可像異教徒那樣(3～8節)。保羅的語氣雖然有點嚴肅，

「聖潔」在希臘文的意思是：分別出來或揀選出來做上帝的事情。聖潔的生活包括跟不道德的性行為劃清界線（徒十五20、29，二十一25；林前五1；加五19）。

但不像他寫信給哥林多教會時那樣激憤。保羅的教導主要是提醒信徒要防範於未然，而不一定是因為帖城教會有實際犯淫亂的個案發生。

保羅先簡潔又鄭重地指出：「上帝的旨意是要你們聖潔」（3節上），然後在3節下至6節②闡述這「**聖潔**」應如何在他們當中實踐出來：

1 「絕對沒有淫亂的事」（3節下）：這是一般性的告誡，隨後幾句則較具體。當然不是所有外邦人的性生活都是一塌糊塗的，但一般來説，外邦社會的道德標準明顯是較低；某些異教徒的宗教「崇拜」禮儀甚至會包括性交！因此，保羅經常在其書信中提到嚴禁淫亂的事（林前五1，六13、18；加五19）。在這一點上，基督徒和猶太教會是相當一致的，因為大家都相信上帝是聖潔的（利十九2；彼前一15）。

2 「每一個人要曉得依照聖潔合宜的方法控制自己的身體〔或譯：與自己的妻子相處〕，而不是憑着情慾，像不認識上帝③的異教徒那樣」（4～5節）：若參閱不同譯本，便會知道這兩節經文可以有不同的翻譯。「**身體**」這詞原文的意思是「器皿」，可以解作「人」或「人的身體」（參徒九15；羅九22；林後四7；彼前三7）。不少希羅作家將這意義引申為男性陽具的委婉表達，在死海一帶生活的昆蘭羣體和舊約裏都有類似的用法（參撒上二十一5；原文同時提到「器皿」和「聖潔」兩個鑰詞；《和合本》譯作「器皿」和「潔淨」）。根據這個理解，《現修》和《和合本》均把這詞譯作「身體」，委婉地泛指男性的性欲。按此，保羅是在提醒信徒必須保持聖潔，控制自己的性欲，不可像異教徒一樣縱欲行淫。但按一些較後期的猶太拉比文獻的用法，「器皿」這詞亦可指「妻子」（參《呂振中》），在經文中即指夫妻之間在性生活上，丈夫應該尊重妻子的意欲。按此，在「聖潔合宜的方法」中，保羅用了很婉轉和得體的字詞：「合宜」是指彼此尊重，而「聖潔」則指要合乎上帝的心意。在一個男性主導的社會中，發洩性欲的主導權是在男性方面，但在主內的關係上，就應該有別於這種文化。

③「在這種事上，不可以有對不起同道或佔他便宜的行為。……」(6節上)：按《現修》的翻譯，「這種事」④是指保羅在上文所針對的性生活。據此，這裏所提及的情況可能是針對那些與其他人的妻子發生關係的人。

雖然保羅與帖城信徒一起時已經警戒過他們，但聽提摩太匯報後，保羅似乎恐怕帖城信徒尚未看到這些教導的嚴重性，因此，為了使帖城信徒更謹慎，保羅在6節下至8節指出3個重點：

①「主一定要懲罰那些犯這種過錯的人」(6節)：上帝一定會在末日審判和懲罰犯這種罪的人(參帖後一7～10)；

②「不是要我們生活在污穢中，而是要我們聖潔」：「聖潔」即是從污穢和世俗中分別出來，因此若信主的人仍然對種種污穢視若無睹，就是違背上帝的旨意(參路十16)；

③「那拒絕這種教導的，不是拒絕人，而是拒絕那賜聖靈給你們的上帝」：聖靈是上帝在世上的力量，雖是眼不能見，卻把上帝自己的意旨行出來。在保羅的神學思想裏，上帝賜下聖靈作為一個末世標記，保證信徒可以承受將來世代的一切福分(羅八23；林後一22，五5；弗一14)。聖靈存在於基督徒個人的生命及團體之中(林前三16，六19；弗二22)，使他們得到新生命(多三5)，並漸漸改變成為主的樣式(林後三18)，在生活方面能夠叫上帝喜悅

（結三十六27；羅八1～17；林前六19；加五22～26）。

5.2. 人際關係（四9～12）

保羅在三章12節已經為他們實踐「彼此相愛」向上帝祈求，而在這裏則較詳細地説出鼓勵的話。保羅指出：

> 我用不着寫信跟你們討論；上帝已經教導你們怎樣彼此相愛，而你們也照着這教導對待全馬其頓所有的信徒。（四9～10）

保羅已經教導了他們，他們也都知道，但他們所得的教導卻仍是不足夠，所以保羅再給予更清晰的指引。保羅在前書沒有交代帖城信徒的情況，我們亦很難確實知道保羅勸讀者立志安分守己、自食其力是怎樣的一回事。有關類似的教導，保羅在帖撒羅尼迦後書三章6至12節亦有再重提，可見帖城中有些信徒似乎不太著緊在這方面的實踐。

在9和10節中，保羅稱讚帖撒羅尼迦人的愛心。一個本已具有如此良好聲譽的團體，怎樣可以更加彼此相愛呢？這些看法於你的教會或團契是否適用？

很多人認為，部分帖城信徒因為錯誤了解末世觀，過分熱中於等候主再來，所以在現實生活中懶於工作。這種現象在教會歷史裏屢見不鮮，因此保羅的教訓可能是要糾正這錯誤。然而，整個段落（1～12節）其實與帖城信徒的末世觀沒有太大的關係，反而與「彼此相愛」的教導有密切關係。那些不作工的人，生活上就要依賴教會中弟兄姊妹的幫助，這明顯是利用別人的愛心，佔人家的便宜，是缺乏愛心的表現。當然，他們當中有些人也許會以渴慕主再來作為屬靈的藉口，將這種寄生蟲式的生活合理化，甚至自欺欺人，以為這就是警醒等候的表現。

因此，勞動性工作通常都是由奴隸或戰俘承擔。

今天，儘管我們經常說「職業無分貴賤」，但一般華人對勞動性工作始終較為輕視。這情況在當時的羅馬社會更加嚴重，勞動性工作經常**被輕視**。受這種觀念影響的人若信了主，會索性放下這種卑賤的工作，倚賴教會過活。然而，這種寄生蟲式的生活是被希羅道德家嚴厲批評的。相比之下，儘管勞動性工作不被重視，但一個自食其力的人總能得到一定程度的尊重。所以，保羅勸告信徒要以他為榜樣，好使他們得到非信徒的尊敬，因為他在帖城生活時同樣努力工作，不倚賴任何人。

試想想你的工作習慣有哪方面可以見證基督？哪方面會影響你作為基督徒的見證？

如上文所述，保羅這些勸告的內容其實沒有甚麼特別，與當時流行的道德訓誡很相似。希羅社會中的一些知識分子同樣對這種社會流弊嚴加斥責，例如伊壁鳩魯派人士(Epicureans)和斯多亞派人士同樣強調，社會中的每個成員必須與別人過著和諧的生活，不依靠別人。保羅在這裏所用的字眼，可能是借用他們口號的字眼，例如：「立志安份守己」，原文直譯是「立志作安靜人」(參《和合本》)；「安靜」的意思不是「沉默」，而是「低調、不惹人注目、安分守己」等的意思；這話與伊壁鳩魯派人士一句有名的口號很相似：「在生活中，避免引人注目」。同樣，「親手做工」和「用不着倚賴別人的供給」亦是斯多亞派人士常常強調的做人原則，要知足，才能常樂。

保羅引用這些流行的道德勸勉，固然因為它們是希羅文化的一部分，亦因為它們反映了一個以上帝為全人類的創造主的基本信念。因為人是照著上帝的形像被造，所以不論在甚麼地方，人們都有足夠的能力了解上帝的道德標準。因此，可以說人們知道上帝的命令(羅一32)。外邦人雖然沒有律法，但並不能推搪對上帝應付的責任，因為他們有良知作為道德指引，並能「本著天性」做合乎律法的事(羅

你的人格和行為比你不信的朋友更好嗎？你能否得到他們的尊重？

二14～15；參羅一28；林前十一4、14）。

不過，保羅主要的目的不是要推崇外邦的道德教訓；反之，可能正因為一些異教徒也有一定的道德標準，所以基督徒就更加要做得好，這樣才能**「得到非信徒的尊敬」**（12節；參彼前二12，三1）。保羅在9節強調，**「上帝已經教導」**他們，這可能暗示舊約先知的教訓，就是上帝將在末後的日子與祂的子民立新約，以致他們能自然明白上帝的心意（耶三十一33～34；參賽五十四13；結三十六25～27）。

釋經短註

① 「末了」（四1）：在原來希臘文聖經裏，四章1節開首有兩個連接詞，按次序是：「末了」和「所以」。雖然有些早期抄本沒有「所以」一詞（大概是這原因，有些譯本沒有把它翻出來），但這詞正正把保羅在這部分要講的說話與前面的禱文（三11～13）連起來。《現修》翻譯的「末了」不比《和合本》的「我還有話說」好。

② 「上帝的旨意……犯這種過錯的人」（四3～6）：這幾節經文在原文聖經屬於同一句，由「上帝的旨意是要你們聖潔」領頭，隨後的短句則進一步闡述「要你們聖潔」的意思。

③ 「不認識上帝」（四5）：在舊約聖經，這短語經常用來形容外邦人（詩七十九6；耶十25）。保羅在羅馬書一章24至32節，很詳細地闡述拜偶像與淫亂之間的關係。

④ 「這種事」（四6）：原文的字眼亦可指「商業上的事情」。

溫習問題

1. 保羅借用了當時常用的「道德訓誡文體」來提醒帖城的信徒。你認為四章1至12節中有沒有這類文體的3種元素？
2. 如果一個弟兄或姊妹向你請教，他／她的生活如何可更為上帝所喜悅，你首先會告訴他／她甚麼？
3. 細讀帖撒羅尼迦前書四章1至12節。既然信徒的生活已經是上帝所喜悅的，為甚麼保羅還要教導他們過聖潔的生活？（參1、10節）
4. 在3至6節，當提到聖潔的生活，保羅提醒帖城信徒在哪方面的事上要聖潔？原因何在？
5. 當保羅提到信徒要「照聖潔合宜的方法控制自己的身體」（4節），他的意思是甚麼？
6. 保羅認為要避免不道德的性行為的原因是甚麼？（5～8節）
7. 在9和10節中，保羅已稱讚帖撒羅尼迦人的愛心，但似乎他們還需在某些地方努力，試舉例。（參11節）
8. 學者們一致認為，11和12節中所指的是那些逃避工作的教會成員。他們依靠其他善良的基督徒提供日常所需。為甚麼保羅為這種態度對教外人造成的影響而擔憂？
9. 保羅提到的「立志安份守己」（11節）的論點與教外人士的看法有何不同？
10. 保羅借用教外人的訓言來提醒信徒，其目的何在？（參12節）

第六章

關於基督再來和已去世的基督徒的情況（四13至五11）

- 對主再來的盼望
- 準備迎接主再來

經文

主要再來

4 13弟兄姊妹們，關於已經死了的人，我們希望你們知道一些事，
免得你們憂傷，像那些沒有盼望的人。14我們相信耶穌死而復活，
所以相信上帝也要把那些已經死了的信徒跟耶穌一起帶去。

15我們現在照主的教導告訴你們：我們這些在主再臨那一天還活
着的人，不會比那些已經死了的人先跟主相會。16因為，主的命令
一下，天使長一喊，上帝的號筒一響，主本身要從天上降下。那時，
那些信基督而已經死了的人要先復活；17接着，我們這些還活着的
人都要跟他們一起被提到雲裏，在空中跟主相會。從此，我們就永
遠跟主在一起了。18所以，你們要用這些話彼此安慰。

準備迎接主再來

5 1弟兄姊妹們，關於這事發生的時間日期，不需要人家寫信告訴
你們；2因為你們自己知道，主再來的日子就像小偷在夜裏忽然
來到一樣。3當大家正說「一切平安無事」的時候，災禍會突然臨到，
正像陣痛突然臨到快生產的女人一樣。他們一定是逃脫不了的。
4但是，弟兄姊妹們，你們並不生活在黑暗中；那日子不會像小偷
一樣突然來到。5你們都是光明的人，是屬於白晝的。我們不屬於
黑夜，不生活在黑暗中。6所以，我們不應該像別人那樣沉睡；我
們要警醒戒備。7睡覺的人在夜裏睡覺；酒徒在夜裏酗酒。8既然我
們屬於白晝，就應該戒備。我們要以信和愛作護胸甲穿上，以得救
的盼望作頭盔戴上。9上帝不是揀選我們來受他的懲罰，而是要我
們藉着我們的主耶穌基督得拯救。10基督為我們死，為要使我們，
無論是死了的或是活着的，都能夠在他再來的時候跟他一同活着。
11因此，你們要互相鼓勵，彼此幫助，像你們現在所做的一樣。

保羅轉而討論主再來的問題。他並非只是解答疑難，而是從神學角度處理一個教會牧養上的問題。因為有一些人為已死之親友憂傷，以為這些已去世的信徒會錯過復活的福分或與主相會的榮耀。

你怕「死」嗎？為甚麼？

今天的基督徒與昔日的帖城信徒之間已相距2000年，昔日信徒因為他們中間有人死了而有的感受，今天的信徒不易體會、了解。但要記著，保羅和他所建立的教會都盼望著耶穌很快會再來，而信徒的命運則取決於耶穌的再來，因此在一個人數不多、關係親密的信徒團體中有肢體去世時，難免會有人灰心憂傷。因為不知耶穌再來的時候，已去世的肢體將會怎樣。

6.1. 對主再來的盼望（四13～18）

為了回答這個問題，保羅首先聲明：「弟兄姊妹們，關於已經死了①的人，我們希望你們知道一些事，免得你們憂傷，像那些沒有盼望的人」(13節)。「那些沒有盼望的人」是指一般信奉異教的人，因為希羅的宗教都不相信復活(參5節；林前十五29～32；弗二12)。

的確，很多基督徒都會壓抑他們憂傷的情緒，提醒自己他們所愛的人已在上帝的懷中得到安息，他們還會用復活的應許去幫助別人減輕痛苦。然而，保羅並不是禁止基督徒憂傷，就如在這書信中，保羅處處流露出他如何渴望與信徒在一起，他當然理解人們渴望與所愛的人再次見面的心情。他沒有斷然禁止憂傷，而是以婉言相勸，指明基督徒的憂傷有別於沒有盼望的人的憂傷。

保羅用「盼望」一詞，指出了這個問題的中心，並道出這個問題的神學層面：基督徒的盼望並不是對將來不切實際的等候，而是建基在耶穌基督復活的史實上：「我們相信耶穌死而復活，所以相信上帝也要把那些已經死了的信徒跟耶穌**一起帶去**」(14節②；另參徒十七3；羅十四9；林前十五3～4)。耶穌復活不是一個個人性的神蹟，也不是耶穌為了叫人相信他有獨一無二的能力而施行的神奇作為，而是要證明上帝最終戰勝死亡(參林前十五章)，徹底消除了這個因人的罪，導致人與上帝隔絕的惡果——死亡。我們要留意，經文不單指出上帝使那些死了的信徒復活，同時亦指出，上帝要把復活了的信徒跟耶穌一起帶去。

雖然經文沒有清楚說明「帶去」哪裏，但文意應暗示是指與上帝一起。按新約聖經的教導，復活的耶穌與上帝一起作王(徒七56；另參路二十二69)。

對基督徒來說，盼望包括對復活的指望，但更重要的是，它還包括與耶穌基督同在的期盼。還活著的基督徒期待與死去的信徒相會，因此保羅在17節關於盼望的經文中最後寫道：「從此，我們就永遠跟主在一起了」。上帝是基督徒盼望的保障，上帝也是基督徒最後的盼望，信徒的盼望就是與上帝同在。

此外，保羅澄清一點，就是有關主再來的：「我們現在照主的教導告訴你們：我們這些在主再臨那一天還活着的人，不會比那些已經死了的人先跟主相會。」(15節)這裏有3點值得留意的事情：

1. 保羅聲稱這教導是「照主的教導」(15節)，但很可惜，福音書並沒有類似的記載。可能保羅所指的是耶穌口頭上的教導(沒有被記錄在福音書中)，又或是保羅從耶穌的教導中所歸納出來的結論，又或是保羅從上帝而來的啟示；
2. 倘若文中的「我們」是指保羅和其同工(如提摩太)，這番話似乎反映保羅等人相信，主耶穌會在他們去世前回來(林前十五51～52；另參帖前二19，三13，五23；腓三20～21)。不過，在這裏「我們」亦可能只是一個籠統地包括了所有人的代名詞，不一定專指保羅和他的同工，例如保羅在哥林多前書六章14節提到，上帝要

「憑著自己的大能使我們復活」，這並不等於保羅相信主再來時他一定已死去（參林後四14，五1～5）。無論如何，保羅對主在甚麼時候會再來的教導是相當清楚的：主隨時會再來，但確實時間卻沒有人可以事先知道。儘管保羅可能期望自己還未去世時主便再來，但他卻不認為主必定會在他還活著的時候再來。相反地，他認為「我們」在主再來時是「死了」或是「活着」都同樣有可能（五10）；

③「不會比那些已經死了的人先跟主相會」（15節），這句可能反映了教會中有人確實認為，在主再來時還活著的人會有與主相遇的**優先權**。

一份名為《以斯拉二書》的猶太偽經文獻記載，當榮耀的彌賽亞來臨時，還活著的信徒比死去的更為有福。

保羅強調，那些已經死去的信徒一點也不吃虧，因為他們會首先復活，並與還活著的人一同被提到空中與主相會（四17）。因此，帖城信徒不必像那些沒有盼望的人一般憂傷，反要彼此安慰。

現代不少信徒似看「被提」比復活更重要，你認為這符合保羅的教導嗎？

保羅用君王進城時，列隊緊隨著王前進的景象，來形容主耶穌的再來（參賽二十七13；珥三1～2；亞九14）。主耶穌是以君王的姿態回來的，只有在他的號令之下，天軍列隊才可前行。對一些人來說，這個景象似乎表示，那歡迎君王的行列和他們發出的號筒聲，把已死去的人喚醒，但其實既然已死去的人已經與基督同在，基督要回來，他們當然較早知道，為何還需要被喚醒呢？同樣令人費解的是，基督既然會將已死的信徒一同帶來，為何保羅又說這些信徒會去迎接他呢？這些困惑提醒我們，現世人間的言語和意象，是很難充分地描繪將來屬天的榮耀的。我們應該把握和感受這些意象所表達的重點，而不要太著眼於解釋上的細節和時序的問題。無論如何，保羅的主旨是清晰的，就是已死去的人不但不會失去與主相會的福分，他們更是首批迎接大君王的人，而在世的人「都要跟他們一起被提到雲裏」(17節)。

在聖經裏，「號筒」往往表示上帝召集以色列民(出十九13～19；賽二十七13；番一16)。在啟示錄，天使的聲音和吹號的都有相同的含意(啟一10，四1)。因此，「天使長一喊」和「上帝的號筒一響」(四16)只是同一件事件的不同表達，都是強調天軍的行列。主再來時，上帝的子民要齊集在一起。

舊約聖經沒有詳細論及天使的等級，只有但以理書十章13節和20至21節明顯地表示天使有不同的等級和權能，並有善惡之分。最為人認識的米迦勒就是其中一位最有權柄的善良天使長(參猶9節；啟十二7)。按照某些猶太教傳統(亦散見於舊約次經和偽經文獻)，天使長共有7位。雖然加百列在聖經中從未被稱為天使長(但八16，九21；路一19、26)，但猶太教偽經中的《以諾一書》40章就很清楚指明這身分，而加百列的位置僅次於米迦勒。有關帖撒羅尼迦前書中的「天使長」，原文是單數的，可能是指「米迦勒」(參啟十二7)。

經文的結尾(18節)重新回到教會牧養的角度來看這個問題，與保羅在13節中的話語首尾呼應。但是在結尾處，保羅從勸慰帖城信徒轉為勉勵這些信徒要勸慰其他人：「所以，你們要用這些話彼此安慰。」(18節)

對基督徒來説，僅從牧師或教師那裏聽到關於盼望的「官方」宣告是不足夠的。在聽見之後，還應要把這些説話彼此相告，發揚保羅在第一章中提到的傳道事奉的互動性。信徒之間的互相鼓勵，本身就體現了所有上帝子民的最終盼望所在。

6.2. 準備迎接主再來(五1～11)

新約其他經文(如太二十四36～44;可十三32～37;路二十一34～36;徒一6～7)都明確表明,無人知道主來的日子。

「產難」在聖經中是用來表達劇烈的疼痛和令人討厭的痛苦經歷(參詩四十八6;賽十三8,二十一3;耶二十二23;彌四9)。

討論基督再來的應許總是涉及時間的問題。究竟基督何時會再來?人們如何確知他們已經作好準備?

雖然保羅期望基督很快就會回來,但也指出他再來的時間沒有預定,也**無法預測**,「就像小偷在夜裏忽然來到一樣」(2節),突如其來。對大多數人來說,自己的家是最安全的,但小偷在我們沒有防備之下潛入來,卻是一件非常嚇人的事。所以對那些以為世界不會改變、「一切平安無事」(3節)③的人來說,「主的日子」(2節)將會是一件突然又驚駭的事情(賽二9～19;摩五18～20)。當那日子來臨,無人能夠逃脫,就像**產難**臨到懷胎的婦人一樣,她不能安息,無法逃脫這種痛苦(賽十三6～8;何十三13)。

主的日子

在聖經裏,「主的日子」(在舊約聖經,有時稱為「那日」)指上帝懲罰仇敵、拯救忠信的人的日子。在舊約聖經中,這日子通常是以色列人和仇敵爭戰時,耶和華彰顯祂的公義和實踐祂的旨意的日子,例如祂藉著懲罰異邦,復興以色列國的日子等。最早提及這方面教導的是阿摩司書(摩五18～20)。不過,有些後期的先知書如但以理書,把這個觀念延伸至死後的生命,那時一些人要得到永遠的生命,而另一些人則要受永遠的羞辱(但十二1～3;另參伯十九25～27;賽二十六19)。

承接這個觀念的發展,在新約聖經中,「主的日子」主要是指最後的審判日(太十15,十二36;路二十一34～35)。在保羅的書信中,保羅更將這日子與基督的再來相提並論(五2;林前一8,五5;腓一6～11,二16)。重要的是,在這日子裏,審判的對象不單是人(啟二十14～15),亦包括整個邪惡的勢力(啟十六14)。

雖然基督徒沒有一個用來等待和預備基督再來的獨特時間表，但那日的來到亦不應會使信徒覺得驚嚇：

> 弟兄姊妹們，你們並不生活在黑暗中；那日子不會像小偷一樣突然來到。你們都是光明的人，是屬於白晝的。我們不屬於黑夜，不生活在黑暗中。(4～5節)

留意這裏「黑暗」和「白晝」的對比，所指的不是兩者的客觀狀態(例如人在黑暗中會看不見，而在白晝中就看得見)，而是指人身處不同環境中的生活或心態：在黑夜，人容易醉酒、沉睡；在白晝，人較為警醒戒備。沉睡是指道德上、屬靈上的沉睡，對上帝的話語麻木；相反，警醒的人對上帝的啟示和旨意保持敏感。

8節的隱喻運用佩帶護心鏡和頭盔的**軍人形像**，強調時刻預備的必要性。換句話説，對於基督徒，主何時再來的答案一直是「現在」！對生活在保羅書信寫成將近2000年後的當代基督徒來説，保羅提倡基督徒要警惕和警醒的説話像是陳腔舊調，基督直到現在還沒有來！但是保羅力勸基督徒要警醒，並不是單指在時間上要時刻警醒，更是表明警醒的重要性。守望基督再來，就是承認上帝站在人類生命的開始與終結，人類仍需要在上帝面前為自己的行為負責，即使在發出主再來這個應許的2000年以後。

保羅在以弗所書六章13至17節對基督的軍裝有更詳細的教導。

保羅認為時間並不是最重要的問題。9至11節這段的重點並不是基督再來的可能的時間，而是基督再來這個應許的含意：基督的再來意味著救贖。上帝的意願是通過耶穌基督(一10)施行拯救，「為要使我們，無論是死了的或是活着的，都能夠在他再來的時候跟他一同活着」(五10)。上文討論死去的基督徒的命運時已經提到，對保羅來說，最重要的是基督徒最終將以某種方式與基督同在。以哪樣的生命存在，何時才能實現？如何實現？是甚麼模樣的呢？——這些問題的答案超越了人類可理解的範圍。不過無論如何，最重要的是要充滿信心和盼望，基督徒最終將在上帝裏面得到生命。

還記得這句金句嗎？「一句話說得合宜，就如金蘋果在銀網子裏」(《和合本》箴二十五11)。在適當的時候說幾句安慰話，可以將一個人從崩潰的邊緣挽回過來。我們來看看，留心身邊需要被鼓勵的人。

在這段經文的結尾，保羅重複並擴充了第四章結論的勸誡：「**因此，你們要互相鼓勵，彼此幫助，像你們現在所做的一樣。**」(五11)「**因此**」一詞表明，這個勸誡是建基在基督徒的相信和盼望上的；因為他們相信並盼望當前在基督裏的生命將會帶領他們進入另一個在基督裏永恆的生命，所以他們才會「**互相鼓勵、彼此幫助**」(參林前八1、10，十23，十四4、17)。

釋經短註

①「死了」(四13)：原文的字一般理解作「睡了」。用「睡覺」來指「死亡」，在舊約聖經(創四十七30)和其他非基督教文獻和用語中亦相當普遍，我們不應以此為對靈魂不死信念的證據。然而基督教確信耶穌基督復活，這用語也就帶來有特別的意思(徒七60；林前十五18、20、51)；在這裏，這用法更顯出保羅的婉言相勸的心意。

②「我們相信……所以相信……」(四14)：原文的結構是兩個條件從句，直譯是：「如果我們相信……，同樣，亦(相信)……」。因此，對死人復活的信念，是以對耶穌從死裏復活的信念為基礎的。

③「一切平安無事」(五3)：「平安、無事」是羅馬帝國一個重要和流行的政治宣傳字眼。當時所發行的錢幣上大多刻有「奧古斯都所賜的平安」之類的宣傳。因此，保羅在這裏可能是諷刺這種自以為是的心態。

溫習問題

1. 基督徒的憂傷與非基督徒的憂傷有何不同？(四13～18)
2. 保羅聲稱對於末世的事情，他是「照主的教導」來教導帖城的信徒，你認為保羅是從何得到主的教導呢？
3. 保羅提到耶穌再來時將先後發生哪些事情？(四16～17)保羅的話可如何鼓勵帖撒羅尼迦人？這些話如何幫助你克服死亡帶來的恐懼？
4. 甚麼是「主的日子」？(五2；參五1～11)這日子對信徒和非信徒有哪些不同的意義？
5. 保羅教導帖城信徒應以甚麼心態面對「主再來的時間」的問題？
6. 小偷(五2)和懷孕女子產難(五3)的比喻，如何突顯「主的日子」臨到的特別？
7. 當基督再來時，非基督徒會有何反應？(五3)基督徒又會有何反應？(五4～6)
8. 保羅教導我們應該如何生活在光明中？(五8)
9. 保羅告訴我們，抵擋黑暗的武器是信心、愛心和盼望(五8)。這些美德實際上可以如何保護你？
10. 上帝對我們的計劃是甚麼？(五9～11)

第七章

順服與教會生活（五12至22）

- 尊敬牧養的人，又牧養不同的人
- 簡短的指示

經文

最後的指示和問候

5 12弟兄姊妹們，我們求你們，要尊重那些在你們當中辛勞工作——
那些主所選召來勸誡你們的人。13為了他們的工作，你們應該用
最大的敬意和愛心對待他們。你們自己也要和睦相處。

14弟兄姊妹們，我們勸你們，要警告懶惰的人，鼓勵灰心的人，
扶助軟弱的人，耐心待每一個人。15要謹慎，誰都不可以惡報惡，
要常常彼此關心，為別人的好處着想。

16要常常喜樂，17常常禱告，18在任何環境中都要感謝。這是上帝
為你們這些屬於基督耶穌的人所定的旨意。

19不要抑制聖靈的工作；20不要輕視信息的傳講。21要詳細察驗每
一件事，持守那美善的，22棄絕一切邪惡。

保羅非常期望帖撒羅尼迦人彼此「**和睦相處**」(五13)，因此他在信末教導他們該如何實踐。這教導永遠不會過時，今天我們仍然可以用它處理教會中出現的爭論，安慰受傷者，撫平怨恨。

表面上，這幾節經文的指示可能只是一些零碎的教訓，但在原來希臘文裏卻展示了不同的結構。我們可以將這些經文分為兩大段：12至15節和16至22節。

7.1. 尊敬牧養的人，又牧養不同的人(五12～15)①

在12節的勸勉中，保羅要提醒信徒特別尊敬在他們當中事奉的人，就是那些在他們當中辛勞工作、被主所選召、勸誡他們的人。雖然在原文結構上，這3個短語是平行的，但在所表達的意思上，它們明顯有別：

- 「**辛勞工作**」是形容這些人的工作態度和熱誠，這亦與14節對「懶惰人」的警告成為對比；
- 「**主所選召②**」是指出這些人的召命，這番話亦標明他們的勸勉是正確的，是合乎主的心意的；
- 「**勸誡**」是這些人的實際工作，這詞包含「勸勉」的意思，然而《呂振中》同時用了「督導」、「勸戒」兩個詞，表達的意思則較強烈。

對教會或團契中的這些人，你如何表示對他們的尊重？

《現修》的翻譯：「**那些在你們當中辛勞工作——那些主所選召來勸誡你們的人**」(12節)，處理得相當合宜。信仰羣體的領袖既是上帝所揀選，就帶有權柄和智慧，儘管我們未必能夠在每一件事情上都全心全意地服從，但也要尊重他們，並要以愛心對待他們，正如他們是以愛心為出發點。若配合上文的內容，13節「**你們自己也要和睦相處**」，就更加突顯保羅對勸勉者和會眾之間的關係的關注。沒有人喜歡被人督導或警戒的，總是有點心心不憤，於是久而久之，羣體裏就會有不和。保羅在這裏的勸勉是最合適不過的。

生活在今世與末世的重疊期

在保羅的神學架構裏，基督在十字架上的工作已將人類歷史帶入末世的階段，開始了新的創造；然而，今世的舊創造還沒有完全過去。信徒生活在這重疊的時期，雖然熱切盼望主再來，卻不能忽略在今世的責任。保羅在帖城時已清楚地教導信徒：「不做工的人不得吃飯。」他自己也立下了美好的榜樣，情願放棄接受供養的權利，日夜勞碌，自食其力，不成為信徒的負擔(二9；帖後三7～10)。在帖撒羅尼迦書信中，保羅特別強調工作的責任，對懶惰和游手好閒之輩的譴責更是不留餘地的。對主再來的盼望不是叫我們逃避現實，或無所事事而成為別人的負累，而是叫我們要更加努力，安分守己，免得被非信徒輕看(四12)。

在14至15節，保羅進一步提出多方面的勸勉，其中不少是重複之前的教訓的：

- 「**懶惰的人**」：重複四章10至12節的教訓。
- 「**灰心的人**」：可能是指四章13至18節中提及的，那些因為親人去世而憂傷的人。
- 「**扶助軟弱的人**」：我們很難確定保羅所指的是哪些人，這可能是指患病的人(太二十五43～44；徒四9)，或教會中不被重視的肢體(林前四10)，或泛指信心不堅定的人。
- 「**耐心待每一個人**」：對每一個人的態度都是忍耐、包容和不發怨言。

你曾否試過警告那些犯了錯的人？(14節)或阻止那些以惡報惡的人？(15節)並仍舊與他們和睦相處？

- 「誰都不可以惡報惡，要常常彼此關心，為別人的好處着想」：「以惡報惡」也許説得有點嚴重，但這裏的原則是：不應把世俗處事的方式搬到教會去，應以愛心為出發點。

保羅在這兩節的勸誡，好像是給領袖們(如牧師或傳道人)的叮囑。然而，彼此關心、互相提醒等並非只是牧者的工作，而是整個教會都應實踐的。

7.2. 簡短的指示(五16～22)

雖然本節與前一節都是對教會的一般性指示，但本節的經文都是甚為簡短的，格式像箴言的文字。在現時通行的希臘文聖經中，這些短句是以詩體的形式排列的。由於命令的內容非常直接，要了解這些命令並不困難，但要體會這些命令背後的催迫性，或使這些命令對信徒的生活產生即時的影響，就並不容易。

以下我們嘗試把這些命令整理，提供一個方向讓讀者可跟從。這些命令涉及兩個相關的內容，這剛好與《現修》的分段方式配合。

「喜樂」可能是指我們給別人的印象，因此是基督徒生活的一個環節。

第一，信徒要常常有敬拜上帝的生活(16～18節)。「**喜樂**」、「**禱告**」和「**感恩**」這些類似敬拜的內容，似乎把處境規限在教會之內，但其實經文所指的已超越地域上的限制。與這些配合的，是表示重複或涵蓋所有範圍的副詞：「**常常**」、「**不住**」和「**凡事**」。這揭示了一種向上帝敬拜的生活方式。信徒們都應該明白，在生命中的任何時刻，所作的任何決定，他們都必須以敬畏的心尋求上帝的旨意；保羅呼召我們要不斷察覺上帝的同在，意識到我們對祂的倚靠。

基督徒生活中的活動不能被簡單地劃分為與上帝有關和無關的；在保羅的觀念裏，後者並不存在。無論是在家中與家人相處、工作或娛樂，以及在個人或公開的敬拜中，都是上帝要得榮耀的地方。這可解釋保羅在這裏用敬拜時常用的內容，來描繪信徒生活特點的原因。在18節，保羅的意思其實不是「凡事謝恩」(《和合本》)，而是「**在任何環境中都要感謝**」(《現修》)。兩者所指的當然不同；我們也許不能，甚至不應為試探、逼迫的發生而謝恩，但我們依然可以在這些處境中心存感謝，以這心態去面對。倘若身處很多逼迫中的帖城信徒尚且要接受這種勸勉，那何況是我們呢？

這種敬拜生活並非一朝一夕就可建立的，是需要時間培養的，並且要透過羣體中的彼此激勵建立的，你有這方面的經歷嗎？

第二，信徒要過有洞察力的生活(19～22節)。前面幾節經文的勸誡都是較積極的，但這裏所講的則是較消極的(留意文中的「**不要……**」〔18、19節〕)。人的經驗都是片面的，基督徒的經驗也不例外。有時基督徒在見證會上所分享的事情，聽起來似是很可怕，而親身經歷這事的人亦會以為發生在自己身上的事情有指導性，能夠代表上帝要啟示的教導。可是，我們不要因為事情得到解決，或事情變得順利，就以為是上帝的旨意，這難保不是撒但詭計的一部分！撒但的其中一項工作就是叫人誤解上帝；若有一天事情的發展並不如人意時，我們就會懷疑上帝。所以，我們需要具備細微的洞察力，好分辨不同的經歷中上帝的旨意。

五章19和20節大概是一個平行的表達。保羅勸告信徒不要抑制聖靈的工作(19節)，這不是意味一些奧祕的屬靈經歷，而是指他們必須重視上帝信息的宣講(20節)。在舊約裏，聖靈的工作是先知宣講的動力(民十一25～29；撒上十6；珥二28)。新約作者也很自然地將聖靈與先知的宣講串連起來(徒二

相信你也曾忽視過聖靈的提醒，可否分享一下呢？

17～18，十一27～28，十三1～2，十九6，二十一10～11，二十八25；林前十二～十四章；弗三5；彼前一10～11；彼後一21；啟十九10)，以致拒絕先知就等於抗拒聖靈(徒七51～52)。因此，信徒必須重視上帝信息的宣講，因為這是聖靈向我們說話的一個主要途徑。

然而，聖靈的聲音被宣講出來時，卻又往往攙雜了人的聲音，甚至有假先知藉邪靈宣告歪謬的信息，所以信徒必須具有洞察力，分辨先知信息的宣講，「美善的」要持守，「邪惡」的要棄絕(21～22節；參林前十二10，十四29；約壹四1)。正如羅馬書十二章2節所說，要察驗上帝的旨意。

基督教會要負擔起洞察和判斷的責任。重要且叫人煩累的道德決定不是由個人承擔的。教會作為一個被呼召、具道德洞察力的團體，需要為人提供指引，察驗這個世代中各種智慧的言語，判斷這些說話是否在混亂的生活抉擇中，指明了上帝的方向。

釋經短註

① 五12～15：這段落的12至13節和14至15節均以「弟兄姊妹們」領頭。我們可以按這開首語把經文再分為兩小段，然而，若仔細閱讀內容，就會發現這兩個小段是有關連的。兩次的「弟兄姊妹們」可能要表示保羅為帖城信徒著急的心情。

② 「選召」(五12)：原文亦可解作「治理」，參《和合本》和其他中文譯本。若取其義為「治理」，則在意思上，「治理和勸誡」均是這些人實際的工作了。

溫習問題

1. 保羅勸勉帖城信徒要尊敬那些在他們中間作勸誡的人。他用了3個短語形容這些人，試簡述之。(12節)
2. 保羅勸勉信徒當如何尊重那些勸誡他們的人？(參13節)
3. 在14節中，保羅如何進一步提出多方面的勸勉？這些勸勉是向哪些人說的？
4. 「常常」喜樂，「常常」禱告和「在任何環境中」感謝，其中的含意是甚麼？(16～18節)
5. 在19至20節，保羅教導信徒「不可抑制聖靈的工作」，這是甚麼意思？它與接著的「不要輕視信息的傳講」又有何關連？
6. 在21至22節中，保羅教導信徒如何細察每一件事？

第八章

結語

（五23至28）

經文

5 23願那賜平安給我們的上帝使你們完全聖潔！願他保守你們的靈、
魂、體，在我們的主耶穌基督再來的時候完整無缺！24那選召你
們的上帝是信實可靠的；他一定成全這事。

25弟兄姊妹們，請為我們禱告。

26要以聖潔的親吻向弟兄姊妹們問安。

27我奉主的名吩咐你們，要向所有的信徒宣讀這一封信。

28願我們的主耶穌基督賜恩典給你們！

保羅的結語通常都是問安和祝福。但保羅在這書末並沒有問安，反而鼓勵信徒要「聖潔的親吻」(26節)，彼此問安。「親吻」在當時社會是相當普遍的，所以這番話可能沒有甚麼特別的意思(亦見於羅十六16)，但在這書信，亦配合23至24節的祝願，保羅可能藉著「聖潔」一詞，再次警戒那些外邦信徒不能把情欲帶入教會裏(四2～8)。

這書有兩次祝願，一次是非常典型的，出現在書末(28節)，另一次是較獨特的，出現在23至24節。這次祝願強調信徒要過聖潔的生活(23～24節)：

> 願那賜平安給我們的上帝使你們完全聖潔！願他保守你們的靈、魂、體①，在我們的主耶穌基督再來的時候完整無缺！那選召你們的上帝是信實可靠的；他一定成全這事。

也許是這個原因，保羅強調要時刻禱告，意思是培養一種禱告、依靠主的心態。

如果我們曾經體驗過克守律法的宗教經歷，用許多「應做」和「不應做」的條文規範自己的生活，那麼「**完全聖潔**」這個形容將使我們感到戰慄。我們的第一反應是不想要這樣的道德準則。然而保羅告訴我們，要過聖潔的生活，所依靠的是禱告，而不是靠那些「應做」或「不應做」的條規。

只有上帝才能使我們完全「成聖」。只有上帝才能使我們全人健全，並使我們「在我們的主耶穌基督再來的時候完整無缺」(23節)。實際上，成聖首先是上帝的恩典禮物，而不是人的意願。上帝是信實的，若有人禱告祈求聖潔，祂必給予積極的回應。

釋經短註

① 「靈、魂、體」(五23)：這個三分的觀念是典型的希羅文化中對一個人的看法。在保羅書信中，這些表示三分的詞語只出現在這裏，因此，我們很難就此說保羅是贊同這種看法。反之，一般學者認為保羅依然認同傳統猶太人的二分法，即「身體」和「靈魂」。然而，(舊約)聖經仍有個別字詞指「靈」和「魂」：「靈」通常指人的性質中與神明溝通的一面，而保羅也有意思相近的用法(參羅八10；林前二11)；而「魂」則指人的本位特質，其用法與「人的生命」相似。無論如何，這些詞的意思有不少重疊的地方，用法亦有彈性，而保羅也沒有作詳細的分析，所以我們不應輕易根據部分經文，建構保羅細微又複雜的人觀。

第三篇

帖撒羅尼迦後書

第一章

帖撒羅尼迦後書導論

- 寫作背景
- 大綱
- 參考註釋書

保羅寫了帖撒羅尼迦前書，並收到從帖城教會傳來的消息後，很快便提筆寫第二封信；這顯然表示前書的信息並未完全達到預期的效果。

1.1. 寫作背景

保羅在帖撒羅尼迦前書勸勉信徒不要因為過分熱切於準備迎接主的再來，而不按本分行事(參帖前四11)。但帖城信徒並沒有因保羅的勸勉而改過，仍有人紛紛放下手上的工作，終日閒散，不務正業，因而更成為其他人的負累(三6～8)。此外，教會受逼迫的情況似乎加劇了，這令到一些信徒宣稱末日已經來到，更說其他人在這件事情上全無分兒。他們所說的盡是一些錯誤偏激的言論，但卻強行以保羅的教導和聖靈的啟示作為這些言論的後盾。因此，保羅必須明確地否定這說法，重申主再來前必先有某些事情發生，並敦促信徒不要受人欺騙，尤其不要輕易被「主再來的日子到了」(二2)這種說法所迷惑。

那些人為了借用保羅的權威，可能甚至冒充保羅寫信給帖城教會(二2)，因此，保羅在書末強調他所寫的書信中必定會有他的親筆簽名和筆迹，這無疑是為了提醒教會要小心分辨那些聲稱是他所寫的信的真偽(三17；另參林前十六21；加六11；西四18)。

作者問題

由於這封信的格式與保羅的其他書信(特別是帖撒羅尼迦前書)非常接近，再加上書中作者自稱是保羅，因此不同傳統均認為，保羅是帖撒羅尼迦後書的作者。然而，有些學者卻指出這書信所述的基督再來的時間或情景，與前書所講的有很大的差異(一5～12；比較帖前四13～五11)，因此，他們認為後書乃出自另一位信徒之手，這位信徒為了反對此等因誤導而起的末世狂熱，在保羅去世不久之後，便偽託保羅的名義寫下這封信。

雖然學者之間對這書的作者問題仍存有分歧，但這書為保羅所撰寫之說依然是主流的立場。帖撒羅尼迦後書的風格、詞彙與主題都與帖撒羅尼迦前書相近，顯示它們是出於同一作者的手筆。此外，帖撒羅尼迦後書二章4節提及「聖殿」這詞，似乎表示寫此書時，這殿還存在(此殿毀於公元70年)。這節經文可能暗指不久以前羅馬該猶加里古拉皇帝(Caligula，公元12～41年)意圖在殿裏豎立自己的肖像一事(公元41年)，這事成為了一個僭奪上帝地位的範例和意象。這些都顯示書中所反映的歷史時段，而當時保羅的確仍然在世(保羅約於公元66年去世)。

1.2. 大綱

本書對後書的分析是按以下的大綱來闡釋的：

A. 問安、感謝和稱讚(一章)

B. 關於基督再來的情況(二章)

C. 對懶惰者的勸誡(三1～15)

D. 結語(三16～18)

1.3. 參考註釋書

參第二篇1.3.「參考註釋書」。

第二章

問安、感謝和稱讚（一章）

- 保羅所誇耀的
- 公義的審判
- 為帖城信徒所發的禱告

經文

1 1我是保羅；我跟西拉和提摩太寫信給帖撒羅尼迦教會——屬
於我們的父上帝和主耶穌基督的信徒們。
2願我們的父上帝和主耶穌基督賜恩典、平安給你們！

基督再來時的審判

3弟兄姊妹們，我們應該常常為你們感謝上帝。這是當然的；因
為你們的信心大有進步，彼此相愛的心也大為增進。4因此，我們
在上帝的各教會裏誇耀你們。你們經歷一切迫害、患難，仍然相信，
仍然忍耐；這就是我們所誇耀的。
5這正是上帝公義審判的證據，證明你們配得享受上帝國的福澤。
你們就是為了這個國度繼續在忍受苦難。6上帝要執行公義。他要
使那些迫害你們的人遭受患難；7他要使你們這些受苦的人跟我們
一同得到釋放。主耶穌和他大能的天使從天上顯現在火燄中的時候，
上帝就要執行這一件事。8他要懲罰不承認他、不聽從有關我們主
耶穌福音的那些人。9主再來的日子，那些人要受懲罰，永遠滅亡，
從主面前被隔絕，離開他榮耀的大能。10在那一天，他要從信徒們
得榮耀，並受他們的頌讚。你們也要在他們的行列中，因為你們相
信了我們所傳的福音。
11為了這目的，我們常常為你們禱告，求我們的上帝使你們不至
於辜負他的呼召。願他用他的大能來幫助你們，實現一切向善的志
願，成就你們憑信心所做的工作。12這樣，我們主耶穌的名會從你
們得榮耀，而你們也要從他得榮耀；這是藉着我們的上帝和主耶
穌基督的恩典而來的。

本書開首的問安與前書大同小異，只是2節的祝願語較長：「願我們的父上帝和主耶穌基督賜恩典、平安給你們！」

在問候語之後，保羅為帖撒羅尼迦信徒屬靈生命的長進及他們對逼迫的忍耐再次感謝主；但是信中的稱讚比帖撒羅尼迦前書的要簡短得多(一3～4)。保羅又在感恩部分後，迅速地轉向對耶穌榮耀地再來的盼望①；他生動地描述了基督再來時的景象，那時候逼迫者將被審判，而受逼迫者的苦難將被解除。藉著指明耶穌的再來將扭轉整個形勢，保羅鼓勵帖撒羅尼迦信徒要繼續忍耐(一5～12)。

2.1. 保羅所誇耀的(一3～4)

保羅為帖撒羅尼迦人信心和愛心的增長而感恩：「我們應該常常為你們感謝上帝。這是當然的；因為你們的信心大有進步，彼此相愛的心也大為增進。」(3節)這使我們回想起前書那同樣是充滿熱情的感恩，讚揚他們「怎樣把所信的實行出來，怎樣以愛心辛勞工作，又怎樣堅守對我們的主耶穌基督的盼望」(帖前一3)，亦反映上帝答允了保羅的祈禱，使帖撒羅尼迦人「有彼此相愛和愛人類的心，並且日益增長」(帖前三12)。

「誇耀」聽來好像是一番自吹自擂的言論；然而，這其實亦可以是一種表達(或修辭)手法。正如在講道中，講員誇獎某某的行為和見證，並因著大家同為主內肢體而與有榮焉；這「誇耀」其實也是正面鼓勵的其中一種方法。

保羅等人以帖撒羅尼迦人的成長為自己所「**誇耀**」的。雖然保羅強烈警告不要以個人成就而自誇，但他卻經常誇耀教會的善行(參林前十五31；林後七4、14，八24；腓四1；帖前二19～20)。這種誇耀並非只是「引以為榮」，更是認為教會(或某某)的行徑是福音大能的明證，也是其他信徒的鼓勵和模範。保羅不時以這種「誇耀」作為傳揚福音或教導的方式(林後八24)，也以此為「主耶穌再來的時候」所要誇耀的冠冕（帖前二19）。從這角度來看，保羅「在上帝的各教會裏誇耀你們」（4節；參帖前一7「你們成為馬其頓和亞該亞所有信徒的模範」），其實就是保羅表達自己感謝上帝的方法。

這裏提及的「迫害、患難」，可能會使我們想起前書所提及帖城信徒被自己同胞迫害的事件，但配合這書所討論有關末世的主題，這裏所指的應是因末日逼近而發生在信徒身上的逼迫。新約其他地方也有討論這日子來到的情況，例如馬可福音十三章3至37節的敍述亦描述了相同的景象，迫害和患難是末世的徵兆（另參羅八18～25）；因此，雖然我們不能從這些患難中推算出耶穌再來的時間，但初代的基督徒確實把它們看作末世的徵兆。

在遭遇迫害的時候，為甚麼一些人的信心和愛心得到增長，而另一些人卻失去了信心和愛心？你認為自己能在困境中成長嗎？

基督徒在迫害中繼續成長，還是信心減退，很大程度上取決於他們面對迫害的態度。大家都知道，保羅甚至把患難和被判入獄看為事奉基督的機會。如果換成另一個人在同樣的處境，他很可能會抱怨上帝拋棄了他。

2.2. 公義的審判（一5～10）②

一章5節「這正是上帝公義審判的證據」與前一段經文之間的連接令人迷惑不解，「這」指的是教會的信心和愛心？是逼迫（或苦難）本身？還是帖撒羅尼迦人在苦難中的堅忍（即4節的「仍然相信，仍然忍耐」）？按我們的理解，此一「這」字所指的應是信徒的堅忍；信徒在苦難中的堅忍——暗指他們勝過苦難——是上帝公義審判的最好證據，證明他們配得享受上帝國的福澤，亦證明那引發苦難者是失敗的。

保羅要求信徒配得上帝的呼召，這並不是說上帝的國是我們通過努力可以得到的。當上帝呼召我們的時候，我們是完全不配的，但是上帝也讓我們在祂的國裏有分。雖然如此，上帝亦要求我們的生命能日漸成長。保羅期望我們一旦蒙召，就應在餘下的生命中過配得上帝呼召的生活。為了達到這個要求，我們需要上帝的力量在我們裏面作工。

當你遭遇「不公平」的事情時，上帝的公義如何給你鼓勵？

保羅並不是說基督徒必須經歷苦難以賺取於上帝國有分的福澤；而是說，跟從耶穌的人面對苦難、遭遇反對，在在都是一種考驗，這種考驗的目的是要見證他們配得上帝所賜的福澤。儘管不是每一位信徒的經歷都是如此艱辛，但身處困苦處境之中的人能夠勝過苦難，就是蒙上帝揀選並配得福澤的最好明證。信徒應該對上帝有信心，因為基督「親自經歷過被考驗、受折磨的痛苦；他現在能夠幫助那些被考驗的人」(來二18)。保羅不單認為基督徒少不免要經歷苦難(帖前三3)，他更認為上帝要藉著苦難使人更信靠祂。苦難不是上帝拋棄我們的證據，而是上帝與我們同在的證據。

讓那些為上帝國受苦的人有分於這國，並且得到「**釋放**」(7節上)③，只是上帝公義審判的一面，另一面是「**要使那些迫害你們的人遭受患難**」(6節)④。

有關「天使」，參本書第二篇6.1.「對主再來的盼望(四13～18)」中的討論。

保羅在7節下至10節進一步闡述逼迫者和受逼迫者的結局，在「**主耶穌和他大能的天使從天上顯現在火燄中的時候**」(7節)，上帝便要執行祂的公義審判。火往往跟上帝的顯現聯繫在一起(出三2，十九16～19；詩十八6～8；結一4～28；來十二29)，也跟審判聯繫在一起(詩九十七3；賽六十六15～16；但七9～12)，無論是上帝顯現還是審判，那都是懲罰作惡的人的時候。

> [8]他【指上帝】要懲罰不承認他、不聽從有關我們主耶穌福音的那些人⑤。[9]**主再來的日子**，那些人要受懲罰，永遠滅亡，從主面前被隔絕，離開他榮耀的大能。(一8～9)

有關「主再來的日子」，參本書第二篇6.2.的專欄「主的日子」。

對於保羅來說，拒絕有關基督的福音與拒絕上帝無異，因為相信福音等同於相信上帝(10節)⑥。保羅在羅馬書二章8節對那些不接受真理的人作出同樣判辭：「至於那些自私、拒絕真理、反而隨從不義的人，上帝的義憤和懲罰要臨到他們。」(另參彼前四17)無論是猶太人，抑或是外邦人，人若不跟從基督，不按照上帝的心意而活，就必永遠滅亡(腓三18～19)，意思就是：「**從主面前被隔絕，離開他榮耀的大能**」(9節；另參羅二7，五21；加六8；帖前五3)。保羅在這裏選用了這些詞句，可能是要反映舊約以賽亞書二章所描述的情景，就是在審判的日子，離棄上帝(或者說是被上帝離棄)的子民「企圖躲避上主的忿怒，逃脫上帝的權威和榮耀」(賽二10；另參賽二19、21)。

審判

聖經讓我們清楚地看見上帝是慈愛的，但祂同時也是公義的。在這個墮落的世界裏，我們很少看到這兩個屬性能夠取得平衡，也很難理解兩者如何共存。因此，我們不期然會認為，上帝會向不信者施行審判此事是與上帝的慈愛相違。對於很多人來說，這疑問是他們接受福音的一大障礙，亦是困擾信徒的信仰難題。

帖撒羅尼迦後書一章8至9節對那些拒絕福音者的懲罰所作之描述是明顯及嚴厲的，很容易會令人感到不安，但我們斷不能因為怕得罪某些人(無論是信的或是不信的)就情願忽略這段經文的教訓，因為這教訓也是上帝話語的一部分。但另一方面，對於這裏描繪的細節和對不信者受到懲罰的預言，我們需要很謹慎地處理。尤其是我們必須從聖經對上帝的慈愛和公義的整體教訓來理解，以免以偏概全，以為這個懲罰是由於一種狹窄的報復心態所使然。

第一，上帝是慈愛的。祂的恩慈忍耐遠遠超過祂的憤怒（詩三十5，八十六15）；祂絕對不願一人沉淪，乃願人人悔改得救（結三十三11；提前二4；彼後三9）。福音的目的並非要懲罰，而是反映上帝的愛（約三17）；「上帝對我們顯示了無比的愛：當我們還是罪人的時候，基督已經為我們死了」，並且「我們原是上帝的仇敵，但是藉着他兒子的死叫我們得以跟他和好」（羅五8、10）。保羅描述的上帝是一位願意愛祂的仇敵，並與敵人和好的上帝。

第二，上帝是聖潔公義的。上帝不能對罪惡視若無睹，必須審判罪惡，為受害者伸冤。其實，公義的審判是上帝的慈愛的另一面，因為一個任人犯罪而無須承擔任何後果的世界，不啻是人間地獄，是慈愛的上帝所不能容許的。再者，在實際的層面上，如果這世界的罪惡不被推倒，公義就不能得勝。聖經宣告上帝的審判，不是出於報復的心態，而是表示一個認信，就是正義和良善一定會得到最後勝利。我們懼怕審判是自然的，但也必須問問自己為甚麼會這樣震驚，是否因為我們不像初代信徒那樣喜愛良善公義、憎惡罪惡？抑或因為我們沒有為福音受苦，所以不能體會信徒渴求上帝的公義得到彰顯的心情？（參詩五十八11；哈一2～4、13）

第三，上帝一次又一次給世人悔改的機會（詩七十八38），但是如果他們拒絕這個機會，繼續反抗上帝的恩惠和慈愛，因著他們拒絕了憐憫，就必然要自己面對公義的審判。因此，嚴格來說，不信的人受審判，不是因為他們拒絕福音，而是因為他們自絕於上帝的恩典，因而承受自己犯罪的惡果。

最後，我們必須明白，我們在這世上所享有的一切福樂，都不是理所當然的，而是源於上帝的恩典。上帝是光，離棄了祂只有黑暗；上帝是愛，離棄了祂只有痛苦；上帝是生命，離棄了祂只有死亡。如果一個人拒絕上帝，他其實已經選擇黑暗、痛苦和死亡了；他已經把自己送到地獄，無分於與上帝相交的一切福樂。最後的審判，只不過是這可悲的選擇的自然結局。我們深信，到了末日，每一個在主的審判臺前受懲罰的人，都會承認上帝是公義，而自己是罪有應得的。

主的日子是上帝彰顯公義的日子，對於不信的人來說，這固然是接受懲罰的日子，要永遠「離開他【上帝】榮耀的大能」(9節)，但對於信主的人來說，這是大喜的日子，因為上帝「要從信徒們得榮耀」(10節)。這句「從信徒們得榮耀」是帶有因果關係的，它具體的意思是：上帝因著信徒們的堅忍和信心的表現得著榮耀(參賽四十九3，六十六5)。上帝(或主耶穌基督)榮耀的彰顯是非常重要的末世事件(賽四十5；另參多二13；彼前五10；彼後四13)。留意保羅將句子的主體從「他們」轉到「你們」之上，是指到帖城信徒而言，加強帖城信徒也於上帝國有分的必然性。

2.3. 為帖城信徒所發的禱告(一11～12)

如果有人為你這樣禱告，你希望上帝改變你哪方面？

保羅為帖城信徒而發的感恩禱告，慢慢推展為一個關於主再來的日子上帝如何彰顯祂公義的闡述。在11節，保羅復歸禱告之中，為到信徒堅忍的心(即4節的「仍然相信，仍然忍耐」)祈求。這禱告主要有兩點，剛好反映人的責任和努力以及上帝的恩典和主動權：

1. 「你們不至於辜負他【指上帝】的呼召」：這不是暗示帖城信徒有不足之處，而只是一句勸勉的話；這裏的「呼召」既提醒帖城信徒昔日如何「離棄偶像，歸向上帝」(帖前一9)，亦鼓勵他們要努力地勝過苦難，「配得享受上帝國的福澤」(帖後一5)；
2. 「他用他的大能來幫助你們，實現一切向善的志願，成就你們憑信心所做的工作」：這裏所指的可能是回應3節的「信心」和「彼此相愛的心」。在人一切的立志和努力中，必須有上帝在人裏面的作工及在其背後支持，才能成就一切善工。

在這章中，作者以感恩禱告作為結束，願帖撒羅尼迦人配得他們所受的呼召。這裏關注的不是基督徒對其他人應有的態度，而是對自我身分的求索，這身分的價值乃是上帝的恩賜。因著信徒的好見證使上帝的名得榮耀是很普遍的觀念，但保羅在這裏卻特別提及「你們也要從他得榮耀」(12節)，這無疑是莫大的恩典，而對帖城信徒來説，這亦是很大的安慰。

釋經短註

①「弟兄姊妹們，……所傳的福音」(一3～10)：根據現時通行的希臘文新約聖經，這一大段文字原是一句極為複雜的句子。在保羅的書信中，保羅經常在感恩部分預先提及一些字眼來反映全書的主題，而這些字眼在接著的內容中亦會涉及的(羅一8～15；林前一4～9；腓一3～11；西一3～14；帖前一2～10；門4～7節)。

②「這正是上帝公義審判的證據……所傳的福音」(一5～10)：這部分與上文的關係並不十分清楚。按我們對原文的理解，這一大段顯示保羅已離開了上文的主題，意即從本來是感恩的主題轉到別的主題上。表面上，保羅的句意表達並非很有條理，但這其實是一種表達技巧：預先講述一些題外話，卻導引讀者先存一個想法，而為後面的主題討論鋪路。

③「釋放」(一7)：《和合本》譯作「平安」。所表達的意思可能是指在末世時，在施行公義審判的主面前，他們能夠完全自這種苦難中得到解脫。然而，這裏亦可指從壓力極重的景況中解脫出來(參林後八13「負擔」也是同一個字)，按此，所指的是暫時的「鬆緩下來」。

④「上帝要執行公義……一同得到釋放」(一6～7上)：這部分與上下文的關係並不十分清楚。這句應該是一插句，因此，保羅在5節所講的，是接下去7節下半句「主耶穌和他大能的天使……」的。這裏所用的表達是接近於口語式的表達；就如我們講話時，也會不時加插一些插語，這些插語並非是無關重要的話，而是保羅一直心裏牽掛要說的話、等不及組織便要講出來的話。

⑤「不承認他、不聽從有關我們主耶穌福音的那些人」(一8)：雖然這裏可以分別指外邦人(不承認上帝)和猶太人(不接受福音)，但保羅大概沒有刻意作此區分。

⑥「我們所傳的福音」(一10)：原文的意思應該是「我們對你們作的見證」(參《和合本》)；對於現代人，保羅等人所見證的事可以是很多方面的，然而，對於初代的讀者，見證的內容當然就是福音，因此《現修》只是把這隱含的內容清楚表達出來。

溫習問題

1. 保羅在3至4節所誇耀的與帖撒羅尼迦前書(三12)有何相近之處？這相近之處反映了甚麼事情？
2. 細讀帖撒羅尼迦後書一章1至12節。保羅看到帖撒羅尼迦人的生活中有哪些值得誇耀的地方？(3～4節)
3. 保羅在此書所講的「迫害、患難」(4節)是指哪方面的事？這與帖撒羅尼迦前書有何不同之處？
4. 甚麼是「上帝公義審判的證據」？(5節)
5. 保羅宣稱「上帝要執行公義」，他如何描述上帝的公義？(6～10節)
6. 根據專欄的內容，上帝公義的審判與祂的慈愛如何互相呼應？
7. 當主再來的時候，上帝將以甚麼原則來懲罰人？(8～10節)
8. 根據這段經文，怎樣的人才能「配得享受上帝國的福澤」(5節)或「不至於辜負他(上帝)的呼召」(11節)？
9. 11節的祈求跟3節所談論的「信心」與「彼此相愛的心」有何關係？
10. 根據保羅關於上帝的公義的教導來看，他在11至12節中為甚麼作這樣的禱告？

第三章

關於基督再來的情況（二章）

- 主再來的徵兆
- 被揀選的接受救恩

經文

那不法者

2 1弟兄姊妹們，關於我們的主耶穌基督的再來，以及他要聚集我
們跟他相會的事，我要求你們，2不要輕易被「主再來的日子到
了」這種說法所困惑，所煩擾。也許有人說這說法是我們傳講信息
或傳道時說的，或甚至有人說是我們在信上這樣寫着的。3不要讓
任何人用任何手段欺騙你們。因為，那日子來到以前必定先有最後
的反叛；那註定滅亡的不法者要出現。4那不法者要反對一切被人
稱為神明或崇拜的對象，把自己高抬在一切之上；他甚至去坐在上
帝的聖殿裏，自稱為上帝。

5你們不記得嗎？我跟你們一起的時候已經把這事告訴你們了。
6那阻止這事在現在發生的是甚麼，你們是知道的。時機一到，那
不法者就要出現。7那神秘的不法者已經開始工作；但是，等到阻
止這事的手移去後，這事才會發生。8那時，不法者要出現，可是
主耶穌再來的時候要用口吹氣殺死他，並以光輝的顯現消滅他。
9那不法者要帶着撒但的權力來到，行各種奇蹟異能，顯假的預兆，
10並且對那些將要滅亡的人使用各種詭計，因為他們不接受，不喜愛
那會使他們得救的真理。11因此，上帝給他們一種強烈的錯覺，讓他
們去信從虛謊。12結果，一切不信真理、以罪惡為樂的人將被定罪。

被揀選接受救恩

13主所愛的弟兄姊妹們，我們應該常常為你們感謝上帝；因為上
帝揀選了你們，藉着聖靈成聖的工作和你們對真理的信仰，使你們
先得救①。14藉着我們所傳給你們的福音，上帝呼召了你們；他呼
召你們來分享我們的主耶穌基督的榮耀。15所以，弟兄姊妹們，要

---

①「上帝揀選……使你們先得救」有些古卷是「上帝從起初揀選……使你們得救」。

有堅定的信心，對我們所教導的真理，無論是傳講的或是在書信中
所寫的，你們都要堅守。

16上帝愛我們，由於他的恩典，他賜給我們永恆的毅力和美好的
盼望。願這位父上帝和我們的主耶穌基督，17激勵你們，使你們有
勇氣來宣傳和實行一切美善的事。

世界將如何結束？是以一場核子戰爭作為收場嗎？由邪惡帝國一統天下嗎？還是人類文明盡毀，世界重回蠻荒？保羅提醒我們，撒但必使用他最壞的伎倆來攻擊我們；那時，對活著的人來說，是個可怕的時期。儘管如此，保羅強調，這一切都在上帝的掌管之中，上帝會記念撒但的惡，就如祂必定會記念我們為祂所做的美善。

3.1. 主再來的徵兆(二1～12)

「輕易被……困惑」譯為「亂了心志」或許更為貼切，可以表現出信徒心煩意亂和不穩定的狀況。原來的動詞經常用來形容因風浪而產生的搖動，不停地搖晃，像船沒下錨一樣(參來十二27)。

這段經文是帖撒羅尼迦後書的中心信息。由於其中蘊含深奧難懂的天啟性描述和預示，今天的讀者很難體會到作為牧者的保羅心中的迫切和憂思。保羅提到帖撒羅尼迦人「**輕易被**『主再來的日子到了』這種說法所**困惑**，所煩擾」(2節)，描寫了極其令人焦慮的情形。保羅相信帖撒羅尼迦人已經失去理智與鎮靜，難怪他用強而有力的語言來教導信徒(1節的「我要求你們」，3節的「不要讓任何人用任何手段欺騙你們」，5節的「你們不記得嗎……」)。

我們不知道當時的確實情況，但困擾帖撒羅尼迦人的還是「主再來的日子」——這亦是信徒被聚集跟耶穌基督相會的日子——這問題，此事十分明顯。

按大多數譯本的翻譯，保羅似乎是處理兩個問題：「主耶穌基督的再來」和「他要聚集我們跟他相會」，然而1至12節整段經文卻只討論前者，所以，有人認為保羅可能專注於討論前者而忽略了後者(因為在帖撒羅尼迦前書四章17節已經提及與主相會的事)。但另一個可能性是保羅其實主要只想討論「主耶穌基督的再來」這主題，而「他要聚集我們跟他相會」對信徒來說，顯然是指主耶穌基督再來之日所發生的最

重要的事情；原文所用的希臘文句子結構(一個定冠詞帶著表達這兩句話的短語)亦可支持這個理解。按此，這句可譯為：「關於我們的主耶穌基督的再來，就是他要聚集我們跟他相會的那日子」。

在舊約時期，很多先知都相信，被擄的國民將會有一天回歸自己的土地(賽五十二9～12；亞二6～7)；耶穌(和新約聖經的作者)亦借用這觀念，指上帝必會在末日聚集祂所揀選的信徒(太二十三37；可十三27；路十三34)。

帖撒羅尼迦人為甚麼以為「主的日子」已經來到呢？保羅在2節提及3個可能性：

1. 「傳講信息」①：可能指假先知的宣講，或先知的話語被誤傳；保羅在帖撒羅尼迦前書五章19至20節已經鼓勵信徒不可忽視先知的教導，但亦要謹慎地分辨真偽；
2. 「傳道時說的」②：指教會弟兄姊妹在分享信息時的意見；
3. 「我們在信上這樣寫着的」：可能是信徒誤解了帖撒羅尼迦前書，或有人冒保羅的名寫信給信徒。

3.1.1. 末日出現的不法者(3～4節)

從3節開始，保羅重申先前的教導，反擊「主再來的日子到了」(2節)這些令人恐慌的言論。這言論暗示：帖城信徒已經錯過了這機會，未能趕及與主相會！

你可從哪方面注意到，「那神祕的不法者」已經開始工作(7節)？

保羅使用傳統猶太人的觀念來指出，主的日子到來之前，必先有「最後的反叛」③(也就是「離道反教的事」《和合本》)和「那註定滅亡的不法者」④出現。保羅所指的不是兩件事，而是用兩個短語來指同一件事：那最後的反叛(或可譯作：「大反叛」)就是那不法者、那註定滅亡者的行徑。新約中有若干處都提到耶穌再來之前，會出現反叛、離開真理的事(約壹二18；啟十三章)。馬太福音二十四章11至14節提到有假先知起來，迷惑信徒，「許多人的愛心會漸漸冷淡」。

按保羅在這一節所用的字眼，似乎他最初在帖撒羅尼迦傳道時，曾說過很多關於主再來的信息。

任何人閱讀保羅的描述都會有點摸不著頭腦的感覺，這是因為保羅在帖城**曾經講論有關信息**(參5節)，因此保羅無須在這裏詳論，只需三言兩語，讀者就知道所講的是甚麼；帖城信徒自然很清楚那不法者的身分和阻撓他們的是甚麼，只可惜我們卻沒有這些教導的詳細紀錄！

不法者

正是因為我們缺少了帖撒羅尼迦後書的讀者所熟知的背景資料，所以在細節的解釋上不宜妄下斷語。

背叛上帝的事自古就有(參書二十二22；代下二十八19；耶二19；另參賽十四13～14；結二十八2、6～9)，但鑒於猶太人在兩約之間所遭遇到的宗教迫害，特別在安提阿古四世的統治之下，很多猶太人(包括神職人員)出賣了自己的信仰(《馬加比一書》2.15)。為了迎合人民對末世來臨的彌賽亞的期望，很多猶太人認為，在世界的終局來臨之先，必會有大規模的背叛。這種觀念在很多兩約之間的文獻都可讀到(參《以諾一書》91.7；《禧年書》23.14～16；另參但十一36)。因此，保羅在這裏所提及的觀念明顯是源自兩約之間的猶太觀念：在主榮耀地再臨之前，撒但的勢力必會加劇和作出最後的反叛(提後三1～13；猶17～18；啟十三1～8；另參但七7～8，八8～12)。所謂「不法」，就是「沒有法」，甚至是「反法」的意思。保羅(與當時很多猶太人一樣)否認世界正逐漸進入完美的境地，相反罪惡將繼續增長，直到末日；而撒但權勢的最高峯在將來而不是過去。

在新約聖經裏，這「不法者」就是約翰的著作(約壹二18、22，四3；約貳7)中提到的「敵基督」。保羅並沒有直接指出這「不法者」是誰，只是描述他的行徑；這是一種啟示文體所表達的象徵手法。這種手法與約翰在啟示錄指出獸的數值為「六百六十六」相似，但這裏似乎更含蓄。不同時代的人在面對苦難時，也企圖分辨誰是不法者。

至於「阻止這事在現在發生的是甚麼」，可謂眾說紛紜。很多學者認為是指羅馬帝國或羅馬所代表的地上政權，也有認為是聖靈藉著教會的工作或保羅傳福音的職事。無論如何，主既然還未回來，這不法者的彰顯（或最後的彰顯）仍是未來的事，也只有等待未來才可以打開這個謎。目前來說，我們必須明白，保羅教訓的重點不是為帖城信徒提供更多關於主再來的資料，而是要提醒他們謹記他先前的教導，不要輕易受以後的傳講、推測或宣稱所迷惑。這說明了使徒的教訓是不會前後不符、自相矛盾的。我們今天亦應該根據使徒在聖經遺留下來的教導，來判辨各種關於主再來的解釋或宣稱，因為聖經是真理的標準和一切錯謬的防線。

值得留意的是，雖然保羅認為這「不法者」是一個個體（並不是概念），但他並未有指出這位是誰，只描述他的行徑：

> 那不法者要反對一切被人稱為神明或崇拜的對象⑤，把自己高抬在一切之上；他甚至去坐在上帝的聖殿裏，自稱為上帝。（4節）

熟悉舊約歷史的（猶太）讀者馬上意識到保羅的描述與舊約但以理書八章11至14節和十一章36至37節所描述的敍利亞王很相似。這個要抬高自己超過萬神之上的敍利亞王就是兩約之間的惡王安提阿古四世，他的別名是伊皮法紐（*Epiphanes*），意思是「神名顯現」，相等於「道成肉身」的意思。他曾經在聖殿裏設立希臘宙斯神的祭壇，並在壇上宰豬獻祭，**褻瀆以色列的上帝**。此外，在公元前63年，羅馬統帥龐培攻陷耶路撒冷，結束了猶太哈斯摩尼阿王朝，使猶太人重作亡國奴。龐培亦褻瀆聖殿，進入了至聖所觀看，被舊約次經《所羅門詩篇》（約公元前50年）的作者稱為「罪人」和「不法者」。不過，這節經文亦可能暗指不久以前羅馬

耶穌在馬可福音十三章14節對「毀滅性的可憎之物」也有類此的描述。

該猶加里古拉皇帝(公元41年)意圖在殿裏豎立自己的雕像，並堅稱自己有神聖尊榮的事。這位擁有撒但力量的不法者並非單單對抗上帝，而是連其他偶像或不屬上帝的虛榮都全盤照收，由此可見，這不法者是多麼放肆。

保羅在這裏提及聖殿，這暗示保羅寫後書時，聖殿依然屹立在耶路撒冷；然而，聖殿於公元70年被羅馬軍隊徹底摧毀，之後的信徒(包括今天的信徒)憑甚麼去辨認末世的臨到呢？

有些人認為保羅是指將來要被重建的聖殿，然而此說沒有甚麼清楚的經文證據支持。另有人認為，保羅既然視基督教會為上帝的殿(參林前三16；林後六16；弗二21)，所以，他在這裏論及的不法者的作為最終應該是出現於教會裏的。這是一個很吸引的解釋，但最大的問題是：猶太人的聖殿只有一個，但教會就有很多間，不同時代的不同教會都會有類似「不法者」的人出現。因此，當保羅寫後書時，他可能確實指那獨一無二的耶城聖殿(這主要是因為他相信主很快就再來)；但當聖殿被毀後，我們就應把「聖殿」這詞作喻意解，指「主那絕對的寶座」或「主的主權」。

不過，一個更可能的解釋是，保羅整段經文都是引用猶太歷史裏一些對上帝嚴重褻瀆的事迹，如安提阿古、龐培和該猶褻瀆聖殿，自稱為神這類的歷史典故，作為末世敵基督僭奪上帝尊榮的表徵和意象，卻不一定指實際的聖殿。這就好像現代人用「直搗黃龍」來描述勢如破竹地攻陷敵軍的心臟地帶，但卻不是照字面的像岳飛一樣直衝進黃龍府這地方。主耶穌談及聖殿被毀和末日的徵兆時，也同樣引用安提阿古的典故(可十三14；參但十一31)。事實上，啟示錄引用了很多以色列歷史的典故(如上帝對埃及、巴比倫、歌革與瑪各的審判)來形容末世的審判與拯救，但實際的審判對象不一定是巴比倫或當時的羅馬帝國，而是一切抬高自己、敵擋上帝，及逼迫祂的子民的邪惡勢力。

3.1.2. 不法者的行徑(5～12節)

留意保羅在描述這不法者的行徑時，他的表達是很精細的：那不法者還未「出現」，因為有另一元素把他控制著，但其實不法者那種不為人知的活動(7節「神祕的不法者」⑥)已經開始，直至那元素**不能控制著**不法者，他就出現了。保羅要向帖城信徒說明，事情還未發展到可以見到這不法者出現的地步，不法者亦還未盡情放肆、任意妄為；這一切說明不法者的時候還未到，然而他的工作其實已經開始。

《現修》「阻止這事的手移去後」(7節)反映了譯者對這句子的另一種理解。

在這裏，保羅帶出另一個在末世出現、未見於舊約聖經的元素，即那「阻止這事在現在發生的」(6節)⑦。這一股力量一直牽制著那不法者，使那「時機」還未到。保羅帶出這元素可能是因為他確實感到那歷世歷代所預言的不法者不會在短期內出現，所以認為有這樣一個牽制不法者的元素存在。關於這「阻撓那不法者的」指的是甚麼，可謂眾說紛紜⑧。早期教父認為，這是指羅馬帝國或羅馬所代表的地上政權(因為要保持人民生活和諧，所以政府不容這種放肆的情況發生)，也有認為是聖靈藉著教會或保羅傳福音的能力。

無論這阻撓者(或阻撓的力量)是甚麼，總之，現在是一個恩典的時代，表達了上帝的寬容而不是祂「遲遲不實現他的應許」，因為祂「不願意有一個人沉淪，卻要人人悔改」(彼後三9)。這勢力一旦被挪開，那不法者就會出現。保羅似乎急不及待地說明他的結局：「要用口吹氣殺死他，並以光輝的顯現消滅他。」(二8)主耶穌的得勝是必然的(參林前十五24～26；啟十九15，二十9～10)。保羅在這裏所用的詞句亦見於舊約聖經中，上帝的氣息就是祂的能力(伯四9；結三十七14；舊約次經中的《所羅門智訓》11.20)，祂的光輝代表祂的權威和臨在(撒下七23;《馬加比二書》2.21,3.24,15.27);上帝的敵人在祂面前是站不住腳的,上帝的臨在就是徹底消滅祂敵人的最佳方法。

保羅用了短短兩個句子來總括基督再來時如何消滅這不法者,但對這不法者藉著撒但的權力所行的邪惡作為(9～12節)卻描述得更為詳細,這是為了警惕帖城信徒要小心、驚醒。這是對末世景象很扼要而又逼真的描述。整體上,保羅對那不法者的**來臨**的描述有3方面特徵:

保羅描述主的來臨(1節)所用的字眼是parousia(意即「來臨」),但在9節,他用同一個字來描述這不法者的來臨,這是要突顯不法者那種拙劣的模仿。

1. 「那不法者要帶着撒但的權力來到」(9節):這不法者有撒但在背後支撐,而他以撒但的姿態出現和工作。約翰在啟示錄十三章1至2節也表達類似的觀念,那從海出來的獸便是從那條戾龍(就是撒但)得著能力。

即使是基督徒,不法者也會恐嚇和試驗他們。你如何準備自己來抵擋他?

2. 「奇蹟異能」(9節):那些上帝、基督或使徒所能做的事,那不法者(或敵基督)同樣也可以做。耶穌在世期間已經預言末世時的假先知會用各種奇迹異能誘惑信徒(可十三22);
3. 「使用各種詭計」(10節):不法者所做的各種詭計(其中包括他所行的奇迹),目的是要誘惑「那些將要滅亡的人」(10節)。約翰在啟示錄十三章12節指出,那些假先知勸所有住在地上的人敬拜那獸。

留意作者所用的一些字眼的對比:在末世時,上帝的敵人所做的事情的特徵是「假的」、「滅亡的」和「詭計」,這與「真理」和「得救」形成強烈的對比。

不法者的來臨是預定的,聖經早已說明他的計謀,若世人(包括本來是信徒的)被騙是非常可惜的事,因為這不是出於上帝沒有憐憫之心,而是基於他們「不接受,不喜愛那會使他們**得救**的真理」(10節)。

為甚麼上帝讓人相信不法者的謊言(11節)?這是上帝施行審判的其中一種方法:既然人不願意接受真理,上帝就用人或撒但製造出來的虛謊和罪惡來達成祂的審判。他們認為自己的行徑勝過上帝的,但最終他們發現,這些表達他們反抗上帝的行為反而成為懲罰他們自己的手段。保羅在其他書卷也提到相同的真理,羅馬書一章26節所說的:「上帝任憑罪人放縱自己的情慾」便是一例。他們認為自己正享受他們罪中的快樂,但是他們最終將在「自己身上受這妄為當得的報應」(《和合本》羅一27)。上帝是至高無上的,沒有任何罪惡的力量(不管是撒但自己還是不法之子)可以對抗祂的權能。祂用人類的罪作為懲罰他們自己的方式(參林前一18~21,三19)。

就如信徒經得起種種考驗證明了他們配得受上帝國的福澤(一5~8),同樣,那些隨從那不法者的人(就是12節所說那些「不信真理、以罪惡為樂的人」)既然接受那誘惑,便證明了他們該被定罪。保羅認為,不法者所施行的詭計是對教會的考驗;在這段考驗期中,真信徒與假信徒會被區分開來。

發生錯誤(世人誤信不法之子)是出於上帝的默許而非撒但的攪擾,這說法的確會令許多信徒大吃一驚。然而,在我們的信仰中,上帝的主權是毋庸置疑的,因此,舊約先知認為,是上帝把說謊的靈放在假先知口中(王上二十二23;參結十四9);另外,一個人或一件事,也有同時被歸入既屬撒但(代上二十一1)又屬上帝(撒下二十四1)的事例。希伯來思想中,罪惡力量並非獨立存在的力量,它同時亦完全順服於上帝的旨意之下。上帝以人的憤怒成全祂的榮美(詩七十六10),甚至在人(或撒但)的罪惡中成就祂的旨意。正如上帝以罪的惡果來懲罰罪人,這些惡果之產生並非與人無尤的事件;保羅因此能大膽地說,上帝「任憑」他們活在自己的罪所結的惡果之中(羅一24、26、28,十一8)。在罪人應受相稱之報應的整個過程中,仍有上帝在管理;但我們不要忘記,上帝即使嚴施管教,祂所做的仍是出於憐恤(羅十一32)。

保羅明白，在拒絕福音而去信從虛謊的整個過程中，上帝仍在掌管。利用撒但作為懲罰不信服者的工具，說明上帝的主權遍及一切，甚至利用惡(不論是撒但的還是人的)來達成祂的旨意，這並不是上帝和撒但之間的競技，若是如此，上帝便只是比撒但強一點點罷了。

3.2. 被揀選的接受救恩(二13～17)

13節筆鋒一轉，突然轉為感恩的話。這個突如其來的轉折加強了信與不信的人之間的對比。對基督再來的誤解促使保羅要詳細討論和澄清這段將會發生在人類歷史中的黑暗日子。現在，保羅重拾他作為牧者的關懷，聚焦於信徒的靈命成長，並以「主所愛的弟兄姊妹們」(13節)這些親密的字眼作為開始。

「先」一詞的意思是「初熟果子」，意思是：帖城信徒的救恩是初熟的果子，這可能指他們是馬其頓一帶最先結出和最好的果子。

那些被不法者引入歧途的人將被定罪，但堅持真理的信徒不必為此恐慌；他們應當感謝上帝，並相信上帝的愛，因為上帝從起初揀選了他們，叫他們藉著「聖靈成聖的工作」和他們「對真理的信仰」，使他們「**先**得救」(13節)⑨。信徒得救乃是因為聖靈成聖的工作(帖前一9，四3～8；另參彼前一2)，以及相信和遵守真理。在保羅的書信中，我們通常讀到，人因為相信耶穌基督而得救，但這裏強調要相信真理，不要相信謊言。留意保羅強調「我們所教導的真理」(15節)，原來的意思是：「你們受教的傳統」，這是指保羅等人教授帖城信徒的道理。雖然「傳統」一詞可以指人的教導或遺傳(加一14；西二8)，但這裏所指的顯然是真理的教導，是由上帝揭示來的(參羅一25)。

救恩（包括人回應上帝的呼召、**成聖的過程**）的最終目的是要分享「我們的主耶穌基督的榮耀」（14節）。這是每一個基督徒的目標，但要達到這目標並不容易，因此，在15節，保羅的感恩變為勸誡；信徒要堅守所領受的教訓，無論是「傳講的或是在書信中所寫的」（15節）。如前面所說，信仰就是「相信真理」，因此，確定甚麼是必須堅守的教訓是十分重要的。不是所有自稱為基督徒的教師都值得信賴。在這段書信中心經文的結尾處，作者禱告祈求上帝安慰信徒的心，並「使你們有勇氣來宣傳和實行一切美善的事」（17節）。

成聖的過程在信主的那一刻就已經開始，直至基督再來才完結（參帖前三13，五23）。我們知道在這個過程中，上帝的靈一直幫助我們，這是何等令人安慰的事。

主的再來

毫無疑問，主的再來是貫穿新約聖經的一個重要主題。帖撒羅尼迦書信留下了不少有關這課題的寶貴教訓。

主的再來是歷史的高峯、終結和目的。在這個多災多難的世界裏，除了受苦以外，我們似乎看不到將來、也沒有甚麼可期望的，往往亦察覺不到歷史的進程所指向的，即使是信徒，有時也免不了如此。帖撒羅尼迦書信提醒我們，上帝是歷史的主宰，基督會在他自己的時間再度來臨，正義必得伸張，信徒將蒙拯救。歷史不是受控於盲目的自然進化或偶發的人為決定，相反，歷史是上帝介入人類生命、成就祂救贖計劃的舞台。正如在伊甸園裏始祖享受與上帝同在的福樂一樣，當主再臨時，信徒也要永遠與主同在（帖前四17，五10）。因此，對基督徒而言，主的再來絕非一個憑空的理念，而是偉大的盼望，可以激勵我們的信心和愛心，過聖潔的生活（帖前五8～11）。

帖撒羅尼迦前後書之間有一種張力：主的再來一方面是逼近且突然的（帖前），另一方面卻要等候一些人物或事件等徵兆的出現（帖後）。這無疑給我們帶來困惑，有些學者甚至因而拒絕接受後書是出於保羅之手的說法。然而，這種張力並不是帖撒羅尼迦書信所獨有的，它貫徹於新約的教導之中，也是新約末世觀的特色。例如在馬太福音二十四章，主耶穌論到很多末世的徵兆，卻宣稱自己也不知道他再來的日子和時間(太二十四36)。其實這些都有上帝的智慧安排：祂不讓我們知道那日子，是要我們時刻警醒；祂卻讓我們知道一些徵兆，好叫我們不輕易受迷惑。上帝通察整個人類歷史，並遵照祂永世的目的來設定一切事件發生的時間，我們不用為主何時回來而焦慮，只要知道時間是在上帝的掌握之中就夠了。可惜的是，基督徒的興趣往往集中於推算主再來的確實時間，對千禧年以至「千年蟲」等講座趨之若鶩，卻忽略了生活的聖潔和警醒，輕看了今世的責任。更不幸的是，「主再來」本來是一個充滿安慰和讓信徒彼此鼓勵造就的真理，但往往被撒但利用，成為分裂教會、宗派，以至神學院的工具！

另一方面，一些信徒卻對這個真理望而卻步或無動於中，在安逸的生活裏，以為這個世界是安全永久的，以致沉醉於今世的歡娛，將生命的一切都投資在今世。當主再來時，或當生命完結時，他們跟那些沒有盼望而死去的人又有何異？

釋經短註

① 「傳講信息」：原文是「靈」(參《和合本》)，指聖靈感動而作的宣講。

② 「傳道時說的」：原文是「有言語」(參《和合本》)，意思不甚明確，可能泛指一些言論，亦可指邏輯推論。

③ 「最後的反叛」(二3)：《和合本》譯作「離道反教的事」。直譯原文的詞是「那反叛」，亦即「大反叛」，而在論及末日的反叛時，《現修》譯作「最後的反叛」也是可以的。原來的詞語並不一定指「離道反教的事」，亦可指一般政治或軍事上的「反叛」，即世上政局的大混亂。不過，在聖經(特別是《七十士譯本》，即舊約的希臘文譯本)和猶太文獻裏，這詞主要指反叛上帝(書二十二22；耶二19；參《馬加比一書》2.15)。

④ 「不法者」(二3)：《和合本》譯作「大罪人」所憑藉的語句是屬於較後期的抄本，早期的抄本均作「不法者」。這很難解釋為何有抄寫員會改成「大罪人」(大概可能是「罪人」較符合新約聖經的觀念)，然而在意思上，兩者並無太大差別；在聖經裏，罪就是叛逆上帝，違背祂的法律(約壹三4)。在舊約次經《所羅門詩篇》裏，褻瀆聖殿的羅馬將軍龐培就同時被描述為「罪人」及「不法者」。

⑤ 「崇拜的對象」(二4)：這可能包括神龕、肖像和祭壇等被崇拜的事物。

⑥「神祕」(二7)：或譯「奧祕」。這詞的意思是指一些一直是被隱藏的事情或事物，在某特別時候被啟示出來。在新約聖經裏，這詞主要形容上帝藉著基督帶給世人(特別是外邦人)的救恩(弗一9，三3、4；西一26～27；啟十7)。保羅在這裏使用這個詞語可能是刻意把上帝的奧祕與撒但的奧祕相比，兩者是敵對的。正如我們需要上帝的啟示才能察覺到祂的奧祕，同樣，撒但的奧祕亦是隱藏的，而只有上帝把它顯露出來，我們才能知道。

⑦「現在發生」(二6)：參《和合本》「現在你們……」的翻譯。在這裏，《現修》與《和合本》的不同之處在於「現在」一詞；《和合本》將這副詞理解為轉接詞，用以從5節轉接到6節，但《現修》則認為那是從句的一部分。兩者在意思上分別不大。

⑧「那阻止這事在現在發生的……阻止這事的手移去後」(二6~7)：保羅相信他的讀者都知道他所指的是甚麼，保羅自己亦當然知道！只可惜他在這裏不單止沒有詳細交代這「阻止的」是甚麼，所用的字眼也不一致，原文中6節所用的字句是「那阻止的事」(原文所用的希臘字顯示那是中性的事物)，而7節所用的字句是「那阻止的人」(陽性)。因此，那阻止不法者的可以被分別理解為「事物／勢力」和「人物」，這個含糊亦因而導致很多解經的分歧。早期教父認為這「阻止的」是指羅馬政權，其中一個原因就是這可以解釋帖撒羅尼迦後書經文的含糊：從一個角度來看，羅馬皇帝是阻止不法者的人；從另一角度來看，他所代表的羅馬政權是阻止不法者的勢力。

⑨「使你們先得救」(二13)：有些古卷是：「上帝從起初揀選……使你們得救」。按此，保羅是指上帝預先揀選帖城信徒(見《現修》的註腳)。

溫習問題

1. 在帖撒羅尼迦前書四章13至18節中，我們看到帖城信徒擔心自己在基督再來之前死去會令他們失去基督給他們的喜樂，我們也看到保羅如何回答他們。從後書二章我們得知，在保羅寄出第一封信後，有人試圖説服帖撒羅尼迦人相信主的日子已經來臨。他們對基督再來的觀念本來就不正確，你認為這件事對他們會有甚麼影響？
2. 帖城的信徒如何得知「基督已經來臨」是歪謬之説呢？
3. 保羅的表達手法怎樣顯出帖城信徒對「主再來的日子」(2節)感到極度的困擾？
4. 保羅以甚麼證據證明主的日子還未到來？(3、9節)
5. 試根據4、7至10節的經文，描述那「不法者」的行徑。
6. 保羅曾向帖撒羅尼迦人指出那阻攔不法之子的是甚麼(5～6節)。不幸的是，這是他口頭告訴他們的，所以我們不知道他説的是甚麼。即使如此，我們仍能從其他聖經書卷中了解到上帝保護祂的子民不被這「不法之子」所侵擾之真理，你能否一一詳述？
7. 保羅並不僅僅指罪惡已經發動，他更指出這罪惡一直都存在。這與一般的罪有何不同？(參10節)試與約翰一書四章3節提到的「敵基督的靈」作一比較。
8. 為甚麼上帝讓人相信不法之子的謊言？(11節)
9. 那些上帝所指責的人(10～12節)與那些上帝所救贖的人有何不同？(13～17節)
10. 按13至14節所教導我們的，我們如何得知自己是被揀選得救之人？

第四章

對懶惰者的勸誡（三1至15）

- 保羅的祈求
- 盡工作的義務

經文

為我們禱告

3 1末了，弟兄姊妹們，請為我們禱告，好使主的信息快快傳開，並且得到尊重，好像在你們中間被傳開、得尊重一樣。2也請你們祈求上帝救我們脫離邪惡的人，因為並不是人人都信從主。

3但是，主是信實的；他會使你們堅強，使你們不受那邪惡者的侵害。4主使我們對你們有信心，我們確信你們是在實行，並且要繼續實行我們所吩咐的。

5願主引導你們，使你們對上帝的愛有更深的體驗，並且有基督所賜的耐心。

盡工作的義務

6弟兄姊妹們，我們奉主耶穌基督的名命令你們：要遠離所有游手好閒、不遵守我們教導的信徒。7你們自己知道得很清楚，應該怎樣效法我們。我們跟你們在一起的時候，並不偷懶，8也沒有白吃別人的飯，倒是辛苦勞碌，日夜做工，為的是不要連累你們。9我們這樣做，不是說我們無權要求生活上的供給，而是要你們學習我們的榜樣。10我們在你們那裏的時候說過：「不做工的人不得吃飯。」

11我們說這話，是因為聽見你們當中有人過着游手好閒的生活，整天甚麼事都不做，專管別人的閒事。12這樣的人，我們奉主耶穌基督的名警告他們，命令他們，要安靜下來，親手做工來維持生活。

13但是，弟兄姊妹們，你們要不鬆懈地行善。14也許有人不肯服從我們在這封信上所吩咐的話；這樣的人，你們要提防，不要跟他同夥，使他覺得慚愧。15可是，不要把他當作敵人，要像對待信徒一樣勸導他。

三章1節的「末了」暗指這信已經接近尾聲；這不是說保羅已沒甚麼其他好說的，其實這只表示主要的部分已經結束。保羅還要討論另一個重要的問題(三6～15)。由此可知，保羅的書信有時並不如我們所想像的那麼有系統。

4.1. 保羅的祈求(三1～5)

在二章16至17節，保羅為帖城的信徒祈禱，而在這裏，保羅則希望讀者能為他禱告(參帖前五25)。代禱事項主要是下列兩方面：

1. 「好使主的信息快快傳開①，並且得到尊重，好像在你們中間被傳開、得尊重一樣」(1節)：「主的信息」就是福音，是關於主的福音。保羅所求的不單止是福音可以廣傳，而且還可以在人心裏得著「尊重」，意思是得著當得的榮耀，就如在帖城中所發生的一樣(帖前一5～10，二1、13，三6～7)。
2. 「祈求上帝救我們脫離邪惡的人」：保羅不是假設如此禱告就可以免受苦難，他並沒有這麼天真，他自己亦常常經歷傳福音時面對極大的攔阻，並受到「邪惡的人」的攻擊(《和合本》譯作「無理之惡人」，可能是較好的翻譯)。保羅沒有指出這些是甚麼人(大有可能是哥林多城的人，參徒十八12～17)，亦可能泛指「這類人」而已。這些人攻擊福音，因為他們不「信從主」。這些人的邪惡和無理，並不一定是指他們有道德上的惡行，而是指他們處處攔阻福音，視福音為無物。

保羅從請求帖城信徒代禱轉為宣認上帝的信實和保守，情況有如一個人在禱告中向上帝表示他確信上帝必答允自己所求的。所謂

「主是信實的」(3節)②，意思是「上帝是可信靠的」。我們可能會期望保羅繼續說：「主會堅固我們……」，但他卻說：「他會使你們堅強，……」(3節)。大概是因為他講到那些「脫離邪惡的人」(2節)時，立即想起帖城信徒的遭遇，希望他們「不受那邪惡者的侵害」(3節)，所以便藉著表達他對上帝的信心來鼓勵他們。要留意2節的「邪惡的人」是複數，但這裏的「邪惡者」卻是單數，指撒但。

保羅對主固然有信心，他對帖城信徒亦有信心，不過後者是建基在主裏面的：「我們確信你們是在實行，並且要繼續實行我們所吩咐的」(4節)，這番話也許是為了餘下的教訓(6～15節)鋪路。接下來的是一個很簡短的**祝禱**，文中「引導」(5節)一詞帶有「使……直」的意思，即把路中的障礙移走，使他們更多經歷「上帝的愛」和「基督所賜的耐心」(5節)。

這其實是後書的第三個禱告，之前的禱告載於一章11至12節，二章16至17節，最後的禱告則在三章16節。

「上帝的愛」一詞可指「我們對上帝的愛」或「上帝對我們的愛」均可，很難確定這裏所用的是哪一個意思，《現修》的翻譯似乎偏向後者。無論如何，「我們對上帝的愛」是對「上帝對我們的愛」的回應。「忍耐」這種人格特質，只能在試煉與苦難中才能彰顯出來；這裏提及的基督的忍耐應指他在世時對人的忍耐，而這忍耐成為信徒仿效的對象。

4.2. 盡工作的義務(三6～15)

閱讀後書至這裏，任何讀者都會覺得奇怪，為甚麼保羅要在這最後的一段處理這個問題？一如上文所處理的課題，保羅在這裏所講的其實早在昔日他與信徒一起時已經講過了(10節)，再加上在帖撒羅尼迦前書四章9至12節又教導過(參帖前四9～12「人際關係」一節），只是他們當中有人不遵守罷了。因此，保羅用了很嚴厲的字眼來警戒那些犯錯的人：「奉主耶穌基督的名命令」(6、12節)，並要遠離行這些事的人(6、14節)。

配合前文提及主再來的問題，一般人對這段經文的解釋是：由於帖城信徒被一些人誤導，以為「主再來的日子到了」(二2)，有些帖城信徒不願意繼續工作，也不費力謀求生計，甚至過著「游手好閒的生活，整天甚麼事都不做，專管別人的閒事」(三11)；此外，教會中總有許多富裕的信徒願意與他人分享財物，這些不做工的人便坐享他人工作的成果。這些閒懶人的心態是可理解的；即使他不做工，他日用的需要也會獲得滿足，他難道還會繼續為食物而勞碌嗎？！不管出於何等原因，保羅強烈斥責這種心態，並已經制定規則說：「不做工的人不得吃飯」(10節)。

然而，經文內容並沒有明顯迹象表示這問題的發生果真是因誤解主再來的消息而起③。

解釋這段經文的重要關鍵在於對兩個希臘詞的理解：一是副詞*ataktôs*(6、11節)，另一個是動詞*atakteô*(7節)；這兩個字均是同源詞，來自相同的字根。《現修》分別譯作「游手好閒」和「偷懶」是值得商榷的；在這處，我們認為《和合本》的譯文較可取，譯者將這兩個詞語均譯作「不按規矩」。不過，當譯成中文的「不按規矩」後，聽到的人自然就會問：是甚麼規矩？是誰的規矩？為何有這些規矩？然而，這些都不是那希臘詞的重點，保羅用這詞語，其重點是指責不做工是「不負責的行為」。為甚麼不做工是不負責任？能做不去做，就是不負責任；不但沒有以自己的能力去幫助人，反倒變成人家的負擔，就是不負責任；在經文裏，不負責任的人更糟蹋弟兄姊妹的愛心。有正經的事情不去做，只「白吃」別人的飯、「專管別人的閒事」

(11節)。這些人並不空閒，他們非常忙碌，但卻不是做分內的事。因此，保羅這裏所提出的問題，其實是針對更深一層的問題，就是他們不聽從教會的教導，亦不尊重教會肢體間的關係。

保羅一方面斥責他們，另一方面以他的「身教」提醒這些人。保羅常常鼓勵信徒效法他(如林前四16，十一1；腓三17，四9；帖前一6)，但這種效法通常是指處事態度和性格上的而言，而不是模仿他某些特殊的行為，而這段經文叫帖城信徒效法他自給自足、不讓自己的事奉連累他人，是十分特別而且值得注意的。保羅特別提及他等人在帖城的生活是「親手做工來維持生活」(三12)：

> 辛苦勞碌，日夜做工，為的是不要連累你們。我們這樣做，不是說我們無權要求生活上的供給，而是要你們學習我們的榜樣。(8～9節)

保羅看接受教會在金錢上的供給為傳福音者的權柄，這權柄也是基於主耶穌自己的教訓(林前九14)。然而，保羅在哥林多前書宣稱他從來沒有用過這權柄，因為他的抱負是要叫人不花錢可以聽到福音(九15～18)。這不是說，保羅從來不接受教會的金錢。當他傳福音建立教會以後，在一個彼此信任和關愛的基礎上，他是樂意地接受信徒愛心的饋贈，以供應他生活所需的(腓四14～19)。為了賙濟貧窮的信徒，保羅甚至不遺餘力的在馬其頓、亞該亞和加拉太等地的教會籌款(羅十五25～26；林前十六1～3；林後八～九章)。

這問題顯然不是因他們誤解「主再來的日子」(二2)所致，保羅在他們中間生活時，這問題已存在。保羅當時的教導是清晰的：「不做工的人不得吃飯。」(三10)保羅亦以身作則，藉此教導他們。當然，保羅離開後，帖城信徒對

你有否經歷過被人家濫用自己的愛心的經驗？這有沒有對於你日後幫助人構成障礙？

「主再來」的誤解的確會使這些問題加劇，也容易成為閒懶人的藉口，濫用弟兄姊妹的愛心。保羅在信末用如此重的語氣(「奉主耶穌基督的名命令」6、12節)，既是因為這些犯錯的人不聽從保羅昔日所教導的，更是因為他們成了教會或其他弟兄姊妹不必要的負擔(8節)，使那些有真正需要的人得不到幫助。值得留意的是，帖撒羅尼迦後書這段經文與帖撒羅尼迦前書有明顯的分別：前書的經文主要是向那些佔人便宜的人說的，但後書的經文則另外指示其他人要小心，不要被人濫用他們的愛心。

這種不按規矩的行為傷害了教會整體。12節的結論是所有人必須「安靜做工，吃自己的飯」(《和合本》12節)；小小的副詞「安靜」在這裏擲地有聲(參帖前四9～12)。一個肢體若不「安靜」生活，反而過分高調、突出自己，最終就會危及其他肢體，影響整個團體。相反，各人安分守己就能做更多的善事(三13)。

有些人借用這段經文來處理基督徒看社會福利的問題，然而，留意這段經文的對象是教會裏的信徒。因此，這裏的問題是基督徒該如何彼此相待，而不是如何使世上飢餓的人得到飽足(這並不是說聖經不關心飢餓的人，但我們可以在別的經文中找到正面處理這些問題的討論)。

乍看之下，這段經文與現代基督徒教會的性質和經歷遙不相關。由於我們推崇個人主義，基督徒無法選擇不工作而靠別的信徒養活他們——雖然「專管別人的閒事」(11節)的人隨處都有。然而仔細思想，這些犯錯的信徒的看法對我們來說並不陌生。他們的所謂信仰成了對生活不負責任的藉口。這種不負責的行為並非純是身體上的懶散，也是思想上和精神上的懶散。

保羅和其他早期的基督徒作者對此作出嚴厲的回應，強調憑信心度日不可以成為我們自身懶散的藉口。憑信心並不是指靠別人的工作、思考、禱告，而自己則不作一事。當然，憑信心度日的含意是遠遠超過在生活上勤奮努力，但是憑信心度日之基本要求絕對不會低於腳踏實地面對日常生活。

保羅給教會的最後勸勉是以包容的態度對所有人，包括那些不肯服從這封信的教訓的人。保羅所講的「**你們要提防，不要跟他同夥，使他覺得慚愧。可是，不要把他當作敵人，要像對待信徒一樣勸導他**」(14～15節)非常難實行。也就是説：要出於污泥而不染；要清楚地表明立場，使犯錯的人知錯，但無論如何仍然要待他如弟兄姊妹一般。

這等同於學習上帝「慈愛」和「公義」並行的屬性。在基督徒生活學習取得平衡是一項殊不容易的功課。

釋經短註

①「快快傳開」：《和合本》譯作「快快行開」；原來「行開」一詞原文是一個關於運動的字眼，這裏作喻意解，可能暗指福音可不假他人之力，獨自運作，而且是有速度的。

②「信實的」(三3)：在原文聖經裏，這字與2節尾出現的「信從」非常相似的，但意思卻不大相同，這也成為保羅從交帶代禱事項轉變為認信的轉捩點。

③當然，有些信徒可能會以渴慕主再來為藉口而懶於工作，使這問題的情況加劇。

溫習問題

1. 細讀帖撒羅尼迦後書三章1至5節。保羅期望帖撒羅尼迦人在哪兩方面的事情上為他禱告？(1～2節)
2. 當保羅請求帖撒羅尼迦人為他禱告時，他如何表達他在主裏的信心？(3～5節)
3. 細讀帖撒羅尼迦後書三章6至15節。試描述帖撒羅尼迦教會所經歷的難題。你能想像這個難題對教會和團體的影響嗎？
4. 那些懶惰的人有何特徵？(11節)
5. 你認為這些懶惰的人是否因為誤解「主再來的日子」才不作工？抑或其中另有原因？(10節)
6. 保羅如何以身作則，說明對待工作的正確態度？(7～9節)
7. 我們應如何對待那些不願工作的人？(12～15節)
8. 在這段經文中，你發現有甚麼行為準則是適用於現今的教會？

第五章

結語

（三16至18）

經文

祝福

3 [16]願賜平安的主隨時用各種方法賜平安給你們！願主與你們大家
同在！

[17]我親筆寫：「保羅祝你們好。」我每一封信都這樣簽字；這是我
的筆跡。

[18]願我們的主耶穌基督賜恩典給你們大家！

跟前書一樣，保羅提醒讀者他所說的這一切。然而，保羅特別強調「平安」(三16)。平安不是無災無病，而是上帝與人同在所帶來的感受(留意16節「願主與你們大家同在」一句)。就算我們不求，上帝也會與我們同在，問題是我們有沒有去感受上帝的同在；因此，保羅禱告的重點並不是祈求上帝做些甚麼，而是求上帝憐憫幫助我們看到祂的同在。保羅祈求我們能感受到主所賜的平安，特別在動盪日子，或是「主的日子」逼近的時期。

基督徒所擁有的平安不是源於自身的，只有與主同在時才能有平安。也因為我們知道主與我們同在，且祂永不會捨棄信靠祂的人(參來十三5)，所以我們所擁有的平安是永遠的(約十四27)。基督徒的平安就是主的同在。

保羅在信末特別提及他親筆加上自己的問候。其實，不少保羅書信都是保羅口述書記筆錄的(參羅十六22)，在信尾某處，保羅會親自以他獨特的字體寫幾句話，至於他選擇在何處下筆則因信而異。

對於原來的收信人(即帖城信徒)，這幾句的問安和字跡就是確認此書信並非偽造的記號。當然，這記號只能證明正本的真確性，因為當這信被抄傳分發時，這種記號並不能移到抄本之上。

帖撒羅尼迦後書的結束語基本上跟前書的並無兩樣。保羅對不按規矩而行的人的關懷，貫穿整封信，在結尾時也不例外；保羅所祝福的，依然是全部信徒，並沒有將那些犯錯的人隔絕於祝福之外。

附錄

保羅第一、二次宣教旅程

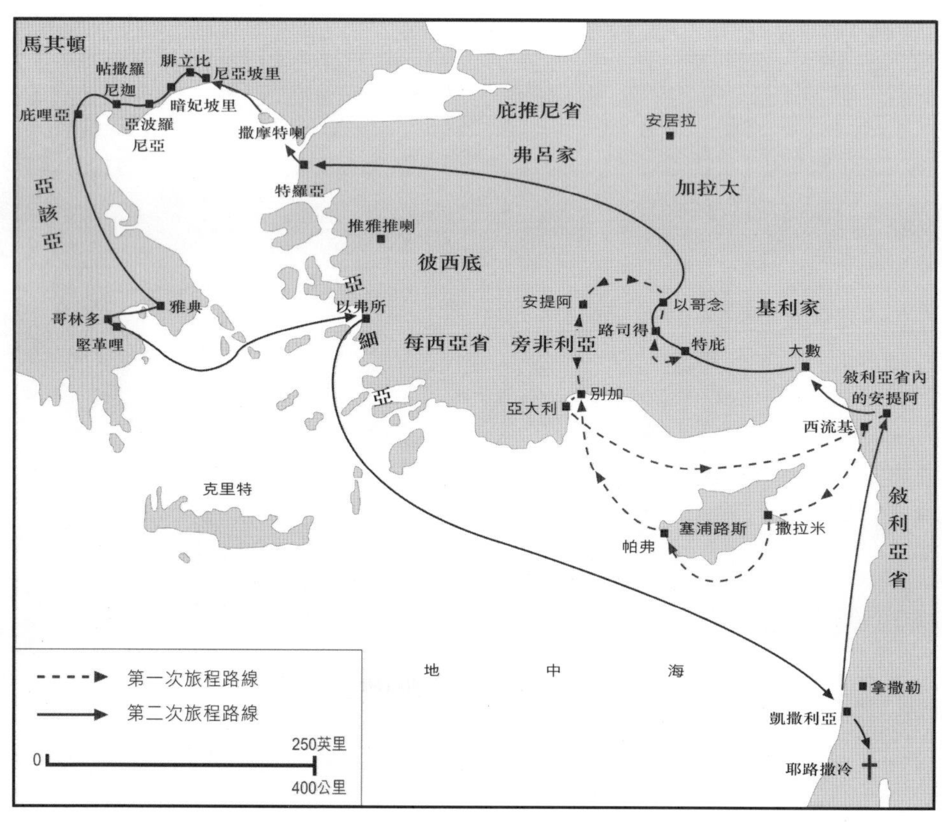

• 保羅第一、二次宣教旅程的路線（取自http://www.ccel.org/bible/phillips/CN092MAPS1.htm）

加拉太地區圖

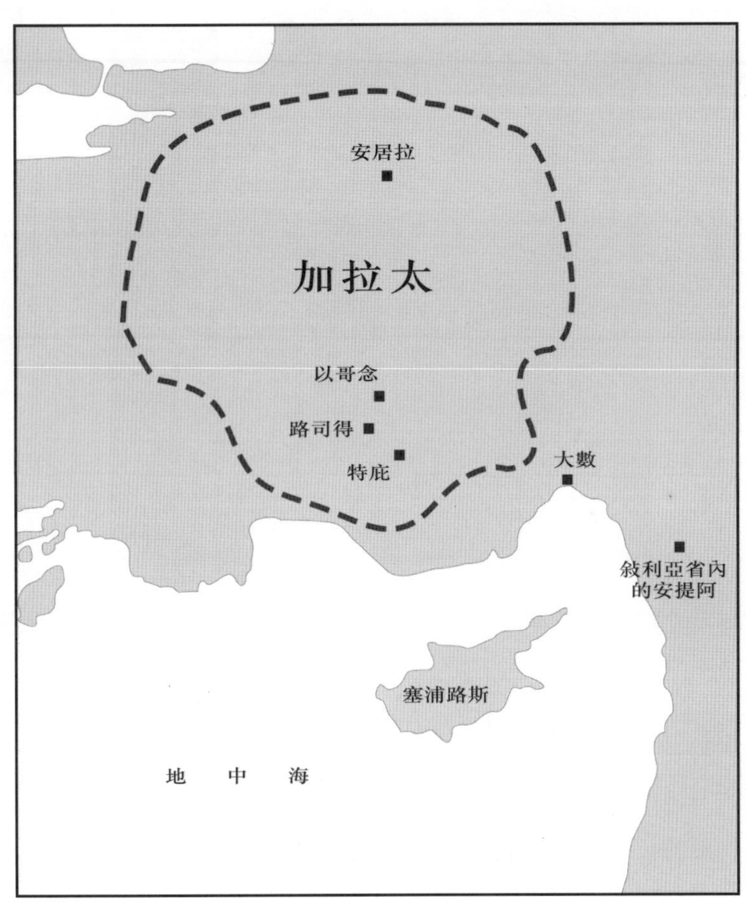

● 虛線內範圍是加拉太地區

《現代中文譯本修訂版》

聖經

現代中文譯本修訂版

簡介

《現代中文譯本》是由聯合聖經公會在1979年出版、1995年完成修訂的。舊約以基托爾氏(Kittel)的希伯來文聖經第三版為根據，新約以聯合聖經公會審訂的希臘文新約第四版為根據。此譯本以「功能對等」的翻譯理論為基礎，力求忠實、靈活，和有效地把原文的意思，以更貼切、流暢、淺明的現代中文表達出來，相信能讓信徒和非信徒在閱讀時更容易明白上帝的話語。

緊扣時代 服事教會

以文字傳揚基督真道

讀者意見表

衷心多謝你購買本社書籍。本社一直致力以出版事工服事教會，幫助信徒扎根於神的話語，促進靈命增長。為使我們的出版更能滿足你的需要，請填寫下列各項資料，並寄回或傳真予本社。

所購書籍：________________

本書最吸引你的地方：
□作者 □適切性 □文筆 □設計 □實用性
□其他：________________

購買本書地點：
□基道書樓 □基督教書店 □非基督教書店

性別：□男 □女 職業：________________

信仰：□基督徒 □非基督徒

年齡：□ 16 歲或以下 □ 17～25 歲 □ 26～35 歲
□ 36～55 歲 □ 56 歲或以上

學歷：□中三或以下 □中五 □預科
□大學 □研究院

□我欲更多了解基道出版社的事工及考慮支持，請寄給我下列資料：
□機構簡介 □新書資料 □基道會員通訊
□《基道文字事工通訊》

姓名：________________ 電話：________________

地址：________________

____

傳真：________________ 電子郵件：________________

其他意見：________________

____

多謝賜教！

意見表可以傳真（2687-0281）或直接郵寄以下地址：
香港沙田火炭坳背灣街26號富騰工業中心1011室
基道出版社編輯部收